Michaela May

Hinter dem Lächeln

PIPER

Zu diesem Buch

»Die Menschen sagen häufig zu mir: ›Frau May, Sie sind so fröhlich, so positiv, so nett.‹ Ich bekomme Komplimente für eine Ausstrahlung, die ich selbst gar nicht messen kann. Und immer wieder heißt es: ›Mit Ihrem Lächeln geht die Sonne auf.‹ Ich glaube jedoch, ein ganz wesentlicher Grund, weshalb ich so eine unglaubliche Lebensfreude ausstrahle, die so viele Menschen in meiner Umgebung berührt, ist, dass ich am eigenen Leib erfahren habe, wie schnell das Leben zu Ende sein kann. Und dass es nie wiederkommt, wenn es einmal gegangen ist.
Ich blicke hinter die Spiegel, in denen all die anderen nur die lachende, vor Lebensfreude sprühende Michaela sehen. Ich halte Rückschau auf ein Leben, in dem ich in Abgründe geschaut habe, die mich nicht haben zerbrechen lassen. Ein Leben, in dem ich es geschafft habe, die Wolken beiseitezuschieben und trotz allem die Sonne zu sehen – in der festen Überzeugung, die jene schrecklichen Erlebnisse tief in mir eingepflanzt haben: Ich möchte leben, ich möchte möglichst viel daraus machen.«

Michaela May wurde am 18. März 1952 in München als Gertraud Elisabeth Berta Franziska Mittermayr geboren. Balletttanzend sammelte sie schon als Kind erste Bühnenerfahrung, ihr Leinwanddebüt hatte sie 1965 in *Onkel Toms Hütte* unter Géza von Radványi. Nach dem Fachabitur absolvierte sie eine Ausbildung zur Kindergärtnerin und besuchte nebenbei eine Schauspielschule. Auf den Rat ihrer Agentur trat sie seit dem Film *Flucht ohne Ausweg* (1967) unter dem Künstlernamen Michaela May auf. Es folgten einige Engagements am Theater, 1970 gab sie an der *Komödie am Kurfürstendamm* in Berlin ihr Bühnendebüt. Mit der erfolgreichen Fernsehserie *Münchner Geschichten* (ab 1974) etablierte sie sich als vielbeschäftigte Schauspielern.

Michaela May

Unter Mitarbeit von Dr. Carina Heer

Hinter dem Lächeln

Autobiografie

Mit 62 Farb- und Schwarz-Weiß-Abbildungen

PIPER

Mehr über unsere Autorinnen, Autoren und Bücher:
www.piper.de

Unter Berücksichtigung von Persönlichkeitsrechten wurden einige Namen geändert.

Ungekürzte Taschenbuchausgabe
ISBN 978-3-492-32008-5
1. Auflage Januar 2024
3. Auflage Juli 2026

Für direkten Kontakt und Fragen zum Produkt
wenden Sie sich an: *info@piper.de*
Umschlaggestaltung: FAVORITBUERO, München
Umschlagmotiv: Nils Schwarz
Satz: Fotosatz Amann, Memmingen
Gesetzt aus der Minion Pro
Litho: Lorenz & Zeller, Inning am Ammersee
Druck und Bindung: CPI books GmbH, Leck
Printed in the EU

Für Hans, Karl und Gundi.
Und für meine Familie, die mich immer gehalten hat.

»Es gibt nur zwei Tage im Jahr, an denen man nichts tun kann. Der eine ist Gestern, der andere Morgen. Dies bedeutet, dass heute der richtige Tag zum Lieben, Glauben und in erster Linie zum Leben ist.«

DALAI LAMA

Inhalt

Prolog
Ich möchte leben!

Warum dieses Buch? Warum jetzt?

»Schlaf gut, Mama. Hoffentlich siehst du sie alle wieder.«

»Das wäre schön …«

Das waren die letzten Worte meiner Mutter, bevor sie in einen tiefen Schlaf fiel, aus dem sie nicht mehr erwachte.

Es war der 22. Januar 2019, ein Dienstag, an dem ich mit ihr die letzte Verbindung zu meiner Kindheit verlor. Der Tod meiner Mutter war keine Überraschung für mich. Sie war weit über 90 Jahre alt und stand am Ende eines erfüllten Lebens. Die Schwester hatte mich darauf vorbereitet, dass das Letzte bevorstand: »Wenn die Gefäße auf den Händen so hervortreten, dauert es nicht mehr lange.« Also verbrachte ich so viel Zeit wie möglich am Sterbebett meiner Mutter.

Gestorben ist meine Mutter schließlich, als ich nach langem Wachen nach Hause fuhr, um mich selbst etwas hinzulegen. Wie so viele Menschen hatte sie erst sterben können, als die Menschen, die sie liebten, die sie in diesem Leben festhielten, nicht bei ihr waren.

Und wie habe ich meine Mutter geliebt! Den Schmerz, den ich bei ihrem Verlust empfand, kann ich auch heute noch nicht in Worte fassen. Denn meine Mutter war für mich weit mehr als das. Sie war meine Freundin, mein Halt, mein größtes Vorbild. Sie fehlt mir jeden Tag. Doch gleichzeitig spürte ich neben der Trauer noch ein anderes Gefühl. Eine große Befreiung. Eine Verantwortung fiel von mir ab. Die Verantwortung, über bestimmte Dinge nicht zu sprechen. Sie wich der Freiheit, endlich die Vergangenheit meiner Familie – meine Vergangenheit – Revue passieren zu lassen.

Die Menschen sagen häufig zu mir: »Frau May, Sie sind so fröhlich, so positiv, so nett.« Ich bekomme Komplimente für eine Ausstrahlung, die ich selbst gar nicht messen kann. Und immer wieder heißt es: »Mit Ihrem Lächeln geht die Sonne auf.« Ich glaube jedoch, ein ganz wesentlicher Grund, weshalb ich so eine unglaubliche Lebensfreude ausstrahle, die so viele Menschen in meiner Umgebung berührt, ist, dass ich am eigenen Leib erfahren habe, wie schnell das Leben zu Ende sein kann. Und dass es nie wiederkommt, wenn es einmal gegangen ist.

Meine Mutter hat drei Kinder begraben. Ich habe drei Geschwister verloren.

Meinen Bruder Karl, 1974, im Alter von 28 Jahren.

Meinen Bruder Hans, 1977, im Alter von 34 Jahren.

Und meine Schwester Gundi, 1982, im Alter von 22 Jahren.

Sie haben alle drei freiwillig dieses Leben verlassen.

Meine Mutter wollte nie darüber sprechen. Wir sprachen über meine Kindheit, die schönen Erlebnisse, die wundervollen Dinge, die wir miteinander erlebt haben – aber nicht über die Menschen, die wir verloren haben.

Meine Mutter wollte sich freimachen. Freimachen von den Schuldgefühlen, die einen Menschen unweigerlich begleiten, wenn drei der Kinder freiwillig in den Tod gehen und man es einfach nicht begreifen kann. Sie wollte sich freimachen von dieser Last. Sie wollte nicht ständig darauf angesprochen werden. Sie wollte nicht, dass *ich* ständig darauf angesprochen werde. Für unsere Mitmenschen war diese Nachricht ein Schock. Sie wollten Erklärungen, die wir nicht geben konnten. Sie wollten Antworten, die wir selbst nicht kannten.

Also schwiegen wir.

Doch mit dem Tod meiner Mutter ist die Nabelschnur gerissen, die Fesselung hat sich gelöst, und ich kann zurückblicken. Vierzig Jahre lang habe ich die Aufzeichnungen meines großen Bruders Hans, die ich nach seinem Tod an mich genommen habe, von einer Wohnung in die nächste mit umgezogen, ohne einen Blick darauf zu wagen. Jetzt habe ich diese schweren Metallkisten geöffnet, lese und blättere mit einer unglaublichen Vorsicht in seinen Tagebüchern. Ich blicke zurück, denke nach, forsche und erkenne bewusster, wie mich diese Ereignisse zu dem Menschen gemacht haben, der ich bin.

Kann ich möglicherweise wegen meiner schrecklichen Verluste das Hier und Heute so genießen und so zufrieden sein? Haben mich diese Erlebnisse sensibler, feinfühliger, wachsamer gemacht für ehrliche Töne, für Gerechtigkeit, für Hilfesuchende? Ist es deshalb seit schon fast dreißig Jahren eines meiner wichtigsten Anliegen, Menschen zu helfen, Kindern zu helfen?

Ich blicke hinter die Spiegel, in denen all die anderen nur die lachende, vor Lebensfreude sprühende Michaela sehen. Ich halte Rückschau auf ein Leben, in dem ich in

Abgründe geschaut habe, die mich nicht haben zerbrechen lassen. Ein Leben, in dem ich es geschafft habe, die Wolken beiseitezuschieben und trotz allem die Sonne zu sehen – in der festen Überzeugung, die jene schrecklichen Erlebnisse tief in mir eingepflanzt haben: Ich möchte leben, ich möchte möglichst viel daraus machen.

Michaela May
Im Januar 2022

Träumend unter einem Rosenstrauch

Meine Urmünchner Kindheit

Ich wurde am Dienstag, den 18. März 1952, im Krankenhaus in der Münchner Lindwurmstraße geboren, unweit der Straße, in der ich heute wieder lebe. Mein vollständiger Name lautete Gertraud Elisabeth Berta Franziska Mittermayr. Weil ich das erste Mädchen in der Familie war, fand die halbe Verwandtschaft in meinem Namen Niederschlag. Elisabeth hieß ich nach meiner Mutter Anna Elisabeth, von allen Anneliese genannt, Berta nach der Oma väterlicherseits und Franziska nach der Oma mütterlicherseits. Gertraud haben sich meine Eltern ausgedacht. Ich selbst fand diesen Namen altbacken und verzopft und seltsam germanisch. Vor allem als ich erfuhr, was der Name bedeutet: »Die Starke mit dem Speer.« Da mochte ich »Traudi«, wie mich bald alle riefen, schon lieber.

Ich war das dritte von vier Kindern. Mein großer Bruder Hans war 1943 mitten im Krieg geboren worden, mein jüngerer Bruder Karl, kam 1946, ein Jahr nach Kriegsende dazu. Meine Mutter hatte die Zeit des Krieges evakuiert in Truchtlaching am Chiemsee verbracht. Zwei Tanten, Verwandte ihrer Eltern, hatten sie aufgenommen und ihr ein Dach über dem Kopf gegeben. Doch das half nichts gegen die Ängste, die meine Mutter erfassten, als gegen Ende des Krieges die Alliierten ins Land kamen. Wie die meisten Frauen, deren Männer in Gefangenschaft oder im Krieg gefallen waren, fürchtete auch sie sich vor Vergewaltigungen. Kreativ wie meine Mutter war, ließ sie sich von ihrer Angst jedoch nicht lähmen, sondern heftete sich fortan ein rotes Kreuz an ihre Schürze und malte ein Schild mit der Aufschrift »Kinderklinik« an die Gartentür, um den Soldaten klarzumachen, dass bei ihr außer Masern und Diphtherie nichts zu holen war.

Mein Vater, 1916 geboren, hatte die Kriegsjahre als Gebirgsjäger an der Front verbracht – eine Zeit, die ihn bis in sein Innerstes geprägt hat. Noch Jahre später nahm er uns Kinder zur Seite, um uns Geschichten vom Krieg zu erzählen, die wir gar nicht hören wollten. Mit Inbrunst beschrieb er, wie er in Südfrankreich im Graben gelegen, wie er seine Kameraden auf eigene Faust angesichts der drohenden Einkesselung bei Stalingrad über Gebirgskämme zurück in die Heimat geführt hatte. Mein Vater war Offizier gewesen und noch immer erfüllt von der Erinnerung an den Zusammenhalt, die Kameradschaft, die damals in seinem Bataillon geherrscht hat. Und aus all seinen Erzählungen schwang immer mit: »Damals war doch nicht alles schlecht.«

Wenn ich mich heute, im Zuge meiner Arbeit mit dem Münchner Verein Retla, der sich um die Verbesserung der Lebenssituation von Senioren kümmert, mit Kriegsveteranen unterhalte, dann höre ich oft die Worte: »Ich würde so gerne einmal wieder vom Krieg erzählen, aber niemand will mir zuhören«, und sie geben mir zu denken – hat doch diese Generation einen Großteil ihres jungen Lebens auf dem Feld verbracht, was bis ins hohe Alter tiefe Spuren hinterlassen hat. Doch für mich als Kind war diese Zeit weit weg. Ich war in das erste Aufatmen nach dem Krieg, in die Zeit des Aufschwungs, des Wirtschaftswunders hineingeboren worden. Ich wollte die alten Geschichten von Heldenmut und Kameradschaft nicht mehr hören. Wir wollten die alte Zeit hinter uns lassen. Für uns sollte es immer weiter aufwärtsgehen.

Wir kauften die erste Waschmaschine, eine elektrische Nähmaschine, und endlich gab es auch warmes Wasser aus dem Boiler, und wir mussten nicht mehr alle nacheinander im selben Zuber baden – ich als lange Zeit jüngstes Kind als letzte in der schmutzigen Seifenbrühe meiner Brüder. Was nicht heißt, dass es nicht bisweilen auch ziemlich hart für uns war, aber in uns allen war da die feste, beschwingende, fröhlich machende Überzeugung: Alles wird gut. Alles wird besser.

Ich wuchs in einem Reihenhaus in der Stöberlstraße auf. Der Stadtteil Laim war damals ein eher kleinbürgerliches Viertel, in dem viele Familien mit noch mehr Kindern zusammenlebten. Der Kindergarten war gleich um die Ecke und der Agricolaplatz mit seinen Grünanlagen direkt gegenüber – ein idealer Treffpunkt für alle Kinder aus der Straße zum Klettern, Rollerfahren und Fußball spielen.

Gekauft hatten das Haus meine Eltern gemeinsam mit meinen Großeltern. Es hatte drei Stockwerke: das Erdgeschoss, in dem meine Eltern schliefen und sich unsere Wohnräume befanden, die Belle Etage, in der meine Großeltern lebten, und einen zweiten Stock, in dem sich meine Brüder Hans und Karl ein Zimmer teilten, während ich in den Genuss eines kleinen, aber eigenen Zimmers kam. Meine Schwester Gundula sollte ja erst acht Jahre nach mir zur Welt kommen.

Mein Großvater war ein sehr verschlossener, eigenbrötlerischer Mann. Vor dem Krieg war er Branddirektor der Münchner Feuerwehr gewesen. Meine Mutter war in einer Wohnung über der Feuerwehrwache in der Blumenstraße aufgewachsen, unweit des Viktualienmarkts. Jeden Feuerwehreinsatz hatte sie dort aus nächster Nähe miterlebt und war manchmal sogar mit dem Einsatzwagen zur Schule gefahren worden. Wenn ich mir meinen Großvater so ansah, dann konnte ich mir so eine gut gelaunte Aktion von ihm gar nicht mehr vorstellen.

Im Krieg war er von seinem Posten als Branddirektor abgesetzt worden – angeblich weil er sich irgendein Bild aus der Wache unter den Nagel gerissen hatte. Der wahre Grund war jedoch, dass mein Großvater sich geweigert hatte, in die NSDAP einzutreten. An der Degradierung ist er schließlich zerbrochen. Einst ein stolzer Mann in Führungsposition, nahm er dreißig Kilo ab und war für den Rest seines Lebens ein Schatten seiner selbst – zusammengeschrumpft vom stattlichen Feuerwehrhauptmann zum kleinen gedemütigten Menschen. Zwar wurde er nach dem Ende des Zweiten Weltkriegs rehabilitiert – in der Feuerwehrwache wurde sogar eine Büste von ihm aufgestellt –, geändert hat das für ihn jedoch nichts. Als Pensionist lebte er in sich zurückgezogen, bekam zwar noch regelmäßig Besuch von ehemaligen Kollegen und besuchte auch ab und zu seinen Stammtisch im Bratwurst Glöckl, dem Wirtshaus am Frauendom, doch er war und blieb ein Eigenbrötler, saß meist stumm in seinem Sessel, löste

Kreuzworträtsel und rauchte Rössli Sumatra. War die Schachtel leer, drückte er einem von uns Kindern zwei Mark in die Hand, mit denen wir schnurstracks zum nächsten Kiosk marschierten. Dort gab es fünf Stumpen in einer Schachtel für eine Mark fünfzig, für den Rest durften wir uns Süßigkeiten oder Eis kaufen. So hielt er uns Kinder ständig beschäftigt, ihn selbst brachte nur noch wenig vor die Tür.

Ganz anders dagegen seine Frau, meine Großmutter Franziska, die »Fanny von der Feuerwehr«. Oma Fanny strömte nur so über vor Lebensfreude, sie war eine wundervolle Köchin und Stammgast im Café Alte Börse am Marienplatz. Außerdem war sie bei den »Damischen Rittern«, einem Faschingsverein, dessen Mitglieder sich in der sogenannten fünften Jahreszeit als Ritter und Burgfräulein verkleideten, sich herrliche Fantasienamen wie »die Ritterin von Schneizelreut« gaben und es so richtig krachen ließen. Wenn ich meine Lust am Leben irgendwo herhabe, dann von meiner Oma Fanny, der die Lebensfreude aus allen Poren perlte.

Gefeiert wurde der Faschingsball der »Damischen Ritter« im Löwenbräukeller am Stiglmaierplatz – noch heute eine Faschingshochburg –, und je größer das Gefolge desto ehrenvoller war das für den jeweiligen Ritter. Deshalb hüllte sich bei uns die ganze Familie in die wundervollsten Verkleidungen. Auf ihrer alten »Singer«-Nähmaschine nähte die Oma für uns alle die prachtvollsten Kostüme aus alten Vorhängen, Bordüren und Brokatstoffen. Glücklicherweise besaß sie noch immer die allerbesten Verbindungen, schließlich hatte sie jahrelang den Kurzwarenladen Schürzen-Ecke für »Wäsche, Trikotage und moderne Cravatten« in der Reichenbachstraße geleitet, wo ihre Verehrer sich mit schränkeweise Unterwäsche eingedeckt hatten, nur um bei der schönen Fanny einkaufen zu dürfen. Und so gereichte ich als eleganter Page mit weißen Strumpfhosen und gelb samtenem Wams meiner Oma in ihrem großen Hofstaat zur Ehre und spielte so lange mit, bis wir Kinder nach Hause mussten, während die Eltern bis zum Morgengrauen weiterfeierten. Der Opa saß derweil daheim, rauchte Rössli Sumatra und hielt die Stellung.

Ja, die Oma liebte das Leben und hatte einen unerschütterlichen Humor. Besonders im Fasching machte sie sich einen Spaß daraus, alle ein wenig an der Nase herumzuführen. Mit einer Melone, an die sie einen Vorhang genäht hatte, damit niemand sie erkannte, oder im Anzug, mit Gumminase und Brille, spazierte sie als Lebensmittelkontrolleurin über den Viktualienmarkt und mäkelte schlecht gelaunt an den Waren herum. »Warum sind die Bananen so krumm? Der Käse ist ja ganz verschimmelt! Und diese winzigen Eier … Gebt ihr euren Hühnern nichts Anständiges zu fressen?« Das ging so lange, bis sie schließlich mit herzlichem Geschrei enttarnt wurde.

Immer im Schlepptau mit dabei: meine Wenigkeit. Ich liebte es, der Oma dabei zuzusehen, wie sie sich verstellte, und ich erkannte, was für einen Spaß es machte, andere Leute zum Lachen zu bringen.

Auch bei meiner Mutter setzte sie so den Keim zum Verkleiden und für ihre spätere Spielfreude, die in unzähligen Auftritten meiner Eltern die wildesten Blüten trieb. Es gab keinen Geburtstag in der Familie oder im Freundeskreis, an dem sie nicht irgendeinen Sketch zum Besten gaben. Mal trällerte meine Mutter als stolze Operndiva völlig überzogen schiefe Arien, während mein Vater am »Klavier« – einem umfunktionierten Bügelbrett – saß und auf die Tasten einhämmerte, bis ihm die Perücke vom Kopf flog, das Brett zusammenfiel und die Situation komplett eskalierte. Ein andermal zwängte sich mein Vater in ein enges Balletträckchen und beeindruckte das Publikum mit völlig überzogener Attitüde als sterbender Schwan. Wir Kinder liebten diese clownesken Auftritte, die mich ihr ganzes Leben lang begleiteten.

Ich erinnere mich noch an meine erste Hochzeit, 1980 in Venedig auf der Insel Torcello in der Locanda Cipriani. Als Überraschung wollten meine Eltern als singende Vagabunden auftreten und eine Moritat über unser Kennenlernen zum Besten geben, begleitet von satirischen Bildern, die meine Mutter eigens dafür gemalt hatte. Sie waren jedoch so überzeugend verunstaltet, dass die Kellner ihnen den Zutritt zur Hochzeitsgesellschaft verwehren wollten. So war es auch kein Wunder, dass sie, als sie Jahre später ins Augustinum, eine Seniorenresidenz am Ammersee, umsiedelten, als Erstes eine Theatergruppe gründeten.

Jedoch muss ich zugeben, dass mein Vater auf den ersten Blick gar nicht der geborene Spaßmacher war. Er stammte aus der Familie Mittermayr, einer alteingesessenen Münchner Hafnersfamilie, in der das Handwerk des Ofen- und Kaminbauers seit dem 18. Jahrhundert von Generation zu Generation weitergegeben worden war. Mein Ururgroßvater hatte schon für König Ludwig in seinem Märchenschloss Neuschwanstein Kachelöfen gebaut, die noch heute dort zu besichtigen sind.

Die Hafnerei der Familie lag in der Hackenstraße, Hausnummer 4. Hier wurden die Kacheln hergestellt, getrocknet und gebrannt, aus denen dann die Kamine und Öfen zusammengesetzt wurden. Nach dem Krieg hatte mein Vater – inzwischen selbst Hafnermeister – den elterlichen Betrieb übernommen. Allerdings stand es zu dieser Zeit bereits ziemlich schlecht ums Geschäft. Sein Vater, der durch die schrecklichen Kriegserlebnisse immer mehr zum Alkoholiker geworden war, hatte sich wenig um den Betrieb gekümmert. Hinzu kam, dass in den Sechzigerjahren Kachelöfen nicht mehr en vogue waren. Einen der letzten Öfen baute mein Vater noch mit Stolz für Altbundespräsident Theodor Heuss in Bonn.

Schließlich wurden die Hafnerei und später auch das ganze Haus verkauft. Mein Vater wurde Lehrer an der Berufsschule für Ofensetzer und Kaminbauer und wegen seines großen Organisationstalents schon bald ins Rathaus berufen, wo er für die Bereiche Schulplanung und Schulbau verantwortlich war. Schließlich sollte er Stadtschulrat werden, doch er konnte sich nicht dazu durchringen, in eine Partei einzutreten, und so wechselte er an die Münchner Berufsschule, deren Direktor er schließlich wurde. In dieser Position fand er seine Erfüllung: Handwerker anleiten, nüchtern und sachlich entscheiden, mitreden, mitgestalten, den Ton angeben. Das zog sich durch bis ins hohe Alter.

Doch so sehr er es auch liebte, selbst die Fäden in der Hand zu halten – von der Leidenschaft meiner Mutter ließ er sich gern mitreißen. Uns allen ging das so. In ihr brannte das Feuer für alles Künstlerische, sie war so voller Fantasie, dass eine Person fast nicht ausreichte, um all ihre Ideen in die Tat umzusetzen. Ursprünglich hatte meine Mutter die Münchner Kunsthochschule besuchen wollen, doch erst kam der Krieg, dann die Kinder, und so blieb die Kunst auf der Strecke. Nicht jedoch ihre Begeisterung.

Alle Zimmer und vor allem die Küche waren ihr Atelier. Unseren Küchentisch bedeckte ein Wachstuch, auf dem sich Berge von Ton, Bastel- und Künstlermaterialien stapelten. Dieses Tuch wurde um die Mittagszeit eilig zurückgeschlagen, wenn es darum ging, die hungrigen Mäuler zu stopfen. Schnell und einfach sollte es gehen, denn mit Kochen und Haushalt hatte meine Mutter nicht viel am Hut. Also gab es Pfannkuchen, Spinat und Ei, Fischstäbchen oder Suppen – natürlich, denn mein Vater liebte Suppen über alles. Fleisch landete eher selten auf unseren Tellern. Unter der Woche waren wir Vegetarier aus Not, wie so viele Menschen in dieser Zeit.

Sonntags ging es dann hinauf in den ersten Stock zur Oma Fanny, die uns mit allerhand kulinarischen Köstlichkeiten verwöhnte. Oder aber die gesamte Familie pilgerte in den Hubertushof ans Ende der Straße, wo es zur Feier des Tages Hendl oder Schweinsbraten gab.

Nein, groß zu kochen, dafür hatte meine Mutter keine Zeit. Schließlich wartete unter dem Wachstuch der feuchte Ton, allzeit bereit zur Weiterverarbeitung – hatten wir doch jede Menge davon aus der alten Hafnerei meines Vaters.

Aber nicht nur am Küchentisch verwandelte meine Mutter alles in Kunst. Im Winter formte sie mit uns im Garten überlebensgroße Hunde, Katzen oder Hasen aus Schnee, so echt, als könnten sie gleich davonspringen. Gab es irgendwo ein Fest, wurde die obligatorische Flasche Wein mit Krepppapier als Puppe verkleidet, mit Köpfen aus Tennisbällen, Zwiebeln oder anderem Gemüse. Sie ähnelten den Beschenkten auf geradezu groteske Art und Weise, denn meine Mutter hatte eine erschreckend genaue Beobachtungsgabe. Niemals trug sie Schminkzeug bei sich, aber immer ein kleines Heftchen und einen Stift, mit dem sie alles einfing, was ihr in ihrem Alltag begegnete: Porträts von wartenden Menschen, Musiker in einem Konzert, Straßenszenen im Urlaub. Die Zeichnungen waren mal ausgefeilt bis ins kleinste Detail, dann wieder skizzenhaft, auf ein paar wenige Striche reduziert, und fingen dabei die Realität doch nicht minder treffend ein. Von dieser Fähigkeit meiner Mutter, die tiefer liegenden Charakterzüge zu erkennen, das Innere nach außen zu tragen, habe ich für mich und meine Schauspielerei vieles mitnehmen können. Wenn ich mich heute auf eine Rolle vorbereite, beobachte ich genau wie sie die Menschen um mich herum und versuche so zu entdecken, was unter der Oberfläche verborgen liegt.

Auch mit dem Pinsel verstand es meine Mutter, kleine Meisterwerke zu zaubern. Fast alle Wände in unserem Haus waren mit ihren Bildern in Öl oder Aquarell dekoriert. In meinem Zimmer bemalte sie die enge Nische, in der ich schlief, mit rosa Blütenzweigen, auf denen kleine, bunte Vögel saßen und mir ein Gutenachtlied zwitscherten. So glitt ich jeden Abend in den Schlaf und träumte unter einem Rosenstrauch.

Mit dem Malen und Zeichnen hatte ich es allerdings nicht so – ganz im Gegensatz zu meinem Bruder Karl. Er war von klein auf ein leidenschaftlicher und begabter Maler, der mit Begeisterung und Aquarellfarben wahre Kunstwerke schuf. Eines seiner Landschaftsbilder hängt noch immer in meiner Wohnung. Mein großer Bruder Hans dagegen saß nicht oft mit uns am Basteltisch. Er liebte die Technik und baute stattdessen mit unserem Onkel, einem Physiker, eigenhändig ein

Morsegerät und sein Zimmer wurde mehr und mehr zu einer Funkstation.

Und doch gab es trotz des großen Altersunterschieds auch Dinge, die wir gemeinsam machten. Zum Beispiel anlässlich der 800-Jahr-Feier Münchens 1958. Ich war gerade sechs Jahre alt. In einem Wettbewerb sollten Sehenswürdigkeiten der Stadt künstlerisch dargestellt werden. Während Karl, inzwischen elf Jahre alt, aus Pappmaschee das Gelände des Nymphenburger Parks modellierte, baute der fünfzehnjährige Hans die Pagodenburg mit all ihrem Detailreichtum aus Karton nach. Ich formte für den gläsernen See kleine Schlittschuhläufer aus Plastilin. Die Balkone bogen wir aus Draht, Bäume waren kleine Zweige, und am Ende wurde alles mit Mehl bestäubt und in eine Winterlandschaft verwandelt. Der Lohn für unsere Arbeit war der Erste Platz. Unser Modell wurde im Stadtmuseum ausgestellt, wir bekamen ein Buch über München, eine Stadtrundfahrt und waren mächtig stolz.

Von da an nahm ich mit großer Begeisterung an allen möglichen Wettbewerben teil. Besonders die Kostümwettbewerbe im Fasching hatten es mir angetan, die jedes Jahr vom Kaufhaus Hertie ausgerichtet wurden. Ob als Sonnenblume, mit dem gelb leuchtenden Blütenhut, oder als Schmetterling mit den bunt bemalten Flügeln eines Pfauenauges schwebte ich mit den anderen Kindern über den Laufsteg. Als Belohnung durften wir uns in der riesigen Spielwarenabteilung des Kaufhauses etwas aussuchen. Ein Eldorado für uns alle und besonders für mich!

Denn mit Spielsachen wurden wir zu Hause nicht gerade überschüttet. Mit dem Gehalt eines Lehrers und damals drei Kindern musste sparsam umgegangen werden. Meist bekamen wir abgelegtes Spielzeug von Freunden oder Verwandten, wie auch die Märklin-Eisenbahn, auf die sich vor allen Dingen meine Brüder stürzten. Jahr für Jahr kamen neue Weichen, Gleise und Züge dazu, Brücken, Tunnel, Bahnhöfe und »Faller«-Häuschen wurden in eine selbst gebaute Landschaft aus Pappmaschee gestellt, und bald war unser ganzer Speicher ein Labyrinth aus Schienen.

Mit den Zügen spielen durfte ich als kleine Schwester natürlich nicht. Ich hatte allenfalls die Erlaubnis, Signale zu stellen, den Stationsvorsteher zu bewegen, zu rufen und zu pfeifen, wenn der Zug abfuhr. Da konnte ich wenigstens nichts kaputt machen. Ähnlich erging es mir beim Fußball. Während meine Brüder um den Ball kämpften, durfte ich nur im Tor stehen. Zwischen zwei ins Gras gelegten Jacken wartete ich auf meinen Einsatz. Und wenn mir der Ball einmal durch die Finger flutschte, dann hieß es: »Die Traudi ist doch noch zu klein«, und ich wurde ausgewechselt und musste zuschauen.

Das einzige Spielzeug, das ich ganz für mich allein hatte, war eine Puppe, die ich mit vier Jahren zu Weihnachten bekam. Sie hatte echtes Haar, das sich kämmen und zu Zöpfen flechten ließ, und konnte ihre Augen auf- und zumachen. Abends legte ich die Puppe in ihr kleines Himmelbett, und sie war fortan mein Ein und Alles. Ich nannte sie Michaela, den schönsten Namen, den es für mich damals gab.

Überhaupt war die Weihnachtszeit für mich eine magische Zeit. Unser Wohnzimmer war ein Durchgangszimmer, also wurde es schon Anfang Advent mit einem Vorhang abgetrennt, hinter dem meine Mutter gemeinsam mit dem Christkind und den Englein heimlich ihre Vorbereitungen traf. Wir Kinder durften auf keinen Fall dahinterschauen, denn sonst flog das Christkind weg. Also schlich ich immer wieder auf Zehenspitzen am Vorhang vorbei, um es auch nur ja nicht zu verschrecken. Ich lauschte auf die leisesten Geräusche, ein Rascheln oder Klingen, und stellte mir vor, wie das Christkind hinter dem Vorhang gerade am Werkeln war. Mal erhaschte ich einen Blick auf ein Stück Goldpapier, ein andermal fiel mir ein Fädchen Lametta in die Hände – Engelshaar –, das ich hütete wie einen Schatz.

Doch die Weihnachtszeit war für uns nicht nur die Zeit von Vorfreude, Lichterglanz und Geschenken, sondern auch die des Musizierens. Mein Vater hatte sich nämlich in den Kopf gesetzt, dass wir Kinder alle ein Musikinstrument spielen sollten. Also lernte ich Altblockflöte, Hans Klavier und Karl Geige. Mit meinem Vater am Cello bildeten wir schon bald ein kleines Kammerspiel-Quartett. Für meine Mutter und ihr Akkordeon war in dieser Formation kein Platz. Sie zog es vor, zu selbst gedichteten Liedern zu spielen und als Solomusikerin der Mittelpunkt eines jeden Festes zu sein. In unserer Kammermusikrunde agierte sie mehr im Hintergrund, indem sie jedem von uns Kindern weiterhalf, wenn wir den Anschluss verloren hatten.

Jeden Sonntag nach der Kirche versammelte sich also unser kleines Orchester im Schlafzimmer meiner Eltern, wo das Klavier stand, um mit mehr oder weniger Begeisterung zu musizieren. Ich liebte das gemeinsame Spielen, während Hans – inzwischen wollte er auch nicht mehr der kleine Hansi sein – sich schon bald dem von meinem Vater aufoktroyierten Sonntagsprogramm verweigerte. Es war die erste von vielen Rebellionen meines Bruders gegen den Vater, der in vielerlei Hinsicht der Überzeugung war, genau zu wissen, was für uns richtig war. Wobei so eine patriarchalische Haltung in jener Zeit durchaus nicht unnormal war. Der Vater sagte, was getan werden musste, und so wurde es gemacht. Waren es nun die alltäglichen Pflichten oder die Gestaltung unserer Freizeit.

Auch liebte mein Vater die Natur. Also musste die komplette Familie am Wochenende um fünf Uhr raus, um in die Berge zu fahren. Und auch der Glaube war für meinen Vater von essenzieller Bedeutung. Also marschierten wir jeden Sonntag geschlossen in die Kirche, »um unserer Pflicht als gute Christenmenschen nachzukommen«, und danach weiter zum gemeinsamen Sonntagsspaziergang in den Park.

Vor allem die Natur in Verbindung mit dem Glauben prägte bei uns jeden Tag und das ganze Jahr. Wir beteten zu den Mahlzeiten und vor dem Einschlafen. In der Fastenzeit verzichteten wir auf Fleisch und Süßigkeiten. An Ostern flochten wir aus Haselnusszweigen unsere Osternester, im Mai gingen wir zu den Marienandachten, an Fronleichnam legten wir Blumenteppiche, jeden Sonntag lasen wir aus dem Evangelium, im Herbst sammelten wir Moos für unsere Krippe, lasen die Weihnachtsgeschichte und bereiteten uns auf Weihnachten vor.

Einiges davon prägt noch heute mein Leben, obwohl ich inzwischen aus der Kirche ausgetreten bin. Was meinen Bruder Hans an alldem störte, war das Dogmatische, das Erzwungene.

Dass es auch ohne Zwang geht, dass auch ein ganz anderes Leben möglich war, jenseits der drei Heiligen Säulen, Natur, Familie, Glaube, die unser Zusammenleben trugen, merkte ich, wenn ich meine Schulfreundin Inge besuchte. Ihre Eltern waren sehr liberal, in ihrer Familie gab es keine Regeln und vor allem gab es kein Dogma: »Das ist der richtige Weg, und nur, wenn du den gehst, dann wirst du glücklich werden.«

Wenn ich mit Inges Familie in den Ferien an den Chiemsee fuhr, dann waren unsere Tage frei und unverplant, keiner machte uns Vorschriften oder ein schlechtes Gewissen. Wir stürmten los, mit einem Picknickkorb in der Hand, und machten den ganzen Tag nur das, was wir wollten. Inges Eltern waren evangelisch, doch wenn Inge nicht in die Kirche wollte, dann ging sie eben nicht. Ihre Mutter spielte Harfe, aber wenn Inge keine Lust hatte, mit ihr zu spielen, dann war das auch in Ordnung.

Diese Erkenntnis, die ich aus den Begegnungen mit Inges Familie mitnahm, dass es nicht nur *die eine* wahre, richtige Form des Lebens gibt, die Überzeugung, dass unsere Art und Weise zu leben gut, aber eben nicht besser als andere Lebenskonzepte war, hatte etwas unglaublich Befreiendes für mich. Es war in Ordnung, wenn ich Dinge machte, die nur ich machen wollte. Es war in Ordnung, wenn ich Wege einschlug, die niemand vor mir gegangen war.

Mein Bruder jedoch arbeitete sich an unserem Vater ab, diskutierte mit ihm über Gott, den Glauben, und stellte all jene Dinge infrage, die zu den Grundfesten des Lebensmodells unseres Vaters gehörten. Als der Älteste von uns zweifelte und rüttelte er als Erster an all diesen verkrusteten Vorstellungen. Auch die Vergangenheit meiner Eltern geriet immer mehr ins Visier meines Bruders. War mein Vater als Offizier nicht auch ein Nazi gewesen? Und wie sah es eigentlich mit meiner

Mutter aus, die beim BDM, dem Bund Deutscher Mädel, Jugendgruppen geleitet hatte? Warum hatten sie sich nicht gegen Hitler aufgelehnt?

Meine Eltern trafen diese Vorwürfe in ihrem Innersten. Von den Streitigkeiten zwischen Hans und meinem Vater bekam ich meist nur den Anfang mit, konnte sie damals auch noch nicht richtig verstehen. Sobald die Diskussion lauter, manchmal sogar handgreiflich wurde, verließ meine Mutter mit mir das Zimmer.

Und doch war mein Vater kein Tyrann. So war es eben in unserer Kindheit: Die Strenge meines Vaters glich meine Mutter mit Liebe und Verständnis wieder aus.

Rückblickend habe ich nicht das Gefühl, eine unglückliche Kindheit gehabt zu haben. Vieles, was für meinen Bruder ein Zwang war, erfüllte mich mit selbstverständlicher Freude.

Ich war ein glückliches Kind.

Der Paradiesgarten am Ammersee

Über meine Liebe zur Natur

Wenn ich meine Augen schließe und an die Sommer meiner Kindheit denke, dann sind da vor allem die Gerüche. Der Geruch von frisch mit der Sense geschnittenem Heu, das markante Aroma der Pilze im Wald, der Duft von feuchtem Moos zwischen den Bäumen. Gerüche, die ich in einer derartigen Intensität heute nicht mehr wiederfinde.

Meine Eltern hatten das Glück, schon vor meiner Geburt ein Grundstück am Ammersee zu erwerben. Die große Wiese lag am Ortsrand von Riederau, direkt neben dem Anwesen meines Onkels und grenzte an einen kleinen Bach, hinter dem ein herrlicher Fichtenwald begann.

Auf dem Grundstück selbst befand sich nur ein alter Hühnerstall, der nun von meinen Eltern nach und nach zum Ferienhäuschen ausgebaut wurde. Es gab keinen Strom, sodass wir den Abend bei Kerzenlicht verbrachten. Für das Essen, das gekühlt werden musste, wurde ein Loch in den Boden gegraben, mit Blech ausgeschlagen und mit einem schweren Holzdeckel verschlossen.

Wasser gab es aus einem kleinen Brunnen, den mein Vater mit meinen Brüdern selbst gegraben hatte. Die Toilette war ein Plumpsklo mitten im Wald.

Den Winter verbrachten wir komplett in München, denn es gab zwar ein kleines Öfchen, mit dem wir den Hühnerstall beheizen konnten, aber im frostkalten Winter reichte das nicht, um es sich dort gemütlich zu machen. Wenn aber der Frühling nahte, die Osterglocken blühten, dann war es so weit – es ging wieder hinaus nach Riederau.

Jedes Wochenende, sämtliche Ferien, Ostern, Pfingsten, Sommer, Herbst verbrachten wir dort. Mir kam der Sommer wie eine einzig große Ferienzeit vor. Und nicht nur ich fühlte so. Unser Paradiesgarten am Ammersee beschwingte uns alle. Meine Mutter dichtete eigens ein Lied, um unsere Vorfreude in Worte zu fassen und die Fahrt dorthin zu verkürzen:

In Riederau is sche,
da wollen wir gern rausgeh,
da spieln wir Federball
und pflücken Blumen überall.
Und auch der Ammersee,
der is zum Badn sche.
Drum wiss mer ganz genau:
Wir fahrn nach Riederau.
Juche!

Das Lied hatte unzählige Strophen. Und jedes Mal, wenn wir das Lied sangen, kam eine neue hinzu. Also packte ich Hasi, mein Lieblingskuscheltier, in meinen kleinen Rucksack und stieg mit meinen Eltern und Brüdern in Laim in den Zug nach Herrsching. Vom

Bahnhof ging es weiter, jeder mit Sack und Pack beladen, zum Dampfersteg, wo wir mit der »Utting« gen Riederau dampften. Und ich dichtete jedes Mal fleißig weiter: »Auf der Utting, da gibt's ein Pudding ...«

Doch wir waren noch lange nicht am Ziel. Denn jetzt ging es noch ein ganzes Stück die Hübschenrieder Straße den Berg hinauf zu unserem Garten.

Es sollte Jahre dauern, bis der Kauf eines VW Käfers dafür sorgte, dass zumindest ein Teil der bald weiter wachsenden Familie mit dem Auto anreisen konnte.

Am Ziel angekommen hielt mich nichts mehr drinnen. Alles in mir drängte nach draußen, in die Natur. Jeden Morgen versammelte sich die ganze Familie im nassen Gras vor dem Haus zum Tau treten – fünf fleißige Morgensportler, in Nachthemd und Schlafanzug, den Schlafsand noch in den Augen, die Wangen rot vor Vorfreude auf den Tag.

Und was gab es in Riederau alles zu entdecken. Gemeinsam mit meinen Brüdern, meinen Cousinen Steffi und Hanne und meinem Cousin Ulli vom Nachbargrundstück eroberten wir Wiesen und Wälder. Wir pritschelten im Bach, bauten Staudämme, und wenn der Bauer gerade wieder frisch die Wiese gemäht hatte, bauten wir daraus ganze Häuser, errichteten Mauern aus Gras, das so intensiv roch, dass sich der Geruch ganz tief in mein Gehirn eingegraben hat. Wir spielten im Heu Vater, Mutter, Kind, und als später meine Schwester Gundi auf die Welt kam, legten wir sie einfach dazu, wickelten und fütterten sie und waren stolz, endlich ein echtes Baby zu haben.

Wenn es besonders heiß war, zog es uns Kinder in den Wald. Dort war für uns nicht nur die Zauberwelt der Feen und Elfen, hier wohnten auch die beiden

Zwerge Schwupsi und Trapsi. Meine Mutter hatte sich diese Figuren ausgedacht und mir in den Ferien jeden Abend ein neues Abenteuer von ihnen erzählt. Sie zeigte uns auch ihre geheimnisvolle Wohnung in einem modrigen Baumstumpf. Oft schauten wir in die dunkle Höhle, riefen nach den beiden Zwergen, und auch wenn wir sie nie zu Gesicht bekamen, so waren sie für uns doch immer da.

Für sie sammelten wir Walderdbeeren, Brombeeren und Haselnüsse. Letztere schlugen wir vorsichtig mit Steinen auf – wenn die Eichhörnchen uns nicht zuvorgekommen waren. Wir suchten Tannenzapfen zum Einheizen, kehrten die Nadeln mit Reisig weg und bauten gleich neben den beiden Zwergen unser eigenes verwunschenes Lager in unserem Zauberwald.

Meine Mutter war es auch, die in mir die Begeisterung für all die Schätze weckte, mit der die Natur uns Jahr für Jahr beschenkt. Ihr Wissen, das sie über Jahre hinweg durch reichlich Lektüre und viel Ausprobieren angesammelt hatte, teilte sie mit uns, und ich sog es auf wie ein Schwamm. Ich konnte Tollkirschen erkennen, bevor ich Rad fahren konnte, und auch bei der Schwammerlsuche machte mir bald niemand mehr etwas vor.

Auf einen Steinpilz zu stoßen, ihn durchs Dickicht schimmern zu sehen, ihn schließlich vorsichtig mit dem Messer durchzuschneiden, wie ein Stück Butter, zu erkennen, dass noch keine Schnecke sich daran gütlich getan hat, dass der breite Stiel nicht wurmzerfressen ist, sondern herrlich saftig und fett, die Kappe samtig weich, dieses Gefühl, dieser Geruch ist für mich auch heute noch wie ein Sechser im Lotto.

Doch wir suchten und fanden nicht nur Steinpilze.

Wir entdeckten Reherl, also Pfifferlinge, braunkappige Birkenpilze oder die seltenen Rotkappen, fanden Parasol und Ziegenbart. Wenn wir mit dem prall gefüllten Körbchen stolz von unseren Sammeltouren zurückkamen, nahm die Mama vor allem die Champignons gründlich in Augenschein, schließlich konnte man sie sehr leicht mit den giftigen Knollenblätterpilzen verwechseln. Ganz im Gegensatz zu den Reizkern, die zwar giftig aussehen, aber ganz besonders schmackhaft sind. Und die gab es bei uns zuhauf, denn ihre giftigen Farben hielten viele Sammler davon ab, sie mitzunehmen. Wir aßen sie am liebsten in der Pfanne gebraten mit Brot. Das war noch besser als Schwammerlsuppe – und die war doch eigentlich mein absolutes Leibgericht.

Überall warteten die reichen Geschenke der Natur nur darauf, von uns geerntet zu werden. Wir pflückten den Sauerampfer, kauten den Sauerklee und entdeckten im Tümpel die Brunnenkresse. Im Gemüsebeet meiner Mutter stibitzten wir Stachelbeeren und Johannisbeeren in so großen Mengen, dass es oft nicht mehr für ihre selbst gemachte Marmelade reichte.

Doch irgendwann wollte ich meine eigenen Produkte anbauen und ernten, und so trennte mir meine Mutter ein kleines Eckchen von ihrem Beet ab. Radieschen und Feuerbohnen, Sonnenblumen und Vergissmeinnicht – das alles zog ich jetzt ganz allein auf und war glücklich, wenn aus den Samen die ersten Blättchen aus der Erde spitzten.

Bald schon kam mir die Idee, das Angenehme mit dem Nützlichen zu verbinden und »Traudis Blumenstand« auf der Straße vor unserem Haus zu eröffnen. Von meinem Taschengeld kaufte ich jede Menge Tütchen mit allen möglichen exotischen Samen und war enttäuscht, wenn im rauen Klima des Ammersees vieles nicht aufging, oder die Schnecken den zarten Pflänzchen den Garaus machten.

Aber wozu gab es die großen bunten Blumenwiesen? Meine Cousine Hanne und ich pflückten die farbenprächtigsten, üppigsten Blumensträuße, die unsere Kinderhände noch umfassen konnten, und stellten uns damit auf die Straße. Der Durchgangsverkehr in der Sackgasse war erwartungsgemäß eher spärlich, aber es fand sich immer ein großzügiger Nachbar, der uns unsere Blumengebinde abkaufte. »Ein kleines Sträußchen für die Frau? Oder darf es vielleicht ein hübsches Mobile aus Tannenzapferl sein?« Ob als Blumenhändlerin oder wenn ich die Gäste in unserem »hauseigenen Restaurant« begrüßte – eine weitere von vielen Nebenverdienstmöglichkeiten für unsere geschäftstüchtige kleine Kinderschar –, in jeder Rolle ging ich voll auf. »Darf's noch etwas sein?«, fragte ich, ganz die versierte Bedienung und servierte Löwenzahnsalat mit Gänseblümchen und Bärlauch mit wilden Himbeeren und freute mich über die zwei Pfennige, die wir dabei verdienten.

Gleich darauf radelten wir hinunter ins Dorf zum Kiosk, wo wir uns mit Brio-Brause eindeckten, die wir uns auf die Hand schütteten und die so schön auf der Zunge bitzelte. Und was war das für ein herrlicher Geruch in diesem kleinen Kiosk, der alles anbot, was die Sommerfrischler für einen gelungenen Ausflug benötigten. Wenn ich heute die Augen schließe, steigt mir sofort der süß-reife Duft der saftigen Birnen und Pfirsiche in die Nase, die dort in großen Kisten gestapelt auf die Kunden warteten. Und wie goldgelb und groß die Pfirsiche waren! Ich glaube, ich habe nie in meinem Leben größere gesehen. Oder kommen mir die Dinge heute einfach nur kleiner vor, weil ich inzwischen größer bin?

Und noch einen besonderen Geschmack werde ich nie vergessen: das selbst gemachte Himbeereis aus unserer Handrührmaschine. Eine elektrische Eismaschine hatten wir damals nicht, also war Erfindungsreichtum gefragt. Voller Vorfreude sammelten wir Kinder Himbeeren aus dem nahen Himbeerschlag und brachten sie in die Küche, wo meine Mutter unseren Schatz mit Sahne, Zucker und Eiern zu einer flüssigen Eismasse weiterverarbeitete. Dann radelten wir hinunter ins Dorf zum Sigl-Wirt, der heute einem Großparkplatz gewichen ist. Der bot nämlich nicht nur die beste Brotzeit weit und breit, sondern schenkte auch reichlich Helles aus – und zwar gut gekühlt. Mehrmals in der Woche wurde der Wirt von der Brauerei mit großen Eisblöcken versorgt, mit denen die Bierfässer abgedeckt wurden, sodass das Bier selbst im heißesten Sommer herrlich kühl blieb.

Aber was das Bier schön kühl hält, konnten wir auch für unser Himbeereis gut gebrauchen, und so schoben wir auf unseren Rädern riesige Eisstangen mühsam den Berg hinauf und machten uns zu Hause mit Vorschlaghammer und Stemmeisen an die Arbeit. Mit vereinten Kräften schafften wir es, große Stücke von den Eisstangen abzuschlagen, die wir in Jutesäcke füllten, um sie dann mit kräftigen Hammerschlägen in kleine Stücke zu zerteilen. Fertig war unser Kühlmaterial. Das wanderte nun in unsere handbetriebene Eismaschine: ein kleines Fässchen, ähnlich wie man es heute vom Saunaaufguss kennt, das in Schichten mit dem zerstoßenen Eis und Viehsalz gefüllt wurde. Da hinein stellte meine

Mutter nun einen Behälter aus Blech, in dem die Himbeersahnemasse verheißungsvoll hin und her schwappte. Jetzt kam nur noch der Deckel mit einer Kurbel drauf, und dann wurde gedreht und gedreht – ich immer am Anfang, wenn es noch leicht und flüssig ging. Sobald mir der Arm lahm wurde, ließ ich meine Brüder ran, die das Ganze schließlich zu einem guten Ende brachten.

Ich weiß nicht, warum mir gerade dieses Eis so besonders gut schmeckte. War es die Tatsache, dass wir erst Unmengen von Energie investieren mussten, bevor wir uns ans Naschen machen durften? Lag es daran, dass das Eis so herrlich frisch war und keine zehn Minuten, nachdem es gerührt worden war, schon auf unseren Zungen zerging? Waren es die wilden Himbeeren aus dem Wald, die einen ganz anderen Geschmack hatten, als jene, die man heute im Laden kaufen oder auch im eigenen Garten pflücken kann? Vermutlich war es eine Mischung aus allem. Auf jeden Fall habe ich nie wieder in meinem Leben ein Eis gegessen, das mir so gut geschmeckt hat wie unser selbst gemachtes Himbeereis.

Inzwischen baute mein Vater weiter fleißig den Hühnerstall aus. Eine Wand wurde eingezogen, hinter der mein Bettchen stand. Meine Eltern schlugen jeden Abend ihr Nachtlager auf der schmalen Klappcouch nebenan auf, in unserer winzigen Wohnküche, gerade groß genug, dass wir bei schlechtem Wetter alle Unterschlupf fanden. Ein Anbau wurde errichtet, für das Stockbett meiner beiden Brüder, und daneben gab es für meinen Vater noch eine kleine Werkstatt zum Basteln – für uns zum Spielen –, oft die »Räuberhöhle« genannt.

Doch wir waren selten allein in unserem Paradiesgarten am Ammersee. Wir schlossen Freundschaften mit den anderen Kindern im Dorf, mit denen wir am

Morgen und am Abend im See badeten, wenn die Tagesgäste noch nicht oder nicht mehr da waren. An manchen Wochenenden kam eine befreundete Familie, die am Staffelsee wohnte, zu uns herübergefahren – die Mutter, die ich liebevoll Tante Hansi nannte, war eine alte Jugendfreundin der Mama, die sie noch aus ihrer Zeit beim BDM kannte. Mein ältester Bruder war sogar nach ihr benannt worden. Und dann war da noch das berühmte Mittermayrsche Sommerfest, Höhepunkt jedes Sommers, an dem alle Freunde und Verwandte zusammenkamen, und bei dem nicht nur wir Kinder unsere Spielfreude und Kreativität voll ausleben konnten. Die Älteren spielten Faustball und veranstalteten regelrechte Turniere. Mit meinen kleinen Händen fehlte mir dafür die Kraft, deshalb spielte ich lieber Krocket, oder es ging weiter mit Platteln. Wie beim Boule ist dabei das Ziel, durch Werfen kleiner Eisenscheiben einem bestimmten Punkt besonders nahe zu kommen. Überhaupt kannte unser Spieltrieb keine Grenzen. Wir maßen uns im Tischtennis oder Federball, wir spickerten und veranstalteten Sackhüpfen und Eierläufe.

Und wenn am Abend der Mond am vollsten stand und alle Gäste nach Hause gegangen waren, dann packte mein Vater die Gitarre aus und uns Kinder ein, und wir marschierten durch die nächtliche Dunkelheit hinunter zum Ammersee. Und während alle in den herumliegenden Dörfern schon schliefen, fuhren wir hinaus aufs Wasser, mein Vater, meine Mutter, meine beiden Brüder und ich. Mit unseren bunten Lampions stiegen wir in das Ruderboot vom Riederauer Fischer, der uns auch regelmäßig mit frischem Fisch aus dem See versorgte. Saiblinge, Forellen und vor allem Ammerseer Renken. Doch jetzt gab es keine Renken, sondern ein Mitternachtspicknick für die ganze Familie, bis schließlich mein Vater die Gitarre ergriff und anstimmte: »Weißt du wie viel Sternlein stehen …« Und über uns erstreckte sich ein ganzes Meer von Sternen – silberweiß, goldgelb, manchmal bläulich, andere fast rot. »Das ist der große Wagen. Und da hinten die Venus«, erklärte der Papa, und ich hörte ihm staunend zu. Ich war mir nie sicher, ob er das wirklich so genau wusste, aber das war mir in diesem Moment egal. Was ich aber wusste: Das hier war das Schönste auf der ganzen Welt. Dieses Abenteuer, weit nach Schlafenszeit an die Mama gekuschelt draußen auf dem See, über uns die Sterne und mit den Laternen in der Hand, zu singen – das gab es nur in meinem Paradies am Ammersee.

Ja, in Riederau gerieten all die größeren und kleineren Streitigkeiten, die gerade mein Bruder Hans immer wieder mit meinem Vater ausfocht, in Vergessenheit, und wir genossen es einfach nur, im Hier und Jetzt zu sein, und freuten uns des Lebens.

Doch jeder Sommer geht einmal zu Ende und irgendwann verlor all das seinen Reiz für uns Kinder. Wir wurden größer. Anfangs waren es nur Hans und Karl, die bei den Großeltern in der Stadt blieben. Gerade Hans wollte sich nicht mehr sagen lassen, wie er seine Ferien zu verbringen hatte, und Karl tat es ihm schon bald gleich. Mit vereinten Kräften gingen sie jetzt gegen meinen willensstarken Vater vor, dem es schwerfiel zu verstehen, was denn wichtiger sein konnte als die gemeinsame Zeit mit der Familie.

Mit vierzehn begann dann auch ich zu revoltieren. Wie in so vielen Dingen war auch hier mein großer Bruder Hans mein Vorbild. Ich wollte endlich auch dahin, wo was los war, wollte lieber mit meinen Schulfreundinnen in München ins Schwimmbad oder die ersten Jungs treffen.

Mit der Zeit wurden unsere Besuche am Ammersee also seltener, doch wir kehrten immer wieder dorthin zurück – auch als ich älter wurde, heiratete und selbst Kinder bekam. Meine Eltern bauten noch ein Haus und zogen schließlich ganz an den Ammersee. Der »Hühnerstall« wurde ein Atelier, in dem meine Mutter fast ununterbrochen malte und töpferte. Doch als die Pflege des Grundstücks für die beiden immer kräftezehrender wurde und meine Eltern ins Augustinum zogen, stellte sich plötzlich die Frage: Was machen wir mit Riederau?

Ich selbst war ständig beim Drehen und in der ganzen Welt unterwegs, meine Töchter verloren wie ich in der Pubertät das Interesse an dem Grundstück. Und so verkauften wir unser kleines Paradies am Ammersee. Ich bereue die Entscheidung nicht, denn viele der Erinnerungen sind mit dem, was später meinen Brüdern und meiner Schwester widerfuhr, schmerzlich geworden.

Aber ein Rückzugsort auf dem Land, wo ich die Wurzeln meiner Kindheit schlug, fehlt mir manchmal doch. Deshalb fahre ich noch heute häufig raus aufs Land. Und wenn dafür die Zeit nicht reicht, dann habe ich immer noch meine Dachterrasse in der Stadt, meinen italienisch-bayrischen Bauerngarten, den ich wild mit allem bepflanzt habe, was früher in meinem kleinen Gärtlein am Ammersee wuchs. Eine bunte Mischung aus Thymian, Phlox, Johannisbeeren, Oleander, Rosen, Rittersporn, Lavendel. Ob Frühling, Sommer, Herbst – jeden Morgen treibt es mich hinaus, um darin rumzugarteln, zu riechen, zu fühlen und zu schauen, was gerade kommt, was aufgeht, blüht und gedeiht.

Gibt es etwas Schöneres?

Ich hab die schönste Kuh gemalt

Von der Freude zu spielen

Balancieren, Purzelbäume, vorwärts, rückwärts, Handstand, Kopfstand – von klein auf habe ich es geliebt, mich zu bewegen und zu spielen. Doch in München in der Stöberlstraße war für solche akrobatischen Einlagen nur wenig Platz. Und auch meine ständigen Aufführungen im Wohnzimmer riefen irgendwann keine Begeisterungsstürme mehr hervor. Ich war Zirkusdirektorin, Akrobatin, Pferd oder Clown, und meine Eltern oder Brüder waren dazu verdammt, still zu sitzen und kräftig Beifall zu klatschen, wenn es wieder einmal hieß: »Bitte hinsetzen. Ich führ was Tolles vor!«

Schließlich hatte meine Mutter die rettende Idee. Nur wenige Meter von meinem Elternhaus entfernt gab es die kleine Ballettschule »Eisfeld«, und schon bald packte ich jede Woche meinen geliebten rosa Ballettanzug mit dem Tutu und die zierlichen Schläppchen und tänzelte voller Begeisterung dorthin. Hier konnte ich mich nicht nur mit Pirouetten und Sprüngen gründlich verausgaben, ich konnte endlich auch beim großen Elternabend vor Publikum auftreten. Das war für mich das Größte!

Ich war unglaublich aufgeregt. Wir Kinder steckten

uns gegenseitig an, fieberten den Auftritten entgegen und vergingen fast vor Lampenfieber. Ich erinnere mich noch an das allererste Mal: Als Engel trippelte, nein schwebte ich über die Bühne. Und als der Vorhang fiel und ich den Applaus hörte, diesmal von fremdem Publikum, nicht nur von meinen Eltern oder Großeltern, wusste ich, ich wollte mehr davon.

Und wie es das Schicksal so will, war es auch das Ballett, das mir die ersten Erfahrungen vor der Kamera ermöglichte. Der Vater einer Mitelevin war Regisseur bei einer Werbefilmproduktion und suchte in unserer Tanzschule nach Kindern für eine Milchwerbung. Ich war sofort Feuer und Flamme. Ein bisschen kannte ich das ja schon aus eigener Erfahrung. Seit einiger Zeit durfte ich als Modell für Kindermoden agieren. Eine benachbarte Fotografin hatte mich angesprochen, als sie mich am Agricolaplatz beim Spielen gesehen hatte. Die Kleider, die ich bei den Aufnahmen trug, durfte ich als Gage mit nach Hause nehmen. Meine ersten eigenen Kleider, die nicht schon zwei Cousinen vor mir getragen hatten. Ich war überglücklich und stolz.

Seitdem faszinierte mich alles, was mit Kameras zu tun hatte. Zu meinem sechsten Geburtstag hatte ich mir eine Agfa-Click gewünscht und fotografierte alles, was für die Ewigkeit festgehalten werden sollte. Meine erste Aufnahme machte ich bei einer Bergtour auf den Wendelstein. Dieses Foto besitze ich noch heute, und Fotografieren wurde eine meiner großen Leidenschaften.

Und so stand ich also, inzwischen sieben Jahre alt, mit Zahnlücken und Affenschaukeln, vor Aufregung und Vorfreude bis in die Haarspitzen zitternd, bei den Probeaufnahmen für die Milchwerbung und malte mit weißer Farbe eine Kuh auf eine Glasscheibe. Später wurde eine Kinderstimme darübergelegt, die schwärmte, warum gerade diese Milch so besonders gut sei.

Offenbar habe ich die schönste Kuh gemalt, denn aus unserer Ballettgruppe wurde ich als Einzige für den Werbespot ausgewählt. Die Affenschaukeln fielen weg, die Zöpfe mussten ab und ich bekam eine »moderne« Frisur verpasst. Und es blieb nicht nur bei dem einen Spot. Fortan machte ich für verschiedene Produkte zwei bis dreimal im Jahr Reklame. Ich liebte es, auch wenn es manchmal anstrengend war. Denn beim Spaghettiessen mit einem begeisterten Lächeln: »Lecker! Das schmeckt!«, in die Kamera zu flöten, ist gar nicht so leicht, wenn die Spaghetti ständig und immer wieder mit reichlich Öl übergossen werden, damit sie am heimischen Fernseher auch wirklich verführerisch glänzen. Doch ich riss mich zusammen und schaufelte weiter todesmutig die Nudeln in mich hinein, auch wenn sich in meinem Inneren schon alles zusammenzog. Nie hätte ich zugegeben, wie sehr mir inzwischen davor grauste.

Ähnlich erging es mir bei einer Werbung für Bonbons. Was sich wie der wahr gewordene Traum eines jedes Kindes anhört, verdarb mir die Lust auf Fruchtbonbons für den Rest meines Lebens. Zwar durfte ich zwischen den Aufnahmen die Drops immer wieder ausspucken, aber da lag auch schon das nächste Bonbon bereit. Ich machte: »Hmmmm!« und meinte: »Bäh!« Meinem Gesicht sah man nichts an, aber mein Verhältnis zu Fruchtbonbons ist dadurch bis heute gestört.

Auch mit Grauen erinnere ich mich an eine Mehlwerbung, bei der ich stundenlang in eine riesige Mehltüte aus Holz gesteckt wurde, aus der ich gerade mal hervorlugen konnte und sonst nur meine Arme und Beine herausschauten. Ich bekam regelrecht Platzangst. Nein, so etwas wollte ich nie wieder machen.

Doch drehen, das wollte ich trotzdem. Voller Begeisterung sagte ich zu, wenn sich wieder einmal die Gelegenheit ergab, vor der Kamera zu stehen. Denn über die Werbespots gelangte ich an zwei Dinge, die es zu Hause alles andere als reichlich gab: Anerkennung und Geld. Mein Taschengeld war knapp bemessen, und nun bekam ich pro Drehtag unglaubliche 50 Mark, später sogar 100 Mark. Das war ein Reichtum, den ich mir gar nicht richtig vorstellen konnte. Stolz trug ich es gemeinsam mit meiner Mutter zur Sparkasse und blätterte voller Begeisterung in meinem Sparbuch, wenn mein Guthaben wieder angewachsen war.

Doch noch mehr freute ich mich auch über die Anerkennung, die ich beim Drehen erntete – wurden wir doch zu Hause nicht gerade mit Lob überschüttet. Dass ich vor der Kamera stand, war für meine Eltern genauso ein Hobby wie für meinen großen Bruder Hans seine technischen Experimente und für Karl die Malerei. Meine Mutter war nicht die typische »Filmmutter«, die ihr Kind »groß rausbringen wollte« und dieses Ziel mit verbissenem Ehrgeiz verfolgte. Nein, meine Eltern freuten sich einfach für mich, dass ich etwas gefunden hatte, das mir Spaß machte und mich erfüllte. Sie lasen die Drehbücher, um sicherzustellen, dass auch kein »Schmarrn« dabei war, und meine Mutter begleitete mich zu den Probeaufnahmen und Dreharbeiten. Doch meine Arbeit vor der Kamera wurde nie groß herausgehoben. Sie gehörte inzwischen zu meinem Leben.

Und noch eine weitere Freude trat in dieser Zeit in mein Leben, ich war inzwischen acht Jahre alt: Meine

Schwester Gundula wurde als viertes Kind geboren. Endlich eine Schwester!

Auf der von meiner Mutter gezeichneten Geburtsanzeige spannen meine Brüder und ich ein großes Bettlaken, auf dem die kleine Gundi glücklich landet – und für mich war sie tatsächlich wie ein Geschenk des Himmels. Ich erinnere mich noch genau, wie mein Vater in der Nacht aus dem Krankenhaus kam und mich um fünf in der Früh weckte: »Du hast eine kleine Schwester!« Wie habe ich gejubelt, gejauchzt und getanzt. Dabei war Gundi durch den großen Altersunterschied nicht gerade eine ideale Spielgefährtin, sondern weckte in mir schon damals mütterliche Instinkte. Ich liebte es, sie zu wickeln, zu füttern, sie im Kinderwagen durch die Gegend zu schieben. Ich hielt ihre Hand, als sie laufen lernte, nahm sie mit, wenn ich mich mit meinen Freunden traf.

Von nun an hatte meine Mutter keine Zeit mehr, mich zu den Dreharbeiten zu begleiten. Dafür bekam ich vom Jugendamt eine Betreuerin zur Seite gestellt. Frau Resi Müller-Heldrich war eine liebenswürdige ältere Dame, und ich fühlte mich bei ihr sofort geborgen. Denn mit einem Mal war da jemand, dessen einzige Aufgabe es war, sich nur um mich allein zu kümmern. Sie lernte mit mir die Texte, spielte mit mir in den Drehpausen Mensch-ärgere-Dich-nicht, wir legten Patiencen und freundeten uns mit der Zeit immer enger an. Auch meine Eltern lernten Resi und ihre Familie über die Jahre hinweg besser kennen, sodass sie für uns irgendwann weniger Betreuerin als vielmehr Familienmitglied war. Entsprechend wurde sie einige Jahre später auch meine Firmpatin.

Tante Resi war es auch, die kurz darauf eine weitere

Tür für mich öffnete. »Du kannst doch tanzen, Traudi«, sagte sie eines Tages, »die suchen für einen Film ein Mädchen, das tanzen kann.«

Es ging es um eine Rolle in der Nussknackersuite von Tschaikowsky, der ersten großen Farbfilmproduktion der Bavaria, die später unter dem Titel *Der Nussknacker* ausgestrahlt wurde. Regie führte Heinz Liesendahl. Und natürlich konnte und wollte ich tanzen. Also tanzte ich vor – und bekam die Rolle der kleinen Klara.

Die bekommt in der Rahmenhandlung das Balletts zum Weihnachtsfest einen Nussknacker geschenkt, zankt sich mit ihrem Bruder – im Film gespielt von Sascha Hehn, der damals schon ein richtiger Kinderstar war –, der Nussknacker fällt zu Boden und zerbricht. Traurig nimmt Klara ihn mit ins Bett und träumt, wie sie als Prinzessin mit dem Nussknacker als Prinz gemeinsam durch die verschiedensten Länder der Welt tanzt. Natürlich wurde die Prinzessin von der Primaballerina des New-York-City-Balletts gespielt.

Auch zu meiner nächsten Rolle kam ich durch Tante Resi. *Robinson soll nicht sterben* war eine Produktion des Bayerischen Rundfunks in den RIVA-Studios in Unterföhring. 1957 war der Film schon einmal mit Romy Schneider in der Hauptrolle für die große Leinwand verfilmt worden. 1963 sollte der Stoff nun noch einmal fürs Fernsehen aufgezeichnet werden. Unter anderem mit dabei: der berühmte Schauspieler Rudolf Forster und auch mein Nussknacker-Bruder Sascha Hehn. In der Geschichte geht es um Daniel Defoe, den Autor von *Robinson Crusoe*, der beim König in Ungnade gefallen ist und dessen Bücher nun verbrannt werden sollen. Eine Bande von Kindern kommt ihm jedoch zu Hilfe, und ich durfte die mutige Anführerin,

Maud Cantley, spielen. Eine richtig große Rolle mit richtig viel Text war das! Ein Glück, dass mir ein ganz besonderer Regieassistent zu Hilfe kam: Friedrich von Thun, damals gerade einmal Anfang 20 und mit einer Stimme gesegnet, die mich auch heute noch mit einem unglaublichen Gefühl der Ruhe und Zuversicht erfüllt. Im Schlafzimmer meiner Eltern – anderswo war in unserem kleinen Reihenhaus, in dem sich inzwischen immerhin acht Personen drängten, kein Platz – übte er so lange mit mir, bis mein Text auch wirklich saß. Und noch etwas habe ich von dieser Rolle mitgenommen: Ich kann immer noch auf vier Fingern pfeifen – das geheime Zeichen unserer Kinderbande –, womit ich heute noch bei meinen Enkelkindern punkten kann.

Davon abgesehen war das Drehen etwas, das ich nicht als »Arbeit« empfand, sondern als etwas, das mir mit spielerischer Leichtigkeit von der Hand ging. Denn das war es ja für mich: ein Spiel. Wenn mir bei einem Werbespot für die Deutsche Bahn gesagt wurde: »Schau, das ist deine Mama und das ist dein Papa, mit denen fährst du in den Urlaub«, dann war das für mich nicht anders, als würde ich mit meinen Geschwistern oder Freunden Vater-Mutter-Kind spielen. Und so war es auch beim Film. Sollte ich traurig sein, spielte ich traurig. Sollte ich neugierig sein, war ich neugierig. Reichte die bloße Anweisung nicht, bekamen wir Kinder Geschichten als Hilfe: »Stell dir vor, dein Hund ist gestorben und du bist ganz traurig.« Und so spielte ich vor der Kamera, dass mein Hund gestorben war, mit der gleichen Selbstverständlichkeit, wie ich daheim die Bedienung gab, wenn wir Gäste hatten, oder wie ich den Pfarrer nachmachte, der den Gläubigen sein »Dominus vobiscum« entgegendonnerte, wenn wir Kinder im heimischen Wohnzimmer Kirche spielten.

Ja, in mir steckte einfach, wie wahrscheinlich in jedem Kind, diese Lust, zu spielen, Rollen einzunehmen, jemand anderes zu sein. Und ich genoss die vielen neuen Eindrücke, die mir die Arbeit am Set bot. Für mich war das eine neue, wundervolle Welt, von der ich keinen Augenblick verpassen wollte.

Paradoxerweise bekam ich aber das Ergebnis dieses wundersamen Wirkens erst gemeinsam mit allen anderen Zuschauern bei der Ausstrahlung im Fernsehen zu sehen. Ich konnte es kaum erwarten, bis es endlich so weit war. Wir riefen alle Freunde und Bekannten an und verkündeten stolz: »Die Traudi ist heute Abend im Fernsehen.« Denn auch wenn meine Eltern mich nicht mit Lob überschütteten – die eigene Tochter im Fernsehen zu sehen, das war dann doch etwas Besonderes, das mit den anderen geteilt werden musste.

Dabei besaßen wir selbst gar keinen Fernseher. Mein Vater war strikt dagegen. »Das zerstört das Familienleben«, sagte er. Wir sollten lieber miteinander reden, zusammen spielen, gemeinsam musizieren – alles, nur nicht vor der Glotze hängen. Also schauten wir *Robinson soll nicht sterben* bei den Nachbarn.

Nachdem nun aber immer mehr Filme mit mir ausgestrahlt wurden, wollte ich nicht mehr ständig mit der ganzen Familie bei den Nachbarn einfallen. Mit meinen Überredungskünsten brachte ich meinen Vater dazu, dass ich mir von meinem ersparten Geld einen Fernseher kaufen durfte, ein Schwarz-Weiß-Gerät und ein riesiges Röhrenungetüm. Endlich! Der erste eigene Fernseher in unserem Wohnzimmer!

Das hieß jedoch nicht, dass wir Kinder nun den

ganzen Tag vor der Glotze rumhängen durften. Wenn wir Filme schauen wollten, mussten wir diese in der Programmzeitschrift anstreichen und beim Vater um Erlaubnis bitten – meistens erhielten wir die nur am Wochenende. Dafür entdeckte mein Vater mehr und mehr seine Begeisterung für das neue Medium, und so war er es, der den Fernseher fortan am meisten nutzte. Er wurde zu einem regelrechten Nachrichten-Junkie.

Bei der Ausstrahlung meiner Filme war ich aufgeregter als beim eigentlichen Drehen. Ich erwartete die Reaktionen meiner Eltern und Geschwister mit nervöser Spannung. Doch noch mehr elektrisierte mich die Vorstellung, wie viele Menschen mich in diesem Augenblick im Fernsehen sehen würden.

»Das schauen Millionen«, hieß es, und so biss ich mir vor Aufregung die Nägel ab, während ich mir in meiner Naivität vorstellte, wie der ganze Marienplatz oder der Stachus voller Menschen mir in diesem Augenblick zusahen. Das war für mich unfassbar und wundervoll zugleich.

Zu diesem Zeitpunkt bekam ich auch zum ersten Mal Rückmeldung aus dem Freundes- und Bekanntenkreis: »Ich hab dich im Fernsehen gesehen. Das hast du toll gemacht!« Am Anfang war ich fast etwas verschüchtert und zu scheu, um diese Komplimente wirklich mit Freude anzunehmen, doch mit der Zeit lernte ich, solches Lob auch zu genießen, und empfand es als das, was es noch heute für mich ist: eine regelrechte Streicheleinheit für die Seele. Ich freue mich über jeden Menschen, der mich anspricht und mir sagt, dass ihm das, was ich mache, gefällt. Auch deshalb habe ich den Beruf der Schauspielerin gewählt.

Allerdings gab es noch eine große Hürde zu überwinden – meinen bayrischen Dialekt. In *Der Nussknacker* gab es ja die Musik, da musste ich nur tanzen und nicht sprechen, und in *Robinson soll nicht sterben* war es der Zeitdruck, der das Team darüber hinwegsehen ließ, dass ich trotz tapferer Bemühungen meinerseits alles andere als lupenreines Hochdeutsch sprach. Aber langsam wurde mir klar: Wenn ich in Zukunft nicht nur in bayrischen Filmen mitspielen will, dann muss ich Hochdeutsch lernen. Ganz im Gegensatz zu meinem Vater, der als eingefleischter Traditionalist tagtäglich für den Erhalt der bayrischen Sprache kämpfte. Auf seiner Gitarre spielte er am liebsten bayrische Gstanzl:

Wannst in Himmi, sagt er,
wuist kemma, sagt er,
muasst Handschuah, sagt er,
mitnehma, sagt er.
Denn im Himmi, sagt er,
ist kalt, sagt er,
weil der Schnee, sagt er,
abifallt.

Und wenn es auf Autofahrten mal wieder länger wurde oder ihm auf Bergtouren einfach danach war zu singen, stimmte er ein Lied an, das typisch war für seine Liebe zum Wandern und zur Heimat:

's gibt nur a Loisachtal alloa,
A Zugspitz und an Waxenstoa!
Da kannst die ganze Welt ausgeh',
Da findst as niagendwo so sche!

Passend dazu trugen wir bei jeder Gelegenheit Lederhosen und Dirndl. Und wenn wir am Sonntag essen gingen, dann kam es gut und gerne vor, dass mein Vater die Speisekarte des Lokals aus ihrer Plastikhülle zog und aus dem »Schweinebraten mit Kloß« einen »Schweinsbraten mit Knödel« machte, das »Eisbein« wurde zur »Schweinshaxe« und die »Sahnetorte« zu »Kuchen mit Schlagrahm«. Wir Kinder schämten uns schrecklich, wenn der Papa wieder mal den Stift zückte. Wurde er jedoch erwischt, wusste er sich selbstbewusst zu verteidigen. »Wieso? Mir san hier in Bayern, da schreibt ma des so!«

Doch auch ich geriet immer häufiger ins Visier des väterlichen Korrekturwahns. Wenn ich mich mit »Ciao« verabschiedete, antwortete er: »Das heißt ›Servus‹ oder ›Pfiat di‹«, oder wenn ich vom Set an den heimischen Tisch zurückkehrte, hieß es: »Sei nicht so filmig. Red nicht so g'stelzt.«

Meine Eltern fanden es komisch, wie ihr eigenes Kind plötzlich sprach. Für meinen Vater war es, als verleugnete ich meine bayrische Herkunft. Trotzdem beschloss ich, den Rest meines ersparten Geldes sinnvoll zu investieren, und meldete mich zum Sprachunterricht an.

Friedrich von Thun hatte mir die Gesangs- und Schauspiellehrerin Anneliese Hofmann de Boer empfohlen, die zufälligerweise bei uns in der Straße wohnte. Bei ihr lernten im Laufe der Jahre unter vielen anderen auch Maximilian Schell, die Kessler-Zwillinge, Heidelinde Weis, und nun also auch ich.

Dort übte ich mit meinem *Kleinen Hey,* einem Lehrbuch zur Sprecherziehung, fleißig Sprüche wie:

Barbara saß nah am Abhang.
Sprach gar sangbar zaghaft langsam,
Mannhaft kam alsbald am Waldrand
Abraham a Sancta Clara.

Was hallt am Waldbach da
Jagdklang schallt nah: Trara!

Dabei wäre das Sprachtraining vorerst gar nicht nötig gewesen. Für meinen nächsten Film wurde ich nämlich synchronisiert …

Hühnersuppe mit Nudeln

Vom großen Film und dunklen Wolken

In den Sechzigerjahren gab es noch nicht viele Kinder beim Film. Vieles lief über Empfehlungen oder Beziehungen. Ging es um neue Projekte, war die Frage »Kennst du nicht jemanden …?« unausweichlich. Und so verwundert es im Nachhinein kaum, dass wenige Wochen nach der Ausstrahlung von *Robinson soll nicht sterben* das Telefon bei uns in der Stöberlstraße klingelte. Eine Agentur hatte ich zu diesem Zeitpunkt noch nicht.

Ich folgte der Einladung des ungarischen Regisseurs Géza von Radványi ins heute abgerissene Hotel Königshof am Münchner Stachus, der den weltbekannten Roman *Onkel Toms Hütte* von Harriet Beecher Stowes verfilmen wollte – mit so bekannten Schauspielern wie O. W. Fischer, Juliette Gréco, Herbert Lom und, und, und. Ihre Namen sagten mir alle nichts. Dabei waren es durch die Bank internationale Berühmtheiten, und deshalb sollte auch jeder von ihnen den Film in seiner Sprache, also auf Deutsch, Englisch, Französisch oder Italienisch, spielen, um im Nachhinein dann für das jeweilige Land synchronisiert zu werden. Und auch gedreht werden sollte nicht etwa in Deutschland oder

Amerika, wo die Geschichte eigentlich spielt, sondern im damaligen Jugoslawien, in Belgrad und Dubrovnik. Mir war nicht bewusst, was es bedeutete, dass man mir hier eine Rolle anbot, für meinen allerersten Kinofilm, der mit Produktionskosten von 4,5 Millionen Mark eine der bis dahin teuersten Produktionen in Deutschland werden sollte. Ich war einfach nur glücklich, dass ich schon bald wieder vor der Kamera stehen durfte – und so sagte ich begeistert: »Ja!«

Onkel Toms Hütte spielt in den Südstaaten der USA in der Mitte des 19. Jahrhunderts und erzählt die tragische Geschichte des afroamerikanischen Sklaven Onkel Tom, der wie eine Ware von Besitzer zu Besitzer wandert – mal wohlwollend, mal äußerst grausam – und schließlich stirbt, als er einer Sklavin zu Hilfe eilt. Ich sollte in dem Film die Rolle der kleinen Evangeline St. Clare übernehmen, die Onkel Tom auf einem Mississippi-Dampfer begegnet. Onkel Tom und die leukämiekranke Eva freunden sich an, und das Mädchen bittet ihren Vater, der sie zärtlich liebt, dass er Tom und seine Gefährten kauft, um sie vor dem schlimmen Schicksal bei dem grausamen Sklavenhalter zu bewahren. So weit der für meine Rolle relevante Teil der Handlung.

Doch bevor es im Frühsommer 1964 losging, musste ich erst einmal den Text lernen – was diesmal eine besondere Herausforderung war. Obwohl jeder Schauspieler in seiner eigenen Sprache drehen würde, hatte ich das Drehbuch komplett auf Deutsch erhalten, damit ich auch verstand, worum es in den Szenen ging, und was ich zu spielen hatte. Die Stichworte meiner jeweiligen Partner waren in den unterschiedlichsten Sprachen eingefügt, damit ich meinen Einsatz nicht verpasste. Das reinste Tohuwabohu.

Die nächsten Wochen verbrachte ich damit, den Text mit meinem Vater einzuüben. Als Lehrer lag ihm diese Aufgabe, und er übernahm sie mit Begeisterung, außerdem wollten mich meine Eltern diesmal zu den Dreharbeiten ins Ausland begleiten. Erstens, weil man ein so junges Mädchen – ich war inzwischen zwölf Jahre alt – nicht allein mit »diesem Künstlervolk« losziehen lassen wollte, zweitens, weil mit O. W. Fischer, der im Film meinen Vater spielen sollte, ein echter Star an meiner Seite stehen würde, den mein Vater sich nicht entgehen lassen wollte. Da kam es gelegen, dass die Dreharbeiten zum größten Teil in den Sommerferien stattfinden würden und er als Lehrer Zeit für eine ausgedehnte Sommerreise hatte. Und auch meine Mutter konnte dabei sein, denn sie nahm die kleine Gundi – damals drei Jahre alt – einfach mit.

Meine größeren Brüder begleiteten uns nicht. Hans war damals schon bei der Bundeswehr in Hannover und für einen ausgedehnten Familienausflug sowieso nicht zu haben. Er schlug inzwischen immer mehr nach unserem eigenbrötlerischen Opa und lebte, wenn er zu Hause war, in seiner eigenen Welt. Am liebsten schloss er sich in sein Zimmer ein und lauschte hinaus ins Weltall. Ich sehe ihn noch heute morsend mit Kopfhörern an seinem Schreibtisch sitzen und, wie ich es immer nannte, »mit den Außerirdischen« sprechen. Er versuchte sogar, mir die Zeichen zu erklären, die sich dahinter verbargen, doch wirklich interessiert hat mich das Ganze nicht. Ich lebte mehr in der Realität. Was Hans da machte, war mir einfach zu abgehoben.

Mein jüngerer Bruder Karl war alt genug, um zu Hause bei den Großeltern zu bleiben. Außerdem musste er lernen. Für ihn ging es langsam, aber sicher aufs

Abitur zu, und seine Noten in Mathe und Latein ließen zu wünschen übrig – was zu Hause natürlich für gedrückte Stimmung sorgte. Wenn Hans versuchte, ihm zu helfen, war er schnell genervt und verlor die Geduld: »Er kapiert's einfach nicht!« Und wenn mein Vater es versuchte, wurde es nur noch schlimmer. Es waren Diskussionen, die vermutlich jeder, der Kinder hat, schon einmal geführt hat. Aber ohne Abschluss abzugehen war für Karl keine Option, er wollte an die Kunsthochschule, und dafür brauchte er das Abitur.

Also fuhren wir zu viert ohne meine Brüder über die Autoput gen Osten, nach Belgrad zu den Avala Studios. Ich war voller Vorfreude, weil ich zum ersten Mal in meinem Leben ins Ausland reiste. Während meine Schulkameraden im Sommer nach Italien fuhren, in der Adria badeten und in Rimini Gelato schleckten, hatte ich bisher meine sämtlichen Ferien in Riederau verbracht. Und so schön es dort auch war – ich wollte auch mal die Ferien am Meer verbringen, wollte an den Strand, wie all meine Freunde. Und jetzt Sommerurlaub in Jugoslawien. Das war sogar noch besser!

In Belgrad angekommen führte man mich zuerst über das Studiogelände, auf dem die Kulissen zu den unterschiedlichsten Filmen aufgebaut waren – für *Onkel Toms Hütte* eine imposante Südstaatenvilla mit ihren charakteristischen weißen Säulen aus Styropor und Bauholz. Drei Schritte weiter erhob sich ein ganzes chinesisches Dorf, mit prächtigen Palästen und stilechten kleinen Hütten, auch alles aus Pappe, die Kulisse zu *Dschingis Khan*, der mit Omar Sharif in der Hauptrolle ebenfalls dort gedreht wurde. Für uns war China weit entfernt, wie auf einem anderen Stern, und plötzlich konnten wir einfach so hindurchspazieren.

Wir suchten uns eine kleine Wohnung. Zu viert wollten wir nicht im Hotel wohnen, außerdem wollte meine Mutter selbst für das Essen sorgen, an Ćevapčići und Ražnjići konnten wir uns nur schwer gewöhnen – zu viel Zwiebel, zu viel Paprika. Und so freute sich mein Vater, dass meine Mutter die Rolle der Suppenköchin übernahm und die ganze Familie fortan fleißig mit Hühnersuppe und Eintöpfen versorgte.

Doch bis auf das Essen liebte ich diese neue Andersartigkeit, die sich uns hier darbot. Die fremde Sprache, die Schrift, die zum Teil auf Kyrillisch abgefasst war – wir verstanden nichts, und ich fand es herrlich.

Die Dreharbeiten für den Film liefen bereits einige Wochen, als ich meinen ersten Drehtag hatte. Mit dem Chauffeur wurden wir von unserer Wohnung abgeholt und sollten auf dem Weg zum Studio noch O. W. Fischer mitnehmen. Im Gegensatz zu meinen Eltern hatte ich von ihm, einem der größten deutschsprachigen Kinostars der Nachkriegszeit, keinerlei Vorstellung. Ich stellte mir einen imposanten schönen Mann vor, einen Beau, der nun gleich aus seinem Luxushotel zu uns ins Auto steigen würde. Stattdessen schlüpfte ein verhuschtes Hutzelmännchen im Trainingsanzug und mit Zipfelmütze durch die Wagentür. Mürrisch murmelte er ein unverständliches »Guten Morgen«. Da war offensichtlich jemand richtig schlecht gelaunt.

Auch am Set veränderte sich sein Verhalten nicht. Wir hatten an diesem Tag unsere erste gemeinsame Szene. Es war der Augenblick, in dem Eva gemeinsam mit ihrem Vater vom Arzt zurückkehrt. Aus Liebe zu seiner Tochter hat der tatsächlich Onkel Tom und die Sklaven gekauft, die nun hinter der Kutsche, in der Eva und ihr Vater sitzen, herlaufen und singen. Diese Szene sollte die liebevolle Beziehung zwischen Vater und Tochter darstellen. Doch während wir auf den Ruf »Achtung Aufnahme!« warteten, saß mein Filmvater teilnahmslos neben mir, sprach kein Wort und machte stattdessen Atem- und Sprechübungen. Wie ein Blasebalg pumpte er sich neben mir auf, pfiff und brummte »Pfpfpfpfpf« und »Brrrrbrrrrbrrrrr«, schüttelte sich und machte Lockerungsübungen mit Armen und Beinen. Er spannte seine Gesichtszüge an und ließ sie wieder entgleisen. Ich starrte ihn verständnislos an und dachte mir: »Was ist denn mit dem los? Der ist doch nicht ganz normal!« Da ertönte der Ruf »Action« und plötzlich legte er liebevoll seinen Arm um mich, spielte die Szene mit einer Herzensgüte und Zugewandtheit, die ihresgleichen sucht, bis der Ruf »Cut« ertönte – und schon wurden die Jalousien wieder heruntergelassen. Kein Wort mehr. Abgang O. W. Fischer.

So ging es in den folgenden Tagen weiter. Außerhalb der Szenen redete O. W. Fischer kein Wort mit mir. Auch in die Maske durfte keiner hinein – später erfuhr ich, dass dort sein Toupet aufgeklebt wurde, was natürlich niemand sehen sollte. Mir machte das alles nichts aus. Ich genoss die Dreharbeiten und hielt meinen Spielpartner einfach für einen komischen Vogel. Bis ich am dritten Drehtag schließlich »sterben« sollte.

Technisch war das für mich keine große Sache. In erster Linie ging es darum, mich nicht zu bewegen, nicht zu zucken, zu atmen oder irgendein sonstiges Lebenszeichen von mir zu geben. Doch als O. W. Fischer nun bittere Tränen um mich vergoss und diese auf mein Gesicht tropften, musste ich sehr an mich halten, sie ihm nicht abzuwischen und ihn zu trösten: »Ich bin doch gar nicht tot!« Zum ersten Mal erlebte ich, wie ein Schauspieler in einer Rolle derart tiefe Emotionen zeigt. Ich war schwer beeindruckt.

Seltsamerweise war danach alles anders. Fortan hielt mein Filmvater immer einen Stuhl neben sich bereit, auf den ich mich während der Drehpausen setzen durfte. Er lud mich zum Eisessen ein, fragte meine Eltern, ob er mit mir in den Zoo gehen dürfe, und erzählte mir von seinen Katzen, die er über alles liebte – er hatte anscheinend an die 20! Diese langsame Annäherung gipfelte schließlich darin, dass O. W. Fischer meine Mutter, die jeden Tag ihren Gaskocher mit ans Set nahm, um für uns die selbst gekochte Suppe aufzuwärmen, fragte, ob er nicht auch einen Teller abhaben dürfe. Er durfte.

Und so löffelten wir einträchtig Hühnersuppe mit Nudeln, während sich »meine beiden Väter« über die bayrisch-österreichische Geschichte austauschten. Ähnlich wie mein Vater hegte auch O. W. Fischer eine große Leidenschaft dafür, und so entstand aus der geteilten Hühnersuppe eine Brieffreundschaft, die noch viele Jahre andauerte.

Trotz seiner liebevollen Aufmerksamkeit, die ich fortan immer wieder erfuhr, sah ich doch auch die Marotten, die mein Filmvater weiterhin pflegte. So kam er eines Tages ans Set und tobte und brüllte durch die Studiohallen: »Welcher Idiot hat mich drei Stunden zu früh vom Hotel abgeholt?« Vor Aufregung und Wut hyperventilierend brach er hinter den Kulissen zusammen und jammerte »Mein Herz! Ich brauch einen Arzt!« und »So geht man nicht um mit einem Schauspieler!«, und gab die Vorstellung seines Lebens. Ich selbst nahm sein Gehabe für bare Münze, erschrak fürchterlich und dachte, sein letztes Stündlein habe geschlagen. So etwas hatte ich vorher noch nie erlebt.

Später lernte ich, dass berühmte Schauspieler nicht automatisch zu großen Attitüden neigen mussten. Mit Therese Giehse begegnete ich in den Siebzigerjahren einer Frau, die das komplette Gegenteil war. Sie zeigte mir, dass man auch mit Ruhe und Bescheidenheit viel erreichen kann, ganz ohne großspuriges Aufplustern. Eine Erkenntnis, die ich mir bis heute bewahrt habe. Aber das ist eine andere Geschichte, eine »Münchner G'schicht«.

Dennoch wurde klar, dass sich beim Film eben nicht alles bis auf die letzte Minute genau planen lässt. Manchmal verschieben sich die Dinge eben aus den unterschiedlichsten Gründen – das Wetter spielt verrückt, es fehlt eine Requisite, oder der Filmhund macht nicht das, was er soll.

Ein Großteil der Arbeit als Schauspieler besteht eben aus Warten. Die Kunst ist es, in dieser Zeit die Konzentration hochzuhalten. Manche Schauspieler stricken, lesen, erzählen den Kollegen einen Schwank aus ihrem Leben. Ich ziehe mich in der Regel lieber in meinen Wohnwagen zurück, alles andere lenkt mich zu sehr ab.

Inzwischen waren die Studioaufnahmen beendet, und wir begannen mit dem Dreh der Schiffsszenen, in denen die kleine Eva Onkel Tom kennenlernt. Der Mississippidampfer war, wie schon die Südstaatenvilla, natürlich reine Kulisse. Von der Landseite sah er täuschend echt aus, mit riesigen Schaufelrädern und rauchenden Schloten, doch auf der anderen Seite war nichts als Stangengewirr und Bauholz. Und der Mississippi war nur die Save in Jugoslawien.

Zum ersten Mal erlebte ich dabei eine Situation, in der ich den Film als Realität wahrnahm, obwohl ich doch eigentlich genau wusste, dass alles nur gespielt war.

Vor meinen Augen sollte ein Sklave aus Verzweiflung über Bord springen und von einem Krokodil gefressen werden. Damit ich bei dieser Szene nicht wirklich in Ohnmacht falle, zeigte mir das Team vorher die großen Gummikrokodile, in die dann Taucher klettern würden, um damit im Wasser den Sklaven zu verschlingen. Dabei sollten die Froschmänner große Beutel mit Filmblut zerplatzen lassen.

Ich wusste also, was mir bevorstand. Doch als ich schließlich da oben stand, an der Reling des zusammengezimmerten Mississippidampfers, und unter mir dieses unglaublich echt aussehende Schauspiel beobachtete, fing ich an, laut zu weinen und zu schreien, und bekam richtig Panik – nicht etwa weil die Kamera lief, sondern weil ich wirklich unglaubliche Angst hatte und starr war vor Entsetzen. Erst als die Taucher sich zu erkennen gaben und der Sklave mir munter zuwinkte, beruhigte ich mich wieder, sodass ich schließlich weiterdrehen konnte.

Für die weiteren Außenaufnahmen zog das Filmteam bald um nach Dubrovnik. Ich war furchtbar aufgeregt, denn in den nahen Bergen, um die Stadt herum, drehten Pierre Brice und Lex Barker gerade den nächsten Winnetou-Film, und sie waren in meinem Hotel untergebracht! Mit klopfendem Herzen lauerte ich meinen beiden Helden in der Hotelhalle auf. Von Lex Barker ließ ich mir ein Autogramm geben, angesichts von Pierre Brice war ich zu aufgeregt, um überhaupt zu fragen. Ich beließ es beim Anhimmeln. Zurück in Deutschland kaufte ich mir dann meine erste Schallplatte. »Winnetou, Winnetou, sei unser Freund, Winnetou«, sang darauf das Medium-Terzett und auf der anderen Seite hauchte Pierre Brice mit seinem unverwechselbaren französischen Akzent: »Ich steh allein in einsamer Nacht.«

Als ich dich sah, da wusst ich sofort,
Du allein bist der Traum meines Lebens.
Dass dieser Traum nicht vergebens,
Weiß ich, ich hab ja dein Wort.

Wie er diesen herrlich französischen Reim »Läbbens – vergäbbens« hauchte – ich könnte es noch heute im Schlaf nachsingen. Auf dem Grundig-Schallplattenspieler im Wohnzimmer hörte ich die Platte rauf und runter – sehr zum Leidwesen der restlichen Familie.

Daneben musste ich mich jedoch auf die Schule vorbereiten. Trotz der Ferien hatte ich jede Menge nachzuholen, denn mein Vater hatte große Pläne mit mir. Als Berufsschullehrer sah er für mich im Lehrerinnenberuf die perfekte Wahl – auch wenn ich manchmal noch mit den Fingern rechnete, was ihn zur Weißglut brachte. Aber ich wollte von meinem damaligen Traumberuf der Kindergärtnerin nicht lassen. Also besuchte ich vorerst »nur« die Realschule, was mein Vater zähneknirschend akzeptierte. Willensstark, wie ich war, konnte er mich sowieso von nichts abbringen, und nach den zahlreichen Diskussionen, die er schon wenig erfolgreich mit meinem Bruder Hans geführt hatte, ging ihm auch langsam die Luft aus. Sein Plan war jedoch, dass ich nach der Mittleren Reife die Aufnahmeprüfung fürs Gymnasium machte, um dann doch noch das Abitur zu machen. Doch mein Defizit in Mathematik konnte ich auch im neuen Schuljahr nicht aufholen, denn schon bald durfte ich für einen neuen Film vor der Kamera stehen. Diesmal in Wien.

Ich sollte in der inzwischen siebten Verfilmung von *Heidi*, mit Gustav Knuth als Alm-Öhi, die gelähmte Klara spielen. Die Außenaufnahmen von Frankfurt, wo Klara eigentlich lebt, waren bereits abgedreht. In Wien ging es nun ins Studio.

Statt mit dem Auto reiste ich diesmal mit dem Flugzeug an, in einer zweimotorigen Turboprop-Maschine. Damals war das Fliegen noch etwas ganz Besonderes, und dass nun ich, die kleine Traudi Mittermayr, fliegen durfte, war für mich einfach unfassbar. Das war die große weite Welt. Mit dabei hatte ich meine Schulsachen, denn meine Klassenkameradinnen gaben mir die Aufgaben per Telefon durch oder schickten sie per Post, damit ich sie gemeinsam mit Tante Resi erledigen konnte.

Meine Eltern hatten diesmal keine Zeit mitzureisen. Meinen Vater erwarteten die Berufsschüler, meine Mutter hatte meine kleine Schwester, meine beiden Brüder und die Kunst. Also genoss ich stattdessen mit Tante Resi meine Zeit in Wien. Wir besuchten die Spanische Hofreitschule, die Wiener Hofburg, flanierten durch die Stadt und aßen in der Ottakringer Brauerei das beste Vanilleeis der Welt.

Auch die Dreharbeiten machten mir Spaß, obwohl ich insgeheim doch ein wenig enttäuscht war. Denn wir drehten eine moderne Verfilmung von *Heidi*: Statt in Kutschen fuhren wir in Autos und waren zudem ganz im typischen Stil der Sechzigerjahre gekleidet. Wie gerne wäre ich in ein altmodisches Rüschenkleid geschlüpft. Außerdem hätte ich gern gesehen, wie der Rollstuhl den Berg herunterdonnert und Klara wieder laufen lernt. Bei uns spielte diese Szene in einem Pferdestall. Trotzdem: mit *Heidi* und natürlich auch mit *Onkel Toms Hütte* war der Grundstein für meine weitere Karriere gelegt.

Freudestrahlend kehrte ich nach München zurück, doch zu Hause merkte ich schnell, dass während meiner Abwesenheit dunkle Wolken heraufgezogen waren. Die schulische Leistung meines Bruders Karl hatte sich weiter verschlechtert, und er zog sich immer mehr in sich zurück. Innerhalb kürzester Zeit schoss er in die Höhe, wurde fast zwei Meter lang und immer dünner. Statt Fußball zu spielen oder gemeinsam mit meiner Mutter zu malen, blieb er allein in seinem Zimmer und übte stundenlang auf seiner Geige. Freunde traf er nicht – vielleicht hatte er auch keine. Dabei war Karl – ganz im Gegensatz zu Hans, der schon immer ein Eigenbrötler war – immer ein aufgeschlossener und fantasievoller Junge gewesen, eigentlich der fröhlichere meiner beiden Brüder. Doch jetzt wurde er zunehmend melancholisch. Es war offensichtlich, dass ihn die Situation in der Schule bedrückte.

Wie schlecht es ihm tatsächlich ging, wurde uns jedoch erst im Winter 1964/65 klar. Kurz vor seinem 19. Geburtstag verließ er wie jeden Tag das Haus, um sich auf den Weg in die Schule zu machen. Allerdings kam er nie dort an. Der Schnee fiel in dichten Flocken, als sich Karl im Park auf eine Bank setzte, um sich »einschneien zu lassen«. Er wollte erfrieren. Glücklicherweise beobachtete ihn ein Spaziergänger, wie er dort saß, fast vollständig mit Schnee bedeckt und rief die Polizei, die den komplett durchgefrorenen Karl schließlich nach Hause brachte.

Wochenlang kämpfte mein Bruder mit einer schlimmen Lungenentzündung. Entweder lag er im Wohnzimmer auf dem Sofa oder im Bett meiner Mutter, apathisch, wie in Trance. Sie wollte ihn in ihrer Nähe haben und ihn nicht oben, allein in seinem Zimmer, schlafen lassen.

Irgendwann wusste der Hausarzt nicht mehr weiter, und ein Psychiater wurde zurate gezogen. Der fand schließlich heraus, was meinen Bruder zu dieser verzweifelten Tat getrieben hatte. Offenbar hatte er in seiner Klasse keinen Anschluss mehr gefunden. Neue Schüler waren in die Klasse gekommen, neue Anführer, die »Drugs and Rock 'n' Roll« mit sich brachten und um die sich alle scharten. Mein Bruder, der Geige spielte und malte, war prädestiniert, zum Außenseiter zu werden.

Hätte er gerne in der Gruppe mitgemischt und durfte nicht, konnte nicht? Weil mein Vater etwas gegen diese »Gammler mit den langen Haaren« hatte? Weil er diese Art von Musik ablehnte? Oder hatten meinen Bruder einfach seine Andersartigkeiten und die Ablehnung der anderen, die damit einherging, langsam zermürbt? Ich kann es nicht sagen, denn ich wusste damals von alldem nichts. Ich sah nur meinen Bruder, der krank im Bett lag, offenbar schwer erkältet. Mehr erfuhr ich nicht. Meine Eltern wollten meine kleine Schwester Gundi und mich schützen und hielten uns so gut es ging aus allem raus.

Und so erfuhr ich erst viel später, was sich kurz darauf zutrug und was dafür sorgte, dass sich die Situation noch weiter verschlimmerte. Wir waren alle außer Haus, als mein noch immer geschwächter Bruder in die St.-Ulrichs-Kirche in Laim aufbrach und sich dort vor der Marienstatue auszog. Wieso er das tat? Was ihn dazu trieb? Auch das kann ich nicht sagen. Ich erfuhr nur, dass Karl jetzt im Krankenhaus war.

Doch auch das stimmte nur zum Teil. Denn in Wirklichkeit hatte ihn die Polizei nach Haar in die Nervenheilanstalt gebracht, ins »Irrenhaus«, wie man es damals nannte. Dort sedierte und fixierte man ihn und versuchte mit Elektroschocks, ihn von seinen Depressionen zu »heilen«. Niemand durfte ihn besuchen. Meine Eltern nicht und auch mein größerer Bruder Hans nicht, der sich schuldig fühlte, weil er von Karls Problemen in der Schule gewusst, das Ganze aber als nicht so gravierend eingeschätzt hatte. Und es nahm ihn furchtbar mit, dass er über all das, was da nun mit Karl geschah, nicht offen in der Familie sprechen durfte.

Meine Eltern versuchten Karl aus der Nervenheilanstalt herauszuholen – lange erfolglos. 1965 wurde mein Bruder endlich in das neu eröffnete Max-Planck-Institut für Psychiatrie in der Münchner Kraepelinstraße verlegt, von dem meine Eltern sich bessere Behandlungsmethoden erhofften. Doch fortan lag ein Schatten über unserem Leben und wich nicht mehr davon.

Im selben Jahr wurde ich von Aldo von Pinelli, dem Produzenten von *Onkel Toms Hütte*, zum Internationalen Filmfestival nach Moskau eingeladen. Unser Film sollte dort als deutscher Beitrag im Wettbewerb laufen. Statt den berühmten O. W. Fischer mitzunehmen, baute die Produktion offenbar darauf, dass ein Kind die Herzen der Russen eher öffnen würde als ein Erwachsener.

Ich bekam ein wunderschönes Kleid genäht, wir wohnten im Hotel Moskwa im Herzen von Moskau und wurden von einem Empfang zum nächsten gefahren. Wir waren Gäste in der deutschen Botschaft, trafen die ungarische Delegation, nahmen an einer Liveübertragung im russischen Fernsehen teil und lernten unter anderem den russischen Kosmonauten Pawel Popowitsch kennen, dessen Autogramm ich stolz in mein Tagebuch klebte und das ich noch heute besitze.

Bei jedem der Empfänge wurden uns Orden angesteckt, dazu gab es reichlich Krimsekt, der mir damals allerdings so gar nicht schmeckte. Also trank ich Apfelsaft, sonnte mich im Glanz der Aufmerksamkeit und genoss es, über die roten Teppiche zu gehen – wie die Großen.

Mit einem Übersetzer, der mir eigens zur Seite gestellt wurde, sah ich mir ganz Moskau an. Wir besuchten die gespenstisch große Lomonossow-Universität mit Gängen von insgesamt 33 Kilometern Länge und so vielen Räumen, dass ein Mensch, würde er jeden Tag in einem anderen Zimmer verbringen, über 100 Jahre brauchen würde. Ob das wirklich stimmt, weiß ich nicht. Als Kind hat es mich jedenfalls so sehr beeindruckt, dass ich es mir bis heute gemerkt habe. Wir fuhren Metro und bestaunten die vielen unterschiedlich verzierten Stationen, eine schöner als die andere. In München gab es ja zu diesem Zeitpunkt noch keine U-Bahn. Wir gingen in ein Schwimmbad, in dem die Badenden, während sie im Wasser trieben, Zeitungen in Plastikhüllen lasen, und erfuhren, dass sie das auch im Winter machten – dann eben mit Pelzmütze auf dem Kopf. Beim Besuch des Leninmausoleums auf dem Roten Platz gruselte mir ganz schön vor dem einbalsamierten Körper und ich war froh, als ich wieder draußen war. Mehr Spaß hatte ich im Kaufhaus GUM, einem Warenhaus, so groß und imposant, wie ich es nie zuvor gesehen hatte, und in dem ich nun Wodka und Kaviar für meine Eltern und eine Matrjoschka für Gundi kaufte. Doch am meisten faszinierte mich der Kreml mit seinen zahlreichen goldenen Türmen, die vielen Kirchen mit ihren prachtvollen Ikonen und all dem Prunk.

Ging es bei dieser Einladung darum, uns Besucher aus dem Westen mitten im Kalten Krieg, nicht einmal fünf Jahre nach dem Mauerbau, zu beeindrucken? War es das Ziel, uns zu zeigen, dass der Sozialismus möglicherweise das bessere der beiden Systeme war? Ich war ein Kind. Ich machte mir darüber keine Gedanken. Ich trank meinen Saft, aß Aljonka-Schokolade und staunte.

Auch meine Eltern waren fasziniert von den beeindruckenden Erlebnissen meiner Moskaureise. War das wirklich das Land, gegen das mein Vater im Krieg gekämpft hatte? Für ihn war Russland immer der Inbegriff der Gefahr gewesen. »Wenn der Russ' kommt …«, sagte er oft bedrohlich und hortete jede Menge Lebensmittelvorräte im Keller. Dass seine Tochter dorthin reiste und gefeiert wurde, berührte ihn sehr.

Und wie wir gefeiert wurden, im großen Kongresszentrum im Kreml! »*Dobryy den, ya schastliva byt zdes* – Guten Tag, ich freue mich, hier zu sein.« Diesen Satz hatte ich zuvor mühsam auswendig gelernt. Schließlich wollte ich die Zuschauer in ihrer Sprache begrüßen. Es war ein unbeschreibliches Gefühl, vor Tausenden von Menschen zu stehen, in der Gewissheit: *Alle Augen sind jetzt nur auf mich gerichtet.*

Ich war inzwischen 13 Jahre alt und bereits ein Teenager. Wie lange würde ich beim Film noch als Kind umsorgt, verhätschelt und verwöhnt werden? Wie lange würde das alles noch ein Spiel bleiben?

»Du brauchst eine Filmnase«

Vom Suchen und Finden

Nach *Onkel Toms Hütte* und *Heidi* stand ich weiterhin regelmäßig vor der Kamera. Entsprechend häufig war ich unterwegs und fehlte in der Schule. In der ersten Zeit stellte meine Abwesenheit kein Problem dar. Ich fand schnell Anschluss, meine Freundin Inge schrieb fleißig für mich mit, ich wurde sogar zur Klassensprecherin gewählt. Ich war nicht gerade schüchtern, traute mich, Probleme anzusprechen und mich für die Anliegen der Klasse einzusetzen. Und auch mit dem Stoff kam ich gut hinterher. Ich hatte den Ehrgeiz zu zeigen, dass ich beides konnte: vor der Kamera stehen und ordentliche Noten schreiben.

Doch mit der Zeit begann sich das Blatt zu wenden. Während die Lehrer sich noch immer interessiert an meiner Filmarbeit zeigten, ging meinen Klassenkameradinnen meine Sonderstellung langsam aber sicher auf den Wecker. »Wir müssen jeden Tag für die Schule büffeln und die macht sich ein schönes Leben und wird dafür noch hofiert.« Bei meinen Mitschülern konnte ich mit meinen Filmerfahrungen offensichtlich nicht so punkten wie bei den leichter zu beeindruckenden Erwachsenen.

Mit dem neuen Schuljahr kam auch ein neues Mädchen in unsere Klasse. Sie musste das Jahr wiederholen und war somit ein Jahr älter – und äußerst couragiert. Sie saß in der Bank hinter mir und versuchte mich ständig zu provozieren. Wenn ich mich meldete, tuschelte sie: »Oh, unser Filmstar weiß wieder was«, oder: »Ach, wie clever sie doch ist«, und die ganze Klasse grinste. Selbst Inge wurde es irgendwann zu viel, für mich mitzuschreiben, und so verlor ich nach und nach den Anschluss. Ich wurde auch nicht mehr zur Klassensprecherin gewählt, was ich als persönliche Niederlage empfand.

Schließlich schliefen auch die letzten Freundschaften ein. Vielleicht hätte ich mehr Kontakt halten müssen, Briefe schreiben, telefonieren – aber das tat ich nicht. Durch das ständige Textlernen und das Nachholen des Schulstoffs war ich mehr als beschäftigt. Irgendwann merkte ich, dass ich nicht mehr dazugehörte. Während sich die anderen im Portofino in Pasing zum Eisessen trafen oder bei Tchibo an der Kreuzung Fürstenrieder-/Agnes-Bernauer-Straße saßen – damals ein echter Hotspot, um mit den Jungs vom Gymnasium abzuhängen –, zog ich mich immer mehr zurück. Wieso sollte man mich auch dabeihaben wollen? »Unser Filmstar ist doch soo beschäftigt!«

Gleichzeitig ging es auch mit meinem Bruder Karl nicht wirklich bergauf. Er war immer noch im Krankenhaus. Viel geredet wurde zu Hause darüber nicht. Wenn ich nachfragte, bekam ich die Antwort: »Karl ist nervenkrank«, worunter ich mir nichts vorstellen konnte. Vermutlich wussten meine Eltern es selbst nicht besser. Die Ärzte hatten ihnen für seine Erkrankung die abstruse Erklärung gegeben, er sei innerhalb kurzer Zeit so schnell gewachsen, dass die Nerven nicht nachgekommen seien. Es zeigt, wie hilflos alle Beteiligten dem Leiden meines Bruders damals gegenüberstanden. In Haar hatte ich ihn nicht besuchen dürfen, nun, da er in die Kraepelinstraße verlegt worden war, drängte ich darauf, ihn zu sehen. Ich bearbeitete meine Eltern so lange, bis sie mich endlich mitnahmen.

Mein Bruder war noch immer in der geschlossenen Abteilung, die wir nicht betreten durften. Stattdessen wurden wir an eine Glastür geführt, durch die wir über eine Gegensprechanlage mit ihm reden konnten. Doch war das wirklich mein Bruder? Die Gestalt, die da langsam an die Glasscheibe wankte, wirkte wie in Trance. Stumm, regungslos und völlig aufgedunsen. Meine Mutter hatte zwar versucht, mich darauf vorzubereiten, aber hier stand ich auf einmal einer völlig fremden Person gegenüber. Und auch ich war ihm fremd. Mein Bruder legte die Hände an die Scheibe, starrte mit leerem Blick hindurch und sah mich nicht. Ich rief: »Karli! Karli?«, und er antwortete »Ja« – mit leerem Blick, ohne jegliche Emotion, es gab kein Zeichen, dass er mich erkannte oder verstand. »Warum lacht er nicht? Warum redet er nicht?«, fragte ich meine Mutter. »Er ist müde«, antwortete sie.

Mehrere Jahre ging das so, bis er aus der geschlossenen Abteilung in den offenen Bereich verlegt und schließlich sogar »Freigänger« wurde. Und doch wirkte er weiterhin so, als lebte er weit weg in einer anderen Welt. Wenn wir ihn am Wochenende mit nach Riederau nahmen und versuchten, es ihm besonders schön zu machen, begegnete uns ein Mensch, dem die Fähigkeit abhandengekommen war, irgendwelche Gefühle zu empfinden oder eine Meinung zu äußern. Ich fragte ihn:

»Willst was trinken oder was essen?«, und Karl antwortete wieder nur: »Ja«. Gleichzeitig waren da Schübe großer Unruhe, bei denen Karl zu zittern begann und mit den Händen immer wieder auf den Tisch schlug und trommelte. »Geh mit ihm laufen, damit er sich beruhigt«, sagte meine Mutter dann zu meinem großen Bruder. Und Hans lief mit ihm durch den Wald oder spielte mit ihm Tischtennis, und tatsächlich ging es ihm danach wieder ein bisschen besser – bis zum nächsten Schub. Karl wollte nicht mehr Geige spielen und malte auch nicht mehr. Ein paarmal probierte er es noch mit meiner Mutter, aber das Ergebnis machte ihn auch nicht glücklich. Er sprach wenig und langsamer als früher, und an einem echten Gespräch hat er sich sowieso nicht mehr beteiligt. Wenn er mal lachte, war es ein krankhaftes Lachen, das nicht mehr aufhören wollte.

Hans, der inzwischen eine eigene Wohnung hatte, kümmerte sich liebevoll um unseren kranken Bruder. Aus seinen Aufzeichnungen, die ich erst jetzt zu lesen gewagt habe, weiß ich von langen Gesprächen, die er mit Karls Psychiater führte, um ihn und seine Leiden besser zu verstehen, und die in ihm den Wunsch reifen ließen, statt Physik nun Pädagogik zu studieren – was er kurz darauf auch tat. Außerdem gab Karls Schicksal ihm den Anstoß, sich noch intensiver mit dem Sinn des Lebens auseinanderzusetzen: Warum sind wir überhaupt da? Warum leben wir?

Ich selbst stand der ganzen Situation völlig hilflos gegenüber. Ich wollte Karl helfen und konnte doch nicht. Ich drang einfach nicht zu ihm durch. Mit 14 Jahren war ich wohl noch zu jung.

In München machte ich mich in dieser Zeit auf die Suche nach meinem eigenen Platz in der Welt. Statt

Mireille Mathieu schnitt ich jetzt die Bilder der Beatles aus der *Bravo* aus. Ich schwärmte erst für den sanften Paul, dann für den intellektuellen John, als mein Interesse für Politik und das Leben ganz allgemein wuchs. Während ich im Film weiter das Kind, die Tochter, das kleine Mädchen spielte, drängte in mir alles, endlich eine Frau zu sein. Die anderen Mädels wurden nach der Schule von ihren Freunden mit der Vespa abgeholt. Das wollte ich auch. Ich wollte auch endlich meinen ersten Kuss erleben, wollte auch »mit jemandem gehen«.

Also ging ich fortan jeden Samstagabend allein ins Freizeitheim in Laim, wo die Band Subject Esq. regelmäßig probte und zum Tanz aufspielte. Der Leadsänger war Michael Hofmann de Boer, der Sohn meiner Schauspiellehrerin, den ich schon seit geraumer Zeit aus der Ferne anhimmelte. Jeden Morgen fuhr er mit der Straßenbahn zur Schule, stieg an derselben Haltestelle ein wie ich – doch leider in die entgegengesetzte Richtung. Versteckt hinter dem Pfeiler unserer Gartentür, lauerte ich ihm auf, nur um ein Stückchen mit ihm zusammen gehen zu können. Dass ich ihn im Freizeitheim nun öfter sehen konnte, nahm meiner Schwärmerei für Michael den etwas unangenehmen Beigeschmack des »Hinterherlaufens«.

Ich fühlte mich unglaublich erwachsen dabei, mit den Jugendlichen in der Menge zu stehen und mit leuchtenden Augen den Subjects entgegenzufiebern. Verzückt lauschte ich den Klängen von *Happy together*, sang lautstark *Ruby Tuesday* oder *Michelle*, träumte zu *When a man loves a woman* – und himmelte Michael an. Der wiederum hatte nur Augen für seine coole Freundin Uschi. Ich beobachtete seine Auserwählte ganz genau. Sie trug Mini-Kilts mit Overknees und so dauerte es nicht lange, da stand auch ich da, in einem Kilt, so kurz es nur ging, und mit Overknees und fragte lässig: »Haste mal 'ne Lulle?« Auch wenn die Zigarette mir nicht schmeckte, es fühlte sich cool an. So musste es sein, wenn man eine Frau war.

Und auch im Film durfte ich endlich erwachsen werden. In dem Dreiteiler *Der Tod läuft hinterher* mit Joachim Fuchsberger und Marianne Koch in den Hauptrollen spielte ich eine von vier Tänzerinnen, die von Mädchenhändlern verschachert werden sollen. Ich erinnere mich daran, wie wir voller Eifer im bauchfreien Glitzerkostüm den Hüftschwung trainierten. Ich kam ja vom Ballett und konnte eigentlich ganz gut tanzen. Doch während die anderen Darstellerinnen weich und sinnlich ihre Hüften kreisen ließen, waren bei mir die Bewegungen eher eckig und hölzern. Es war grotesk, dieses »Frau sein«, das »Sexy sein« erst langsam und mühsam lernen zu müssen. Und doch platzte ich fast vor Begeisterung und Überschwang. Da war sie – meine erste Erwachsenenrolle. Und das auch noch in London!

Das Erste, was ich nach Drehschluss machte, war shoppen. Ich kaufte mir in der Carnaby Street in Soho ein trendiges Hippiekleid mit weißer Spitze. Abends ging es dann in die angesagten Londoner Clubs. Natürlich nicht allein. Mit damals 15 Jahren durfte ich sie nur in Begleitung eines volljährigen Kollegen besuchen, was mich natürlich ärgerte. Dennoch war ich froh, dass ich überhaupt reinkam. Ich sog die Atmosphäre in mich auf: die psychedelischen Projektionen an den Wänden, überall der Geruch von Hasch, *swinging London*, die große weite Welt – so etwas gab es in München nicht.

Was nicht heißt, dass das Münchner Nachtleben nicht auch eine große Anziehungskraft auf mich ausübte. Ob das damals schon beliebte P1 oder Uschi Obermeiers Stammlokal, das Big Apple in der Leopoldstraße –, ich wollte endlich dabei sein. Dumm nur, dass ich ausgerechnet bei meinem ersten Versuch, mit Mantel und Kopftuch ins Big Apple hineinzukommen, vom Türsteher abgewiesen wurde – hinter mir die lange Reihe der ungeduldig Wartenden, die so alle mitbekamen, dass ich noch ein Küken war. Ich lief rot an und schämte mich in Grund und Boden. Später, in meinem Londoner Spitzenkleid, mit Lidstrich, Wimperntusche und dem dazugehörigen Augenaufschlag, gelang es mir, »die Tür zu schaffen«. Allerdings mussten damals alle Gäste unter 16 Jahren an der Kasse ihre Ausweise abgeben, damit sie den Club auch tatsächlich um 22 Uhr verließen. Wie geschickt habe ich mit der Hand meinen Ausweis verdeckt, als ich ihn dem Türsteher verstohlen rübergeschoben habe … Einmal drin in den »Heiligen Hallen« glaubte ich mich im siebten Himmel. Bewundernd sah ich zu Uschi Obermeier auf, beobachtete sie genau, speicherte alle neuen Trends und kaufte mir entsprechende Klamotten, Stiefel und Modeschmuck, um mithalten zu können.

Doch wer ich selbst war, wohin ich wollte, das wusste ich zu diesem Zeitpunkt nicht. Auch mein täglicher Blick in den Spiegel ließ mich unzufrieden zurück. Als dann endlich die lang ersehnte Weiblichkeit auch bei mir zur Tür hereingestolpert kam, da war mir das plötzlich gar nicht mehr so recht. Quasi über Nacht wuchsen meine Brüste mehr und mehr, und bald war ich mit einem großen Busen gesegnet, der so ganz und gar nicht zu meinen noch immer kindlichen Ärmchen und

Beinchen passte. Plötzlich starrten mir alle zuerst auf die Brust, bevor sie mir in die Augen sahen – die Milchfrau an der Ecke, der Bäcker, der Friseur: »Oh, Fräulein Traudi, müssen wir jetzt schon *Sie* zu Ihnen sagen?«

Erschwerend kam hinzu, dass damals Twiggy mit ihrer teenagerhaften Figur und dem knabenhaften Körper das große Idol der Zeit war. Und da stand ich nun mit meiner üppigen Oberweite. Alles war mir plötzlich zu eng. Ich kaufte mir BHs, die meinen Busen flach drückten, damit ich in die angesagten Blusen passte. Außerdem gewöhnte ich mir, um meinen Busen zu verstecken, eine seltsam gekrümmte Körperhaltung an, gegen die ich noch heute aktiv mit Yoga ankämpfen muss – das genaue Gegenteil von »Brust raus«.

Überhaupt war ich unzufrieden mit mir. Als Kind war mein Haar relativ glatt gewesen, nun setzte sich mehr und mehr meine Naturkrause durch, die ich mit allen Mitteln der Kunst zu bekämpfen versuchte. Ich kaufte mir die größten Lockenwickler, die es auf dem Markt gab, mit einem Durchmesser von acht Zentimetern und zog mir die Locken glatt – bis sich beim geringsten Hauch von Feuchtigkeit alles wieder zu kräuseln und zu kringeln begann. Erst das Musical *Hair* versöhnte mich mit meiner Lockenpracht. Danach trug ich mein Haar wild und frei.

Und schließlich klappte es auch mit dem Freund. Ich entdeckte ihn zwischen den anderen Musikern von Subject Esq. am Schlagzeug: Harry, der für mich genauso aussah wie George Harrison. Wow! Als er mit der Band von der Bühne kam, um sich einen Drink zu holen, stand ich »zufällig« im Weg. Wir kamen ins Gespräch, lachten und »beschnupperten« uns, und irgendwann, nach einiger Zeit, fing mein Herz an zu pochen. Das war sie: die erste Liebe – und endlich begann das Leben, das ich mir in meinen Teenagerträumen ausgemalt hatte.

Wir hingen gemeinsam im Westbad ab, schlenderten durch Schwabing, und wenn Harry mit der Band zu Auftritten in andere Jugendzentren fuhr, war ich mit dabei. Ich fand es großartig, eine Art Groupie zu sein, ein Girlie, das seine Helden überallhin begleitet. Aber ein wildes Jede-mit-Jedem gab es bei uns nicht. Bei uns wurde allenfalls angehimmelt, Händchen gehalten und geknutscht. Und ich war froh, denn ich wusste noch nicht, wie das mit der Liebe und vor allem mit dem Sex eigentlich gehen sollte.

Richtig aufgeklärt hatten meine Eltern mich nämlich nie. Zwar waren die Wandertouren am Wochenende für meinen Vater gern ergriffene Gelegenheiten, um mit uns Kindern über die Grundsatzfragen des Lebens zu diskutieren, über Gott und die Welt, die Kirche und eben auch über die Ehe. Aber entweder stand ich auf dem Schlauch, oder meine Eltern drückten sich nicht klar genug aus. Ich war so naiv und unwissend, dass ich mich nach meinem ersten Zungenkuss besorgt an meine Freundin wandte: »Bin ich jetzt vielleicht schwanger?«

Harry und ich »gingen miteinander«, wie man das damals so schön nannte, liefen Hand in Hand mit unseren Freunden übers Oktoberfest – in bunten Hippieoutfits, mit Peacezeichen und bimmelnden Glöckchen behängt. »*Make love not war*«, riefen wir den Passanten entgegen, verteilten Blümchen und fühlten uns wie John Lennon und Yoko Ono.

Tracht trugen wir auf der Wiesn natürlich nicht – das war verpönt, rückwärtsgewandt, geradezu vorsintflutlich. Wer dazugehören wollte, trug Jeans und Parka.

Entsprechend empfindlich reagierte ich, wenn mein Vater mich aufforderte, mein Dirndl anzuziehen. Die bayerische Tradition sollte hochgehalten werden, indem die ganze Familie beim Besuch von Freunden oder Verwandten in Tracht erschien. Da war Streit vorprogrammiert. Ich war in der Zeit sowieso in der Protestphase, stellte alles infrage und war es gewohnt, meinen Kopf durchzusetzen – außerdem hatte mir mein großer Bruder gezeigt, wie man sich mit den richtigen Argumenten gegen das elterliche Diktat wehren konnte. Und so sagte ich »Nein«. Nein zu verkrusteten Traditionen, Nein zum Glauben, den ich immer mehr zu hinterfragen begann, Nein zu allem, was mir nicht gefiel.

Meine Vorstellungen von einem gelungenen Wochenende sahen inzwischen eben anders aus, als um fünf Uhr früh aufzustehen, um auf die Berge zu gehen oder mit der ganzen Familie zum sonntäglichen Gottesdienst. Nein, ich wollte mit meiner Clique und nicht mit den Eltern unterwegs sein. Nur für meine kleine Schwester Gundi machte ich eine Ausnahme. Mit ihr verbrachte ich gerne Zeit. Ich spielte viel mit ihr, nahm sie mit, wenn ich mit meinen Freunden zum Baden oder Eisessen ging. Für sie empfand ich fast mütterliche Gefühle, liebte und beschützte sie mit ganzem Herzen.

Doch so oft es auch zwischen mir und meinem Vater krachte – unsere Streitigkeiten arteten nie so aus wie früher bei meinen Brüdern. Stattdessen versuchte mein Vater, mich mehr oder weniger subtil zu beeinflussen: »Muss dein Rock so kurz sein? Du holst dir ja eine Nierenentzündung!« Oder er schrieb enttäuschte Briefe zu Weihnachten, wollte mich wieder mehr in die familiären Unternehmungen zurückholen: »Es macht mich traurig, dass du nicht mehr in den Gottesdienst gehen willst.« Auch bei meinen Brüdern hatte es diese moralischen Briefe gegeben – mit genauso geringem Erfolg.

Die Freunde, die ich mit nach Hause brachte, wurden natürlich entsprechend kommentiert. »Müssen die so lange Haare haben?«, fragte mein Vater. »Das sind ja Gammler!« Doch ich selbst freute mich einfach nur, endlich Teil dieser Gruppe zu sein, endlich dazuzugehören.

Und so wie ich im privaten Bereich versuchte, meinen Platz zu finden, so machte ich mich auch beruflich auf den Weg, erwachsen zu werden. Im Zuge der Dreharbeiten von *Todesschüsse am Broadway*, der achte Film der *Jerry-Cotton*-Reihe, beschloss ich, meinen Namen zu ändern. Ich hatte seit einiger Zeit eine Agentin, Ilse Alexander, deren Agentur Teil der US-amerikanischen William Morris Agency war, über hervorragende internationale Kontakte verfügte und mir nach und nach auch Rollen in internationalen Produktionen besorgte. Ilse hatte mir schon länger zugeredet, meinen Namen zu ändern. Das lag nicht in erster Linie an meinem reichlich angestaubten Vornamen Gertraud, sondern vor allem an meinem Nachnamen Mittermayr, der nicht nur regelmäßig falsch geschrieben wurde, sondern auch sehr nach »Bayrischer Volksschauspielerin« klang und immer wieder für Verwechslung sorgte. In dieser Zeit gab es nämlich die sehr erfolgreichen Skiläuferinnen Heidi, Rosi und Evi Mittermaier. Die schrieben sich zwar anders, klangen aber genauso, und so wurde ich beim Drehen immer wieder auf meine berühmten Namensvetterinnen angesprochen: *»Are you skiing?«* Lange hatte ich mich gegen einen Künstlernamen gewehrt: »Dann weiß ja keiner, dass ich das bin«, doch jetzt fühlte ich mich bereit dazu. Aus Mittermayr wurde einfach das »May« entnommen – ohne »Mitter« und ohne das bayrische »r« am Ende. Von meinen zahlreichen Vornamen gefiel mir keiner wirklich gut genug, und so entschied ich mich für den Namen, den ich einst meiner Lieblingspuppe gegeben hatte: Michaela.

Michaela May – damit fühlte ich mich wohl. Das gefiel mir. Allerdings auch dem Bundesverband deutscher Banken, der Ende der Sechzigerjahre die ersten Scheckkarten herausgab. Auf den Plakaten, die deutschlandweit in allen Banken hingen und mit dem Abbild einer solchen Karte warben, stand nun in Großbuchstaben mein neuer Name. Und nicht nur dort. Auch auf den Scheckkarten-Dummys, die als Platzhalter in zahlreichen Geldbörsen steckten, stand als Unterschrift »Michaela May«. Von nun an klingelte immer wieder das Telefon, wenn jemand eine Geldbörse fand, in der noch dieses Kärtchen steckte: »Guten Tag, Frau May, ich habe Ihr Portemonnaie gefunden.« Irgendwann sagte ich nur noch: »Das dürfen Sie gern behalten.«

Meine Agentur versuchte, den Bankenverband dazu zu bringen, den Namen zu ändern, doch mein Künstlername war noch nicht geschützt – ich musste ihn erst zwei Jahre führen, Verträge damit abschließen, Filme unter diesem Namen drehen, bevor ich ihn eintragen und schützen lassen konnte. Erst nachdem ich ihn offiziell als Pseudonym in meinen Pass hatte eintragen lassen, wurde er auch auf der Scheckkarte geändert – zunächst in Michael May, später dann in Max Mustermann. Kollegen jedoch gratulierten mir zu diesem, wie sie es nannten, »gelungenen PR-Coup«.

Während ich mich an die Namensänderung schnell gewöhnte, wurde ich beim Drehen nach und nach unsicherer. Je älter ich wurde, umso mehr verlor ich meine Unbefangenheit. Als Kind war das Schauspielen für mich etwas ganz Natürliches gewesen, ich war spielerisch in meine Rollen geschlüpft. Doch diese schlafwandlerische Sicherheit war mit einem Mal verschwunden. Jetzt beobachtete ich plötzlich erfahrenere Schauspieler, die sich einbrachten, Vorschläge machten, nachfragten: »Soll ich den Satz vielleicht anders sagen oder dabei aufstehen?«, »Stehe ich so richtig? Passt das vom Licht?« Sie arbeiteten mit dem Regisseur, mit dem Kameramann zusammen, um ihre Rolle zu formen. Und ich erkannte mit einem Mal: Schauspielerei ist nicht nur intuitives Spiel, sondern findet zu großen Teilen auch im Kopf statt.

Ich begann, mich von außen zu betrachten, wie ich lachte, wie ich weinte, wie ich ging und wie ich stand. Und ich fragte mich: Mache ich das alles richtig? Mein Gefühl dafür hatte mich verlassen. Ich versuchte, mich an großen Vorbildern zu orientieren. So wie Jacqueline Bisset wollte ich lachen, so wie Elisabeth Taylor wollte ich weinen, wollte so geheimnisvoll sein wie Faye Dunaway. Ich suchte mich in den anderen. Die wichtigsten Fragen jedoch stellte ich nicht: Wie lache *ich*? Wie weine *ich*? Wie *bin ich?*

In dieser Zeit der Unsicherheit begann ich nun auch noch mein Aussehen zu hinterfragen. Mit meinen Locken und meinem großen Busen haderte ich ja schon im Privaten. Zu allem Überfluss kam jetzt auch noch meine Agentin auf mich zu: »Mit dieser Nase wird es beim Film langfristig schwierig werden.« Mein kleiner Huckel verdecke nämlich im Profil das andere Auge, und das sei vor der Kamera ein absolutes No-Go. »Du brauchst eine Filmnase.« Ich zweifelte. Wieder einmal. Meine Eltern protestierten: »Du bist doch schön so, wie du bist! Warum willst du dich durch eine OP verschandeln lassen?« Aber in mir arbeitete es.

Ich machte einen Termin bei dem Spezialisten, den mir meine Agentin empfohlen hatte. Im Wartezimmer blätterte ich mit einem mulmigen Gefühl in den Broschüren, in denen detailliert beschrieben wurde, wie mir »geholfen« werden sollte. Meine Nase würde an den Nasenflügeln aufgeschnitten, die Haut nach oben geklappt, der Hubbel abgeschliffen und anschließend das Ganze wieder heruntergeklappt und festgenäht werden. Voilà. Ein Termin für die Operation wurde ausgemacht.

Von nun an betrachtete ich die »Filmnasen« meiner bereits operierten Kolleginnen mit anderen Augen. Mit Schrecken stellte ich fest, dass bei einigen von ihnen die Nasenflügel offensichtlich schief angewachsen waren und die Operation ihrer Schönheit eher geschadet denn genutzt hatte.

Als ich dem Regisseur Franz Peter Wirth, unter dem ich *Der Tod läuft hinterher* gedreht hatte, von meinem Dilemma erzählte, meinte er nur: »Ah geh weida, du bist doch kein Model. Du bist gut so, wie du bist.« Diese Aussage gab schließlich den Ausschlag, ich sagte die OP ab. Meine Unsicherheit war jedoch noch lange nicht überwunden.

In dieser Zeit wurde ich für einen Fernsehfilm in Baden-Baden engagiert. Gedreht wurde im Studio, untergebracht waren wir alle gemeinsam in einem Hotel. Eines Tages, es war am Wochenende, wurde ich von dem nicht mehr ganz jungen Regisseur in sein Hotelzimmer gebeten, er müsse mir noch ein paar Regieanweisungen geben. Ich klopfte an und da stand er. Im Bademantel. Im Fernseher lief Fußball. »Ich schau das noch schnell fertig. Setz dich doch her zu mir.« Und so setzte ich mich neben den Regisseur auf die Couch. Der legte schon bald seinen Arm und mich, begann zu säuseln und mir am Busen herumzutätscheln. Ich reagierte, bevor ich einen klaren Gedanken fassen konnte. Ich stand auf, knallte ihm eine und rannte davon – in mein Zimmer, wo ich ganz im Gegensatz zu meinem gerade noch sehr beherzten Auftreten verstört zusammensank.

Ich redete mit niemandem über das, was geschehen war, stattdessen schämte ich mich. Und noch mehr schämte ich mich, als ich in den nächsten Tagen im Studio offenbar nichts richtig machen konnte. Ich stand falsch, redete falsch, schaute falsch. Ständig wurde ich vom Regisseur vor allen anderen und noch dazu gleichaltrigen Kollegen heruntergeputzt. Ich schämte mich, weil ich offenbar alles völlig verkehrt machte.

Heute ärgere ich mich, dass ich mir nicht Hilfe geholt, dass ich den Mund nicht aufgemacht habe und stattdessen die Schuld bei mir suchte. Aber hätte mir das wirklich geholfen? Ich habe das Schicksal von Kolleginnen erlebt, denen Schlimmeres widerfahren war – und denen der Gang an die Öffentlichkeit nur Häme oder ein vorzeitiges Karriereende einbrachte. Später bin ich noch zweimal in vergleichbare Situationen geraten – doch diese Erfahrung hatte mich klug gemacht. Ich erkannte schnell die Absicht und konnte mich derartiger »Avancen« schon im Vorfeld entziehen oder schlagfertig beenden.

Inzwischen haben sich die Zeiten glücklicherweise geändert. Durch die Frauenbewegung, aber auch durch #metoo hat sich das Bewusstsein gewandelt. Die meisten Männer kennen heute ihre Grenzen, auch wenn sie immer noch manchmal versuchen, ihre Machtpositionen auszunutzen. Und Frauen können endlich offener über derlei Übergriffe sprechen, ohne Konsequenzen fürchten zu müssen – meistens zumindest. Leider ist das auch heutzutage nicht immer der Fall. Es ist noch einiges zu tun, damit niemand mehr so gedemütigt wird, wie ich damals mit gerade einmal 17 Jahren.

Für mich war diese Situation, dieses Erlebnis – das natürlich noch viel schlimmer hätte verlaufen können –, deshalb so schrecklich, weil es mich noch weiter verwirrte und verunsicherte in einer Zeit, in der ich schon mit genügend Unsicherheiten zu kämpfen hatte. Der Schulabschluss stand bevor und damit große Entscheidungen. Eigentlich sollte ich ja nach der Mittleren Reife auf das Gymnasium wechseln, um nach dem Abitur Deutsch und Kunst auf Lehramt zu studieren. Das Übertrittszeugnis hatte ich bereits in der Tasche, doch plötzlich fragte ich mich: Will ich das überhaupt noch? In der Schule fühlte ich mich weiterhin unwohl, an den Rand gedrängt, nicht angenommen. Passenderweise lagen gerade zwei weitere Rollenangebote für mich auf dem Tisch – *Pepe, der Paukerschreck* und *Die tolldreisten Geschichten – nach Honoré de Balzac*. Und so sagte ich mir trotzig: »Wenn die in der Schule mich nicht wollen, dann werde ich eben Filmstar!«

Also drehte ich weiter. Erst *Pepe, der Paukerschreck* – wo ich Jutta Speidel kennenlernte, mit der mich eine bis heute andauernde Freundschaft verbindet, dann besagte »Literaturverfilmung«. Honoré de Balzac, den kannte man, das versprach Qualität. Außerdem sollte in der Rolle des Bürgermeisters auch Gustav Knuth mitspielen, den ich noch von *Heidi* kannte, wo er den Alm-Öhi gespielt hat. Dass es in dem Film um Liebe gehen sollte, war offensichtlich und für mich kein Problem. An meiner Rolle war nichts Anzügliches. Gedreht werden sollte auf Burg Bernstein im Burgenland. Meine Rolle war die der Komtesse Annette, die sich in einen Prinzen verliebt, der eigentlich für eine andere bestimmt ist. Also lauert sie ihm in verschiedenen Szenen auf, setzt sich an den Wegrand, bis es schließlich im Heu zu einem Kuss kommt – mehr war in der Szene nicht zu sehen, darauf legte auch mein Vater, der weiterhin alle Drehbücher las, großen Wert.

Was war das für ein Schock, als ich wenige Monate später mit der Straßenbahn am Stachus vorüberfuhr und sah, was dort in großen Lettern über dem Kino angekündigt wurde: *Komm liebe Maid und mache …* Mit »Michaela May und Gustav Knuth«. Der Titel war mir völlig unbekannt. Ich berichtete meinen Eltern davon und sofort machten wir uns auf ins Kino. Schon auf dem Filmplakat sah man drei nackte Frauen auf einem Pferd, eine andere streichelte bewundernd eine riesige Kanone, die im Schritt eines erregt gestikulierenden Mannes platziert war. Der Film war umgetitelt worden, war erst ab 16 freigegeben. Der Grund war offensichtlich: Das war keine Komödie, das war ein Erotikfilm. Szenen, die nicht im Skript gestanden hatten, waren im Nachhinein eingefügt worden. Eine Gruppe von nackten »Jungfern«, die zum Baden reitet, nackte Frauen, die in riesigen Fässern Trauben stampfen. Ich war schockiert, denn die nackten Damen waren so geschickt aufgenommen, dass man leicht hätte annehmen können, dass ich eine von ihnen war. Deshalb hatte man mir also den Filmstart verschwiegen. Eine offizielle Premiere hatte es auch nicht gegeben.

Ein Dementi wurde verfasst. Meine Agentur erwog eine einstweilige Verfügung. Doch die Einschätzung der Anwälte lautete: »Keine Chance!« Glücklicherweise war der Film ein Flop. Ich erzählte niemandem davon und kaum einer hat mich je darauf angesprochen. Ich war noch einmal glimpflich davongekommen. Doch fortan prüfte ich noch kritischer die Angebote, die in meinem Briefkasten landeten.

Vor allem aber sah ich meine Karriere als Schauspielerin in einem ganz neuen Licht. Es waren keine guten Zeiten für den Film. Es schien nur noch drei Genres zu geben: Krimis, seichte Komödien oder Erotikfilmchen à la *Der Maler mit dem goldenen Pinsel.* Es waren die Achtundsechziger. In den Zeitschriften fielen die Balken weg, Nacktheit war kein Tabu mehr, alles wurde freizügiger, auch in den Filmen – was sich jedoch nicht unbedingt auf die Qualität auswirkte. Die großen Literaturverfilmungen, die Zeiten des Neuen Deutschen Films mit Rainer Werner Fassbinder als einem seiner wichtigsten Vertreter –, all das kam erst in den Siebzigerjahren. Und ich blickte auf die Möglichkeiten, die sich mir boten, und fragte mich: Will ich das wirklich?

Als ich schließlich das Angebot bekam, das Schneewittchen in *Grimms Märchen von lüsternen Pärchen* zu spielen, stand mein Entschluss fest: Ich werde Kindergärtnerin. Ich schrieb mich in der Hochschule für Sozialpädagogik ein, um mein Fachabitur und dann die Ausbildung zur Kindergärtnerin zu machen. Das praktische Jahr, das nach dem ersten Staatsexamen zur Ausbildung gehörte, absolvierte ich im Kindergarten meiner Nenntante Hansi vom Staffelsee, der Freundin meiner Mutter. Die Semesterferien boten mir dabei immer wieder die Möglichkeit zu Ausflügen in die Schauspielerei – wobei mir die Ausbildung eine gewisse Freiheit gab, nicht alles annehmen zu müssen. Ich übernahm kleinere Rollen in Fernsehproduktionen und suchte weiterhin nach mir selbst.

Mein Bruder Karl schien sich dagegen endlich gefunden zu haben. Nach all den Jahren der Betäubung hatten die Ärzte seine Medikation weiter zurückgefahren, und hinter jener Abwesenheit, die niemals ganz von ihm wich, begann ich langsam wieder meinen Bruder zu sehen. Das Abitur war nach dem Ereignis im Schnee unerreichbar geworden. Die Ärzte hielten ein Studium an der Kunsthochschule sowieso für kontraproduktiv. Er sollte handwerklich tätig sein und trotzdem kreativ bleiben. Deshalb begann er – noch als »Freigänger« im Max-Planck-Institut – eine Ausbildung zum Gärtner.

Ob es ihm wirklich Spaß machte? Ich weiß es nicht. Noch immer fehlte ihm jede Empathie, jede Fähigkeit zu größeren Gefühlen, zur Freude, zur Ablehnung. Auf die Frage »Gefällt es dir?« antwortete mein Bruder wieder einmal nur: »Ja.« Er arbeitete mechanisch, ohne Leidenschaft, fügte sich aber gut ein. Von seinen Kollegen wurde Karl immer gelobt.

Doch mit der Zeit besserte sich sein Zustand. Ich war 18, als mein Bruder endlich das Krankenhaus verließ und die Medikamente weiter reduziert wurden. Er konnte wieder fühlen. Er konnte wieder lieben. Und so fand er Doris, eine wundervolle Frau. Die beiden gingen liebevoll miteinander um. Sie heirateten, reisten viel. Karl heuerte in der Stadtgärtnerei an, die beiden richteten sich die erste gemeinsame Wohnung ein. Er nahm an Gesprächen teil, hatte wieder einen eigenen Willen. »Wenn jetzt fünf Jahre lang alles gut geht, dann können wir die Medikamente ganz weglassen«, hieß es. Und ich war voller Hoffnung.

Ich war überzeugt: Alles wird gut.

Emir und die Meerkatzen

Fernweh

Das ist das Seltsame an der Liebe. So überraschend und plötzlich sie über einen kommt, genauso schnell kann sie auch wieder verfliegen. Und so kam es 1967 zu einem Partnertausch der ganz besonderen Art. Ich war etwa ein Jahr mit Harry zusammen und mit ihm und dem Rest der Subjects durch die Jugendzentren in München gezogen, als ich bei einer Party in Laim mit einem Jungen ins Gespräch kam, der mich sofort in seinen Bann zog. Ich weiß nicht, was es genau war. Klar, er sah unglaublich gut aus. Aber da war noch etwas anderes. Eine Sanftheit, wie ich sie vorher noch nicht erlebt hatte. Sein Name war Paul, und er war – genauso wie ich – in Begleitung. Seine Freundin hieß Mela. Paul und ich unterhielten uns, wir lachten, tanzten, und irgendwann – als wäre es das Natürlichste von der Welt – lag ich statt in Harrys in seinen Armen. Harry wiederum hielt mit sichtlichem Vergnügen Pauls Freundin Mela umschlungen.

Und als es an der Zeit war, nach Hause zu gehen, war es Paul, der mich begleitete, während Harry Mela nach Hause brachte. Somit war der Partnertausch vollzogen. Paul und ich wurden ein Paar, und Harry und Mela sind es noch heute – nach nunmehr über 50 Jahren.

Paul wurde mein erster »richtiger« Freund. Er war der erste Junge, den ich mit nach Hause brachte, was meiner Oma Fanny angesichts seiner etwas längeren Haare prompt die Aussage entlockte: »Der ist zwar ein Biesl« – das Wort »Beatle« wollte ihr einfach nicht in den Kopf –, »aber trotzdem ganz nett.« Er war der Erste, mit dem es übers Händchenhalten und Knutschen hinausging, denn Paul war nicht nur nett, er hatte noch mehr zu bieten: eine ausgebaute Garage, in der man nicht nur hervorragend Partys feiern und an Autos herumschrauben konnte, sondern in der wir auch die Zweisamkeit finden konnten, die es in meinem kleinen Kämmerlein in der Stöberlstraße so nicht gab.

Meine Eltern wussten, dass ich bei Paul schlief, und waren froh, in diesem Fall die Aufsicht nicht übernehmen zu müssen. Pauls Eltern hingegen waren herrlich liberal und tolerant und mahnten nur: »Passen S' halt auf, Fräulein Traudi, dass Sie der Nachbar nicht sieht, wenn Sie früh rausgehen.« Meine Mutter fragte irgendwann verstohlen: »Willst du jetzt vielleicht die Pille nehmen?«, und war sichtlich beruhigt, als ich ihr gestand: »Die nehm ich doch längst!« Vom Arzt einer Freundin hatte ich sie mir inzwischen verschreiben lassen.

Und so saß ich fortan statt im Jugendzentrum Laim und im Tourbus der Subjects in der Partygarage von Pauls Eltern, unserem Liebesnest, und fühlte mich zum ersten Mal ganz als Frau. Das Erste Mal hatte den Bann gebrochen. Ich war sehr erleichtert und schwebte wie auf Wolken – auch ohne Drogen. Zwar war ich dem ein oder anderen Joint, der auf Partys herumging, nicht abgeneigt – schließlich gehörte das dazu, man fühlte sich damit einfach »erwachsener« –, aber wir brauchten das alles nicht, mussten uns nicht in irgendwelche Fantasiewelten flüchten. Wir wollten wirklich verreisen, wollten die echte Welt entdecken.

Paul und sein Bruder hatten bereits den Führerschein, und so fuhren wir im Konvoi mit einigen Freunden an den Ort, von dem ich so viele Jahre schon geträumt hatte, wenn ich die Sommer allein mit meinen Eltern in Riederau verbracht hatte: an den Gardasee. Dort fanden wir bei Limone eine verborgene Stelle am Ufer des Sees, wo wir wild zelteten oder unter freiem Himmel schliefen. Ins Hotel konnten wir nicht – schließlich waren wir alle unverheiratet und hätten damals nur schwer ein gemeinsames Zimmer bekommen. Im Winter, beim Skifahren, nahmen wir uns Zimmer in einer Pension, von der wir wussten, dass die Wirtin das akzeptierte und mit einem milden zustimmenden Lächeln keine weiteren Fragen stellte.

Mit meiner ersten Reise an den Gardasee ließ ich die kindliche Welt hinter mir. Doch damit war unsere Reiselust noch lange nicht gestillt. Wir wollten mehr! Und so beschlossen wir, in den großen Ferien mit Pauls Freund Rainer und dessen Freundin in dem von ihm eigenhändig zusammengeschraubten Mercedes nach Griechenland und in die Türkei zu fahren. Bevor es losging, sollte ich jedoch noch im Residenztheater vorsprechen. Rudolf Noelte, unter dem ich einige Jahre zuvor in einer Verfilmung von *Woyzeck* das »singende Kind« gespielt hatte, wollte sehen, ob ich trotz meiner Jugend und meines Mangels an Theatererfahrung möglicherweise für die Rolle der Anja in Tschechows *Der Kirschgarten* infrage kam. Schon während unseres ersten Treffens im Theater begann er mit einer unglaublichen Empathie mit mir an der Rolle zu arbeiten. Ich sollte schreien, mich auf den Boden werfen, dann wieder, dem Wahnsinn nahe, lachen. Es waren aufregende, spannende Proben, der Regisseur schien zufrieden und verabschiedete sich von mir mit den Worten, dass das Theater sich bei mir melden würde. Die Bühnenproben würden im September, also direkt nach meiner Rückkehr, beginnen.

Mit diesen herrlichen Aussichten im Gepäck stieg ich zu meinen drei Reisegefährten ins Auto, und gemeinsam fuhren wir Richtung Osten. Wieder schliefen wir im Schlafsack unter freiem Himmel oder im Zelt neben dem Auto und genossen das Abenteuer. In Delphi, unweit der byzantinischen Felsenklöster von Meteora, die heute Weltkulturerbe sind, fanden wir beim Aufwachen vor unserem Zelt Weintrauben und Feigen, die ein freundlicher Bauer für uns dagelassen hatte. Ein Gastgeschenk eines Fremden, das mich tief berührte und mein Herz für Land und Leute noch mehr öffnete. Natürlich reizten mich die Sehenswürdigkeiten, die Tempel und Touristenattraktionen, aber vor allem faszinierte es mich, andere Völker und Kulturen kennenzulernen. Damals waren Griechenland und die Türkei für uns noch eine fremde, unbekannte Welt. Wir kannten das Essen nicht, wir sprachen die Sprache nicht, behalfen uns mit Englisch oder Französisch, aber irgendwann merkten wir, dass man mit Händen und Füßen und vor allem mit einem Lächeln meist mehr erreichen konnte als mit Worten.

In der Zwischenzeit klingelte bei meinen Eltern das Telefon. Das Theater teilte ihnen mit, dass ich die Rolle der Anja bekommen hätte, die Proben jedoch schon im August beginnen würden. Ich aber war unterwegs, Hunderte von Kilometern weit weg, Handys gab es in der Zeit noch nicht, und meine Eltern wussten nicht, wie sie mich erreichen sollten. Und so erfuhr ich erst bei meiner Rückkehr von dieser großen verpassten Chance. Vielleicht wäre mein beruflicher Weg ganz anders verlaufen, hätte ich Karriere an einem großen Staatstheater gemacht. Und doch: Ich habe die Reise keinen Augenblick bereut. Die Liebe und das Abenteuer waren mir wichtiger als der berufliche Erfolg. Und sie sind es auch heute noch.

Und so reisten wir weiter, sahen Istanbul, das für seine Meerschaumpfeifen berühmte Eskişehir, die Kalksinterterrassen von Pamukkale, die heute ein regelrechter Touristenmagnet sind, und irgendwann war uns klar: Wir würden vom Reisen nicht mehr loskommen. Die Abenteuerlust hatte uns fest im Griff. Wir wollten Orte bereisen, an denen zuvor noch nie jemand gewesen war. Wir wollten Dinge sehen, die vor uns noch niemand gesehen hatte. Wir wollten Winkel der Erde entdecken, die normalen Reisenden verborgen blieben. Wir wollten nach Afrika.

Fast ein Jahr bereiteten wir uns mit größter Akribie auf unser nächstes Abenteuer vor – es waren die frühen Siebziger, eine Zeit, die geprägt war vom Vietnamkrieg, den Studentenrevolten, dem Kampf gegen das Establishment und gegen die Wehrpflicht. Wir zogen gemeinsam mit anderen Demonstrierenden über die Ludwigstraße und riefen einmal mehr *»Make love not war«*, die abgebrochenen Mercedessterne als Peacezeichen um den Hals. Paul war inzwischen mit der Schule fertig und begann wie sein Bruder Johannes zu studieren. Ich selbst befand mich an der Fachschule für Sozialpädagogik auf der Schlussgeraden und hatte damit die Ausbildung zur Kindergärtnerin und das Fachabitur so gut wie in der Tasche. Gleichzeitig sammelte ich nun doch die ersten Erfahrungen am Theater und übernahm an der »Lore-Bronner-Bühne«, die durch ganz Bayern tourte, in Lion Feuchtwangers *Wahn oder Der Teufel in Boston* die Rolle einer vom Teufel Besessenen.

Ich merkte, wie das Theater mich in seinen Bann zog, und spürte zum ersten Mal die Faszination, vor Publikum zu spielen. Dieses Gemeinschaftsgefühl, die Reaktion der Zuschauer unmittelbar zu erleben, das Geben und Nehmen – das war etwas ganz anderes als das, was ich vom Film kannte.

In dieser aufgewühlten Atmosphäre, in dieser aufregenden Zeit planten wir also unsere Reise nach Afrika. Mehrere Monate sollten es sein, vom Herbst bis ins Frühjahr. Außer Paul, Rainer und mir sollten auch Johannes und seine Freundin Carla sowie Rainers jüngerer Bruder Horst mit dabei sein. Die Reiseroute führte uns sechs direkt in die Sahara, wo wir uns jene verborgenen Orte versprachen, von denen wir immer geträumt hatten. Mit dem Bus würde es über Spanien nach Marokko gehen, weiter nach Algerien, durch die Wüste nach Süden, durch Niger, Nigeria bis nach Kamerun und von dort aus nach Westen – wieder durch Nigeria, über Dahomey, das heutige Benin, und Togo nach Ghana.

Mit Rainers klapprigem Mercedes war diese Strecke natürlich nicht zu machen. Also kauften wir bei einer Versteigerung für je 600 Mark zwei Busse – einen grünen und einen gelben; ehemalige Postbusse, die unsere Jungs nun »wüstentauglich« machten. Neue Stoßdämpfer mussten her, ein Öl-Hitzemesser und, und, und. Die vielen Anschaffungen fraßen nach und nach unser ganzes Geld auf. Wir mussten also eine Möglichkeit finden, unsere Reise zu finanzieren.

Der erste Schritt hierfür war, dass wir uns einen Forschungsauftrag besorgten. Johannes studierte Physik, und mein Onkel Karl war nicht nur Physiker, sondern auch Balneologe – ein Fachmann für Bäderheilkunde. Er verschaffte uns ein Forschungsprojekt der besonderen Art: Wir sollten die Schweißabsonderungen des Menschen in Abhängigkeit von den Breitengraden untersuchen. Zu diesem Zweck wurden wir mit technischen Gerätschaften ausgestattet, kleinen Pads, die, an der Stirn und den Handgelenken angebracht, die Schweißabsonderung der Haut messen konnten.

Mit diesem Auftrag in der Tasche machten wir uns daran, Sponsoren zu akquirieren. Wir schickten liebevoll gestaltete handgeschriebene Briefe an Hersteller von Autoersatzteilen, aber auch an Lebensmittelfirmen und andere Unternehmen und baten um Unterstützung für unser Vorhaben. »Wir möchten gerne von Oktober bis April eine Studienreise unternehmen«, schrieben wir, »vielleicht könnten Sie uns mit einigen Ihrer Produkte behilflich sein und unser Vorhaben unterstützen« und schlugen im Gegenzug vor: »Gerne zeigen wir uns mit Werbefotos erkenntlich, die sie frei benutzen können. Zudem können wir auch Werbeschilder an unseren Bussen anbringen.«

Die Resonanz war größer, als wir zu hoffen gewagt hatten. Wir erhielten Motoröl, Campingutensilien, aber auch Gutscheine von Kaufhäusern, um uns mit dem Notwendigsten für die Reise einzudecken. Mit das Kurioseste war die Kooperation mit einem Puddinghersteller. Wir sollten herausfinden, ob sich sein Puddingpulver auch mit Kamelmilch und bei Wüstentemperaturen anrühren lässt. Tat es – der Geschmack ließ allerdings sehr zu wünschen übrig. Wir schrieben jedoch pflichteifrig unseren Bericht und waren erleichtert, dass nicht alle Sponsoren auf eine Gegenleistung bestanden.

Carla und ich kümmerten uns um die Ausstattung der beiden Busse, richteten die Betten, nähten Vorhänge, sorgten für das nötige Geschirr. Vor allem die Versorgung mit Lebensmitteln und Trinkwasser war eine echte Herausforderung. Wir deckten uns mit reichlich Kanistern und Tabletten zur Wasseraufbereitung ein. Für den Weg durch die Wüste brauchten wir zudem ganz besonderes Essen, das den hohen Temperaturen standhalten würde. Also kauften wir jede Menge Bundeswehrnahrung. Eine Ration davon bestand in der Regel aus trockenem Brot, einer Art Pumpernickel, Marmelade aus der Tube und einem Reis-Fleisch-Gericht in der Dose zum Aufwärmen. Fehlte nur noch der Papierkram, Travellerschecks und Visa. Und so hakten wir nach und nach alle Punkte auf unserer Checkliste gewissenhaft ab, bis wir uns für unsere Reise durch die Wüste gerüstet fühlten.

Allerdings gab es noch ein Problem: Ich hatte im Theater noch einige Auftritte als »vom Teufel Besessene« zu absolvieren, zudem dauerte mein Praktikumsjahr im Kindergarten noch an, sodass ich unmöglich bereits im Oktober abreisen konnte. Also fuhren meine fünf Freunde ohne mich los, über Spanien, Marokko nach Algerien, wo ich dann im Dezember in Tamanrasset zu ihnen stoßen sollte. Dass sie auch rechtzeitig dort sein würden, wenn ich mit der Propellermaschine aus München über Paris und Algier dort landen würde, darauf musste ich einfach vertrauen. Telefonisch miteinander kommunizieren konnten wir nicht. Doch als sich der kleine Flughafen der Oasenstadt – eher eine kleine Hütte – unter dem Flugzeug abzeichnete und ich unter mir unsere beiden Busse stehen sah, der eine grün, der andere gelb, da hüpfte mein Herz vor Freude.

Von Tamanrasset sollte uns die Reise durch die Sahara weiter nach Niger führen. Der Weg war dabei keine wirkliche Straße, sondern eher eine Piste, manchmal mehrere Kilometer breit, die sich gewellt wie ein Waschbrett durch die Wüste zog. Über die Hubbel am Boden konnte man entweder ganz langsam fahren, um die Erschütterung abzufangen, oder so schnell, dass man regelrecht darüber hinwegflog. Das klapperte und krachte zwar laut, war aber definitiv die angenehmere Art, sich fortzubewegen – auch wenn unsere Busse dank der holprigen Strecke immer wieder einmal den Geist aufgaben. Doch glücklicherweise hatten wir auf dem Dach eine riesige Kiste voller Ersatzteile, sodass unsere Jungs die Fahrzeuge immer wieder flottbekamen.

Während es tagsüber sehr heiß war und wir geflissentlich unsere Schweißabsonderungen für den Forschungsauftrag maßen, wurde es in der Nacht empfindlich kalt, manchmal fielen die Temperaturen auf fast null Grad. Weil es in der Wüste keine Bäume und demzufolge auch kein Holz gab, mit dem wir ein Feuer hätten entzünden können, schlugen wir unser Lager immer da auf, wo wir zerschlissene Lastwagenreifen fanden. Die stanken zwar bestialisch, brannten aber wunderbar und gaben ein wärmendes, gemütliches Lagerfeuer.

In jenen Nächten in der Wüste blickte ich in den schönsten Himmel, den ich je gesehen habe, in ein Meer von Sternen, wie ich es selbst bei unseren nächtlichen Bootsfahrten auf dem Ammersee nie gesehen hatte. Jede Nacht schaute ich voll Staunen hinauf in die unendlichen Weiten und fühlte mich klein und unwichtig.

Manchmal entfernte ich mich ein Stück von den Bussen und dem Lagerfeuer, um mich komplett in der Dunkelheit und der Kuppel aus Sternen über mir zu verlieren – bis ich mich einmal wirklich verlor. Es war Neumond und ich war etwa 15 Minuten lang weg von unserem Lagerplatz hinaus in die Wüste gelaufen, als ich plötzlich bemerkte, dass ich in der Finsternis weder die Umrisse der Autos noch den Schein des Lagerfeuers mehr erkennen konnte. Ich wurde unruhig. In welche Richtung sollte ich laufen? Ich versuchte, in gerader Linie zurückzugehen, und wusste zugleich, dass ich nicht sicher sein konnte. Schließlich entdeckte ich ein Leuchten, einen Feuerschein – in einer doch ganz anderen Richtung, als ich vermutet hatte. Mir fiel ein Stein von Herzen.

Je tiefer wir in die Wüste eindrangen, desto mehr verschwand auch die Piste, auf der wir uns bisher vorwärtsbewegt hatten, zwischen Sand und Steinen und bald schon gab es keine Anhaltspunkte mehr, anhand derer wir uns hätten orientieren können. GPS existierte damals nicht, dafür hatten wir Landkarten und einen Kompass. Die gaben uns die grobe Richtung an, allerdings bewahrten sie uns nicht vor der Gefahr, mit einem der Busse im Sand stecken zu bleiben. Aus diesem Grund warben wir einen Tuareg an, der dem Fahrer des vorderen Busses Anweisungen gab, wenn die Strecke mit bloßem Auge nicht mehr zu erkennen war. Doch nach einigen Tagen verabschiedete sich unser Führer, weil er zurück zu seiner Familie musste. Er beschrieb uns den weiteren Weg, und doch saßen wir schon kurze Zeit später mit einem der Busse im Sand fest.

Wir steckten die Sandbleche unter die Reifen, schoben und zogen, ließen den Motor arbeiten – ohne Erfolg.

Die Maschine ging kaputt, und der Bus steckte immer noch fest. Das Fahrzeug einfach liegen lassen und zu sechst im anderen Bus weiterfahren wollten wir nicht. Wie sollten wir die vielen Hundert Kilometer, die noch vor uns lagen, zu sechst auf so engem Raum hinter uns bringen? Nicht zu vergessen die Ausrüstung, die wir auch noch transportieren mussten. Wir beschlossen zu warten. Irgendwann musste doch jemand vorbeikommen, der uns aus dem Sand herausziehen konnte. In der Zwischenzeit wollten wir den Motor wieder flottmachen. In der sengenden Hitze zerlegten wir ihn in seine Einzelteile. Während Carla und ich sie in Benzin wuschen, gaben die Jungs bei den Reparaturarbeiten ihr Bestes. Und wir warteten und warteten. Tage vergingen.

Irgendwann funktionierte der Motor wieder. Er verlor zwar – wie wir später feststellen würden – unglaublich viel Öl, weshalb wir dann eine Wanne unter dem Bus anbrachten, in der das auslaufende Öl aufgefangen wurde und alle paar Kilometer wieder mit einem Trichter oben eingefüllt werden musste. Aber erst einmal steckten wir noch immer fest. Und langsam lagen die Nerven blank. Dass uns tagelang niemand begegnete, war auf unserer bisherigen Reise nicht vorgekommen. Offensichtlich lagen wir abseits der Hauptpiste. Sollten wir den Bus doch zurücklassen? Wie viel Zeit wollten wir noch mit Warten verbringen? Unsere Vorräte, die wir auf ein paar Tage genau berechnet hatten, gingen langsam zur Neige und auch das Wasser wurde knapp.

In dieser Krisensituation zerstritt ich mich mit meinem Freund, den ich in unserer bedrängten Lage mit neuen Augen zu sehen begann. In Tamanrasset hatten wir uns in einem Laden, der nichts weiter führte als Postkarten und Ölsardinen, reichlich mit Fischdöschen eingedeckt. Sie bildeten nun den kulinarischen Höhepunkt unserer Mahlzeiten, da sie etwas Abwechslung zu unserer Bundeswehrnahrung, meist Reisfleisch oder Pickelsteiner, brachten. Plötzlich stürzten sich alle auf Ölsardinen, die zu Hause nie auf unserem Speiseplan gestanden hatten, im Gegenteil. In jeder Dose waren vier Fische. Bei jeder Mahlzeit für uns sechs mussten wir also zwei Dosen öffnen und hatten somit – nachdem sich jeder eine Sardine genommen hatte – zwei Fischchen übrig. Alles wurde sparsam verbraucht, wir wussten ja nicht, wie, wann und ob wir uns aus dieser misslichen Lage befreien können würden. Alle waren angespannt. Und so erinnere ich mich, dass Paul sich einen der beiden verbleibenden Fische mit der Begründung nahm: »Ich mach ja auch am meisten, ohne Motor kommen wir nicht weiter«, worauf ein großer Streit zwischen den gereizten Gemütern entbrannte. Für mich ging es dabei weniger um die Ölsardinen, sondern vielmehr um die Gemeinschaft, zu der jeder das beitrug, was er vermochte. Während Horst und Paul die Techniker waren, die reinsten Automechaniker, die sich mit allem auskannten, sorgten Carla und ich für das Essen, spülten die Motorteile und hüteten die Wasservorräte. Johannes und Rainer wiederum waren die Navigatoren. Jeder von uns leistete einen wichtigen Beitrag – niemand war wichtiger als der andere. Ich wurde das Gefühl nicht los, dass Paul das anders sah und ich konnte diese Angst vor Übervorteilung, diese fehlende Großzügigkeit einfach nicht begreifen. Und so banal es auch erscheinen mag, so wurde ein kleiner Fisch der Auslöser für meinen Entschluss, mich von ihm zu trennen.

Zum Glück für uns alle tauchte kurze Zeit später ein

Range Rover am Horizont auf, ein Ingwerhändler auf dem Weg nach Niger, der uns mit seinem Wagen aus dem Sand zog und uns zurück auf die Spur setzte – aber meine Gefühle für Paul hatten sich verändert. Ich begann, mich immer mehr von ihm zu entfernen. Das ging so weit, dass ich nicht mehr mit ihm im Bus fahren wollte. Schließlich dachte ich sogar darüber nach, die ganze Reise abzubrechen, in Niger ins Flugzeug zu steigen und zurück nach Hause zu fliegen. Doch nach langen Gesprächen mit Carla entschied ich mich anders. Ich wollte nicht mehr mit Paul zusammen sein, aber ich wollte unsere gemeinsame Reise nicht zerstören. Und so rissen wir uns beide zusammen und setzten unseren Weg fort, bereit für all die Abenteuer, die noch vor uns lagen. Eines jedoch hatte ich aus diesen Ereignissen gelernt: Wie wichtig es ist, den Menschen, den man liebt, in Extremsituationen zu erleben, bevor man sich möglicherweise für ein Leben mit ihm entscheidet. Denn wie heißt es so treffend? In guten wie in schlechten Zeiten …

Dass wir inzwischen schon so einiges erlebt hatten, sah man auch unseren Fahrzeugen an. Auf der einen Motorhaube thronte der Schädel eines Kamels, dessen Gerippe wir in der Wüste gefunden hatten, den anderen Bus hatten wir mit Hörnern, Knochen und allerhand anderem Klimbim geschmückt, der uns auf unserem Weg in die Hände gefallen war. Man konnte uns einfach nicht übersehen, und wir wurden dadurch überall staunend und freudig begrüßt.

Doch schon an der Grenze zu Niger gab es das nächste Abenteuer zu bestehen: Eines Nachts wachten wir auf, als eine Hand durch eines der Fenster griff und vor unseren entsetzten Augen Rainers Koffer packte.

Carla und ich schrien laut auf, doch der Dieb machte sich auf und davon. Die anderen rannten ihm laut schreiend hinterher – erfolglos. Doch der Verlust war nicht groß. Unsere Pässe trugen wir immer am Körper, Travellerschecks und andere wichtige Unterlagen lagerten wir in den Handschuhfächern.

Nach diesem kleinen Schreck überquerten wir die Grenze nach Nigeria und feierten kurze Zeit später Weihnachten in einer Missionarsstation zwischen Lehmhütten – für mich das außergewöhnlichste Weihnachtsfest, das ich je erlebt habe. Wir hatten keine Geschenke, kein Festessen, keinen bunt geschmückten Baum. Wir hatten nichts als eine Kerze, um die wir uns versammelten, und den Sternenhimmel, der sich über uns in die Unendlichkeit erstreckte. Und wir hatten uns! Trotz aller Streitigkeiten und Differenzen war es die Gemeinschaft, die für mich zählte. Doch noch etwas anderes trug zu unserer Weihnachtsfreude bei: Wir bekamen endlich Gelegenheit zum Duschen – seit Beginn unserer Reise waren wir nicht mehr in den Genuss dieses Luxus gekommen. Duschen gab es nämlich nur in den Missionarsstationen, Rest Houses, oder später auf unserer Reise auch in den Camps eines deutschen Bauunternehmens, das in ganz Nigeria Straßen errichtete. Und so war mit dem dünnen Wasserstrahl, der auf meinen verstaubten Kopf rieselte, mein Weihnachtsglück perfekt.

Genauso beglückend wie eindrucksvoll waren für mich die zahlreichen Begegnungen mit den Einheimischen. In jener Zeit machten noch nicht viele Menschen solche Reisen. So sorgten damals unsere helle Haut und speziell Carlas glatte blonde Haare noch für großes Erstaunen und Gelächter. Um uns zu verständigen, nutzten wir häufig einfach Hände und Füße. Zum Beispiel bei den Begegnungen mit den Hausa, einem Volk Zentralafrikas, waren ein Lächeln, eine Verbeugung, eine ausgestreckte Hand immer noch die klarste Sprache – genauso wie ein Rücken, den man uns zudrehte, wenn man nichts mit uns zu tun haben wollte.

In Kamerun, in der Nähe von Kumba, wurden wir in der Nacht vom Klang dumpfer Schläge geweckt, seltsam rhythmische Laute, begleitet von kehligen Gesängen. Wir folgten der Musik und kamen schließlich zu einer Gruppe von spärlich bekleideten Menschen, die einen in Binden gewickelten und mit Federn geschmückten, aufrecht sitzenden Leichnam trugen – eine Beerdigungsgesellschaft. Unter der Bedingung, dass wir einen finanziellen Beitrag für den Ginet, den Kornwein, der zum Fest ausgeschenkt wurde, leisteten, durften wir an der Trauerfeier teilnehmen. Wir erlebten eine ganz neue, eine ganz andere Art, wie man sich von einem lieben Menschen verabschieden kann. Es wurde wild getanzt, gestampft und gesungen. Alle schrien ihre Wut und ihre Trauer hinaus in die Nacht. Einer der Trauernden nahm schließlich den Verstorbenen auf seine Schulter und tanzte gemeinsam mit ihm, schrie »Ulalalala« zwischen den Feiernden – weinend und lachend zugleich. Das ging die ganze Nacht hindurch, und wir tanzten mit. Am nächsten Morgen führte ein Zug aus dem Dorf hinaus, wo der Verstorbene schließlich begraben wurde. Eine Feier des Lebens angesichts des Todes.

Inzwischen war unsere Reisegruppe auf dem Weg durch Niger und Nigeria nach Kamerun weiter angewachsen. Von einem Emir hatten wir einen Hahn geschenkt bekommen, den wir entsprechend auch »Emir« tauften. Außerdem mit dabei: ein Papagei – wir nannten ihn Crankshaft, auf Deutsch »Kurbelwelle«, ein Begriff, den wir ständig gebrauchten, weil wir andauernd auf der Suche nach diesem Ersatzteil waren – und zwei Meerkatzen, die der einkaufsfreudige Horst auf einem Markt erstanden hatte. Horst liebte es nämlich zu handeln. Wenn wir an einen neuen Ort kamen und mit den Menschen erst einmal »warm werden« wollten, begann Horst schon zu schachern. Und so wurden unsere Busse immer voller. Wir besaßen mittlerweile einen Krokodilkopf, Kalebassen, Gefäße aus der getrockneten Hülle des Flaschenkürbisses, berberischen Silberschmuck, auch Croix d'Agadez genannt, geschnitzte Stühlchen, wie sie für die Einheimischen typisch waren, Schlangenleder, aus dem ich mir in Deutschland Schuhe machen ließ, die ich heute noch habe, und – als Höhepunkt der Horst'schen Sammelfreude – mehrere Steinschlossgewehre, die er in Deutschland verkaufen wollte. Wir erfreuten uns an unseren Schätzen, den sichtbaren Manifestationen unserer Abenteuer.

In Douala erreichte mich postlagernd eine Nachricht meiner Eltern. Ein gewisser Helmut Dietl habe sich bei ihnen gemeldet, es gehe um eine Rolle in einer neuen Fernsehserie. Meine Neugierde war geweckt. Doch was sollte ich machen? Ich war mitten in Afrika, in einer anderen Welt. Ich konnte nicht einfach mal schnell zu den Probeaufnahmen zurück nach München fliegen. Und ich wollte auch nicht. Die Abenteuerlust war stärker. Also blieb ich. Wieder einmal.

In Togo war Anfang der Siebzigerjahre eine original bayrische Fleischfabrik gegründet worden, die Weißwürste und Leberkäs herstellte. Das war sogar bis nach Kamerun durchgedrungen – und da wollten wir jetzt hin. Um weiter in den Westen Richtung Togo zu gelangen, mussten wir abermals Nigeria durchqueren. Der Krieg zwischen der Republik Biafra, die Ende der Sechziger ihre Unabhängigkeit erklärt hatte, und Nigeria war allerdings nur wenige Jahre her – entsprechend durften keine Waffen in die Region eingeführt werden. Auch keine antiken Steinschlossgewehre, die Horst zwar in weiser Voraussicht versteckte – aber leider nicht gut genug. Bei unserer Einreise nach Nigeria wurden die Waffen entdeckt und wir aufgefordert, die Gewehre zurückzulassen. Doch Horst weigerte sich. Er wollte partout nicht auf seine jüngsten Errungenschaften verzichten. Also sollte der Präfekt des nächstgelegenen Ortes über unsere Weiterfahrt entscheiden.

Ihn zu holen, würde mehrere Tage in Anspruch nehmen. Und damit wir uns in der Zeit nicht heimlich mit den Gewehren über die Grenze davonmachten, wanderten wir in Untersuchungshaft – zwei dunkle, feuchtwarme Zellen, eine für die Jungs, eine für uns Mädels. Wir durften immer wieder raus, um Emir und die beiden Meerkatzen zu füttern. Den Rest unserer Zeit verbrachten wir damit, im dschungelartigen Zellenklima vor uns hin zu brüten. Horst sagte mehrmals: »Lasst mich zurück. Fahrt weiter. Ich kläre das und komme nach.« Aber wir hatten als Gruppe begonnen, und es war klar: Mitgegangen, mitgefangen. Und so warteten wir.

Schließlich kam der Präfekt, ein echter Pragmatiker: »Bis Lagos sind es mindestens sieben Sperren. Versucht euer Glück. Ihr kommt sowieso nicht durch.« Doch diesmal versteckte Horst die Gewehre besser, und wir kamen durch.

Unterwegs machten wir einmal mehr Rast in einem der vielen Straßenbau-Camps auf dem Weg und freuten uns, nach dem stickig-feuchten Gefängnis gründlich duschen zu können. Dort lernten wir auch einen Arbeiter, einen passionierten Jäger, kennen, der uns anbot, gemeinsam mit ihm und seinem Scout auf Elefantenjagd zu gehen. Die einzige Bedingung: Wir sollten ihm aufs Wort gehorchen: »Wenn ich sage: ›Stillgestanden‹, steht ihr still. Wenn ich sage: ›Lauft‹, dann lauft ihr.«

Am nächsten Tag brachen wir gemeinsam auf. Zuerst mussten wir die Elefanten finden. Das war durchaus keine Kleinigkeit, denn um uns herum wogte übermannshohes Gras, das uns die Sicht verstellte. Doch die wagenradgroßen Elefantenhaufen wiesen uns den Weg. Der Jäger steckte einfach seinen Finger rein – waren sie warm, konnte man sicher sein, dass Elefanten in der Nähe waren. Und schon bald sahen wir die mächtigen Rücken, die sich wie graue Inseln aus dem wogenden Grasmeer erhoben. Wir nahmen einander auf die Schultern, um sie besser sehen zu können. Doch plötzlich drehten sich die Dickhäuter, die uns bisher nur die Hinterteile zugewandt hatten, schnaubend um. Als sie uns erblickten, begannen sie zu trompeten, Staub wirbelte auf und sie stampften bedrohlich schnell auf uns zu. »Stehen bleiben«, rief der Scout – Worte, die zugleich an die Elefanten und an uns gerichtet waren. Er hatte uns erklärt, dass Elefanten auf Flucht mit Angriff reagieren. Wir hätten es also wissen müssen. Aber die Angst war größer. Als diese grauen Giganten laut trötend auf uns zustampften, gab es für uns nur eines: Nichts wie weg! Wir rannten einfach los. Der Jäger schrie hinter uns her, doch in unserer Todesangst liefen wir einfach weiter. Mein Herz pumpte wie noch nie zuvor. Ich war überzeugt, wir würden aus diesem Meer von Gras nicht lebend herauskommen.

Als wir erleichtert zurück am Wagen den Jäger und seinen Scout trafen, bekamen wir den Anschiss unseres Lebens. Es war den beiden Männern gelungen, die Herde zu stoppen, doch durch unsere Reaktion hatten wir auch sie in Lebensgefahr gebracht. Wir mussten unsere Sachen packen und das Camp sofort verlassen.

Irgendwo auf dem Weg zwischen Lagos und Togo ging schließlich der gelbe Bus kaputt. Unsere Laune trübte das nicht. Dafür, dass wir ihn in der Sahara schon fast aufgegeben hatten, hatte er mit unserer improvisierten Ölauffangwanne noch relativ lange durchgehalten. Wir schlachteten den Wagen aus, verkauften die noch brauchbaren Teile auf dem Markt und fuhren weiter gen Westen, bis wir schließlich Lomé erreichten, an der Küste Togos am Atlantik gelegen. Und obwohl ein Badeurlaub so gar nicht das Ziel unserer Reise gewesen war, stürzten wir uns in die Fluten, planschten übermütig wie die Kinder und ließen uns am Ufer von der Sonne trocknen. Es war wie im Paradies. Danach suchten wir den bayrischen Metzger auf und stürzten uns auf Weißwürste und Leberkäs – ein Gefühl von Heimat.

Weil wir nun mit nur noch einem Bus unterwegs waren, schliefen wir fortan neben dem Auto unter freiem Himmel. Und offenbar schliefen wir tief und fest, denn keiner von uns bekam mit, wie unser Bus eines Nachts komplett ausgeräumt wurde. Als wir am Morgen erwachten, standen Fenster und Türen offen und es fehlten nicht nur Kochsachen, Kleidung und die Dinge des alltäglichen Bedarfs – auch das Handschuhfach war leer.

Nun waren wir doch erleichtert, dass es uns nicht ganz ans Ende der Welt verschlagen hatte. Denn in Lomé gab es eine deutsche Botschaft, die uns sofort mit Rat und Tat zur Seite stand. Zur Anzeige bringen brauchten wir den Diebstahl nicht – so etwas war in der Gegend an der Tagesordnung und würde sowieso nicht weiter verfolgt werden. Allerdings ermöglichte die Botschaft uns Telefonate mit unseren Angehörigen in Deutschland. Und nachdem sich die Aufregung meiner Eltern über die Umstände, unter denen ich mich bei ihnen meldete, gelegt hatte, erzählten sie, Helmut Dietl habe sich noch mehrmals gemeldet, ob ich nicht doch nach Hause kommen wolle.

Ich überlegte. Kurz stand im Raum, Geld aus Deutschland überweisen zu lassen und weiterzufahren nach Ghana, zum eigentlichen Ziel unserer Reise. Doch irgendwie hatten wir das Gefühl, hier in Lomé einen natürlichen Schlusspunkt erreicht zu haben. Und so beschlossen wir: Ich sollte so schnell wie möglich allein zurück nach Deutschland zurückfliegen. Meine Freunde wollten noch den Bus verkaufen, sich um den Versand unserer reichen Schätze kümmern und dann nachkommen.

Am 17. März 1973 kam ich am Münchner Flughafen an und fand mich in einer Welt wieder, die mir fremd geworden war. Dieser Überfluss, dieser Konsum, dieser Lärm. Als mich ein Freund am nächsten Tag, meinem 21. Geburtstag, zur Feier des Tages ins Big Apple ausführte, fühlte ich mich auf einmal völlig fremd, wie gestrandet auf einer Insel, wo ich die Sprache nicht mehr verstand. Die Musik, die Disco, all das sagte mir gar nichts mehr. In meinem Kopf war immer nur ein Gedanke in Endlosschleife: »Ich muss hier wieder weg.«

Diese Fremdheit legte sich jedoch bald – schließlich holten mich die Gespräche mit Helmut Dietl über die Rolle der Susi, die ich in seiner Serie *Münchner Geschichten* spielen sollte, schnell zurück ins Hier und Jetzt.

Mir blieb eine Gewissheit: Genauso sicher, wie ich diese Reise nicht würde wiederholen können – weil ich mich geändert hatte, weil die lieb gewonnenen Orte sich bis zu meiner Rückkehr würden geändert haben – genauso sicher war ich, dass ich wieder reisen würde, abseits der ausgetretenen Pfade, der touristisch erschlossenen Gebiete. Um jene Menschen besser kennenzulernen, mit denen wir uns diesen Planeten teilen. Und viele Jahre später, um ihnen zu helfen.

»Die heult schon richtig!«

Münchner Geschichten *und mein Bruder Karl*

In Afrika hatte ich die ultimative Freiheit gekostet, die ich nun zurück in Deutschland unter keinen Umständen wieder aufgeben wollte. Anstatt also wieder bei meinen Eltern einzuziehen, beschloss ich, mir gemeinsam mit Carla in Schwabing eine Wohnung zu nehmen – ganz im Norden, da war es billiger.

Die großen Fotoabzüge unserer Afrikareise, die wir an jede Wand hängten, waren schwarz-weiß. Alles andere in dieser Wohnung, in der wir zum ersten Mal alles selbst bestimmen konnten, war bunt. Mein Zimmer senfgelb, die Küche grünblau und im Badezimmer hatten wir die scheußlichen Fliesen mit einer Margeritenwiesentapete überklebt. Wir kauften uns alte Möbel, englische, finnische, aber auch rustikale Bauernmöbel, die wir mit allerhand ausrangiertem Geschirr aus dem Keller meiner Eltern bestückten. Ein alter Kinderwagen war unsere Minibar. Gemeinsam mit den kleinen Holzstühlen aus Afrika und einem Sofa aus schwarzem Velours ergaben diese Möbel ein kunterbuntes, wildes Sammelsurium, in dem wir uns gleich zu Hause und unglaublich erwachsen fühlten.

Und es gab noch etwas, was mein Glück vollständig

machte: mein erstes eigenes Auto, das ich mir schon vor der Reise nach Afrika, gleich nach meiner bestandenen Führerscheinprüfung zugelegt hatte.

Ich war Fan englischer Autos, besonders der »Morgan« hatte es mir angetan –, allerdings fehlte mir das Geld, um mir mein Traumauto anzuschaffen. Aber es gab ein Modell, das aussah wie ein Miniatur-Morgan mit Ersatzreifen am Heck, das für mich bezahlbar war: ein Fiat Siata 850 in *british racing green*! Ein wundervolles Auto, das für mich zum Inbegriff der Freiheit wurde. Wollte ich irgendwohin, sprang ich einfach in meinen Wagen und machte mich auf den Weg. Meine Locken flatterten im Wind, denn der Fiat hatte nur ein Faltdach aus Stoff, das man bei schlechtem Wetter nach vorne ziehen konnte. Die Seitenscheiben aus Plexiglas mussten dafür extra in die Türen gesteckt werden.

Wind und Regen hielt das nur bedingt ab, weshalb ich mir für den Winter schon bald einen Zweitwagen zulegte: einen Mini Cooper, ebenfalls in Grün, mit dem ich fortan meine Oma Fanny zum Kartenspiel oder ins Café Alte Börse kutschierte. Für Autos hatte die Oma nämlich etwas übrig – immerhin war sie die vierte Frau gewesen, die in München den Führerschein gemacht hatte. Also ließ sie sich mit Begeisterung in den Sitz fallen und rief: »Wie schön, in deinem Mini-Coupé!«

Das Allererste jedoch, was ich machte, nachdem ich zurück in München war: Ich traf mich mit Helmut Dietl. Der war zu diesem Zeitpunkt noch ein völlig Unbekannter in der Filmbranche. Er hatte zwar bereits in unterschiedlichen Funktionen beim Fernsehen und am Theater gearbeitet, nun aber sollte er die Regie für die neunteilige BR-Serie *Münchner Geschichten* übernehmen, für die er auch die Drehbücher geschrieben hatte.

Günther Maria Halmer war bereits für die Rolle des Vorstadtstrizzis »Tscharli« besetzt, und er war es auch, der Helmut Dietl auf mich aufmerksam gemacht hatte. Er hatte mich in einem Fernsehfilm gesehen, in dem ich gemeinsam mit seinem Freund Felix von Manteuffel gespielt hatte, und sagte zu Helmut: »Schau dir die doch mal an!«

Ich weiß nicht, wo ich Helmut Dietl zum ersten Mal traf. In einem Café? In einem Biergarten? Vielleicht am Chinesischen Turm im Englischen Garten? Doch ich weiß noch, wie er sofort begann, mich mit seinen Fragen zu löchern. Er fragte mich nicht etwa nach meiner Ausbildung, mit welchen Regisseuren ich gearbeitet, welche Erfahrungen ich vorzuweisen hätte, sondern er fragte mich nach ganz persönlichen Dingen: Wer mein Freund war. Welche Musik ich hörte. Wie mein Zimmer aussah. Wer meine Idole waren. Ich war überrascht, doch ich antwortete bereitwillig. Ich erzählte von meiner Familie, dass ich gerade meinen Freund verlassen hatte, erzählte von den Subjects und all dem, was ich in Afrika erlebt hatte.

Von Helmut Dietl habe ich gelernt, Menschen, die man wirklich kennenlernen will, nicht nur auf Zeugnisse zu reduzieren, oder mich auf Aussagen anderer zu verlassen, sondern mir ein eigenes, ganz persönliches Bild von ihnen zu machen. Denn genau das wollte Dietl. Doch er wollte noch mehr, er wollte Teile meiner Persönlichkeit in die Rolle einfließen lassen. Wie auch vieles aus seinem eigenen Leben in die Drehbücher eingeflossen war. Wie »Tscharli«, so hatte zum Beispiel auch Dietl lange Zeit bei seiner Großmutter gelebt.

Wir trafen uns noch mehrere Male, und schließlich lud er mich kurz vor Drehbeginn in die »Kulisse« ein, einen Künstlertreff bei den Münchner Kammerspielen. Neben Günther Maria Halmer sollte ich auch Therese Giehse, die berühmte Brecht- und Dürrenmatt-Interpretin, kennenlernen, die in der Serie Tscharlis Großmutter spielen würde. Dietl wollte sehen, ob wir zusammenpassten, ob die Chemie zwischen uns stimmte.

Giehse wohnte damals in der Wurzerstraße, die »Kulisse« war ihr Stammcafé –, und im Gegensatz zu den Dreharbeiten von *Onkel Toms Hütte*, wo ich O. W. Fischer völlig unbedarft begegnet bin, wusste ich diesmal, dass ich mit Therese Giehse gleich einer der ganz Großen gegenüberstehen sollte. Wie überrascht war ich, als sie auf mich zukam und mich in ihrer knappen, trockenen Art und mit rollendem »R« als Erste begrüßte: »Grrrüß Gott, Frau May!« Therese Giehse kannte meinen Namen! Ich war beschämt, dass sie mir mit der Begrüßung zuvorgekommen war, und antwortete – geschmeichelt und kleinlaut zugleich –: »Grüß Gott, Frau Giehse!«

Das Treffen war ein voller Erfolg, wir harmonierten perfekt und am Ende schoss Therese Giehse einen jener trockenen Sprüche aus der Hüfte, in deren Genuss ich in den nächsten Monaten noch häufiger kommen sollte. Sie hatte mich eine Weile beobachtet, da sagte sie aus dem Nichts: »Sie sehen ja aus wie die Lola Montez!« Mehr als ein überraschtes »Wieso?« brachte ich nicht heraus. »Na, haben Sie noch nie in den Spiegel geschaut?« Und natürlich schaute ich zu Hause sofort in den Spiegel, und vor allem suchte ich nach Bildern von Lola Montez, der Geliebten von König Ludwig I. Zwar konnte ich eigentlich nur meine Locken wiedererkennen, doch ich freute mich ungemein, dass sich die große Giehse Gedanken über mein Aussehen gemacht hatte.

Und auch weiterhin blieb die berühmte Schauspielerin ein unglaubliches Faszinosum für mich. Am Drehort war sie still, geradezu unauffällig, wenn sie nicht einen ihrer markanten Sätze losließ, die einem tagelang zu denken gaben. Und mit der Zeit wurde Therese Giehse – obwohl wir immer beim Sie blieben – für mich zu einer Person, die nachhaltig meine Grundsätze als Mensch und Schauspielerin prägte.

Mich faszinierte ihre unglaubliche Bescheidenheit, die sich von all dem unterschied, was ich bisher von anderen vergleichbaren Schauspielgrößen erlebt hatte und auch in späteren Jahren noch erleben durfte. Natürlich wurde sie besonders hofiert. Und wenn es am Set Verzögerungen gab, hieß es sogleich: »Entschuldigung, Frau Giehse, dass Sie warten müssen!« Doch sie ließ sich einfach auf einem Hocker nieder, sagte: »Ist schon gut. Ich bin ja da«, und wartete mit einer stoischen Ruhe.

Gleichzeitig war Giehse eine unglaubliche Perfektionistin. Trotz ihres Alters beherrschte sie ihre Szenen wie kein anderer. Allerdings hatte sie darauf bestanden: »Nie mehr als ein Satz am Stück.« Daran versuchte sich Dietl auch zu halten. Doch in der Folge *Der lange Weg nach Sacramento* erhält die Oma einen Anruf von Tscharli und soll dabei mehrere Sätze hintereinander sprechen, worauf sich Giehse beim Dreh prompt verhaspelte – das einzige Mal, dass ich das erlebt habe. Wütend über sich und ihren Patzer schimpfte sie mit Dietl: »Ich hab doch gsagt, ich will nur einen Satz.« Als sie schließlich noch immer vor sich hin grummelnd zurück zu uns in die Maske kam, knurrte sie nur: »Der Nächste bitte!« Ich lachte: »Das hört sich ja an wie beim Zahnarzt!« »Ja«, gab sie mürrisch zurück, »manchmal is auch wie beim Zahnarzt.«

Auch bestärkte mich Therese Giehse in der Gewissheit, dass ich mit der Art und Weise, wie ich spielte, wie ich mich vor der Kamera gab, auf dem richtigen Weg war. Denn noch immer war ich verunsichert, wegen meiner Nase, meines Lachens, meines Weinens. War das richtig so? War ich »echt« genug? In derselben Folge sollte ich nämlich vor Sorge um Tscharli im Gespräch mit der Oma bittere Tränen vergießen. Der Zimmerherr sollte mein Weinen durch die Tür hören und verwundert lauschen. Also weinte ich. Für Dietl offenbar nicht laut genug: »Du sollst heulen. Ich höre nichts!« Ich weinte wieder. »Besser?« »Nein! Wennst nicht weißt, wiest heulen sollst, dann fragst die Frau Giehse.« »Die heult schon richtig!«, antwortete die Grande Dame bestimmt. Helmut Dietl musste sich ein Grinsen verkneifen und hatte an meinem Weinen plötzlich nichts mehr zu beanstanden.

So höflich, so hilfsbereit und bescheiden Therese Giehse trotz ihrer trockenen Art war, wenn es sein musste, konnte sie durchaus Klartext reden. Für zwei Folgen sollte Herbert Vesely die Regie übernehmen. Also warteten wir am ersten Drehtag auf das »Okay« des Regisseurs für Kostüm und Maske, so, wie wir es vom perfektionistischen Dietl gewohnt waren, bevor wir uns auf den Weg zum Drehen machten. Doch Vesely kam und kam nicht. Endlich, nach langem Warten bequemte er sich doch zu uns in die Garderobe und zeterte: »Wo bleibt ihr denn? Ich will die Kiste endlich abschießen!« Trocken und bestimmt entgegnete ihm Therese Giehse: »Passen S' auf, dass *Sie* nicht abgeschossen werden!«, legte ihren Hut und ihre Handtasche auf den Tisch und sagte: »Ich mach nicht mehr mit!« Und sie machte nicht mehr mit. Die Folge wurde umgeschrieben und die Oma war in dieser Episode nicht zu sehen.

Dass Vesely für Dietl die Regie übernahm, lag daran, dass der noch weiter an den Drehbüchern feilen musste. Das war für ihn ein langwieriger und mühsamer Prozess. Bereits seit Jahren arbeitete er daran, hatte unglaublich viel Zeit, Energie und Leidenschaft in die Bücher gesteckt – was diese auch so besonders machten. In den bisherigen Serien war die bayrische Jugend eher schuhplattelnd dahergekommen – wenn sie denn überhaupt aufgetaucht war. Im *Königlich Bayrischen Amtsgericht* oder dem *Komödienstadel* kamen Jugendliche allenfalls vor, wenn es um irgendwelche Gspusis ging. Helmut Dietl jedoch, zu diesem Zeitpunkt selbst nicht einmal dreißig, war ein großer Menschenbeobachter. Er analysierte die Jugend genau, um ihren Geist einzufangen – ihre Lebenslust, ihre Gewitztheit und Raffinesse, ihren absoluten Willen, sich das Leben schön zu machen, aber auch die Ablehnung gegenüber dem Alten, dem Verkrusteten, dem Überlebten. Hinzu kam sein Hang zur Melancholie und seine große Liebe zum Bayrischen. All das hielt Dietl in Dialogen fest, die ikonisch waren für diese Zeit, und die diese Serie zuerst in Bayern und dann deutschlandweit zu einem Riesenerfolg machten. Die Konflikte zwischen Jung und Alt, die Liebe zur Großmutter, die Beziehung zwischen Tscharli und Susi – diese Poesie, dieser Humor… Es sind Texte, die sich in mein Gehirn eingebrannt haben, und die ich fast fünfzig Jahre später noch nachsprechen kann.

Susi: Was denkst'n?
Tscharli: Nix.
Susi: Irgendwas werst doch denkn.

Tscharli: I denk wie des is mim Glück. Wie des ois wirklich is.
Susi: A Glück gibt's. Und des kann'ma ned zwingen.
Tscharli: Aba a Wahrscheinlichkeit gibt's aa. Und de kannma berechnen.
Susi: Aba de Wahrscheinlichkeit is aa bloß a Glücksach.
Tscharli *(lacht):* A Logik hast du wira Frau.
Susi: I bin ja aa a Frau.[1]

Auch mein Physiotherapeut kennt die Texte der *Münchner Geschichten* in- und auswendig, und so geht es vielen Menschen bis heute. »Logisch!« oder »Ois Chicago!«, diese Worte haben das Denken und Fühlen einer ganzen Generation geprägt.

Mitten in den Dreharbeiten, im Frühjahr 1974, erreichte mich ein Anruf meiner Mutter. Mein Bruder Karl, der inzwischen so große Fortschritte auf dem Weg zur vollständigen Genesung gemacht hatte, dass er sogar den Führerschein hatte machen dürfen, war mit dem Auto gegen einen Baum gefahren und lag nun schwer verletzt im Schwabinger Krankenhaus. Doch er hatte Glück gehabt. Er war bei Bewusstsein, und wir durften ihn besuchen. Bei seinem Anblick kamen mir fast die Tränen. Sein Bein war im Gips, er hatte sich mehrere Rippen gebrochen und einige Zähne ausgeschlagen, und auch sonst schien der Unfall ihm sehr zuzusetzen. Statt der Erleichterung, überlebt zu haben, waren da eine Abwesenheit und Niedergeschlagenheit, die neu und doch gleichzeitig altbekannt waren, die ich jedoch auf den Schock und auf die Schmerzen schob. Ich hatte Mitleid

1 Aus: »Glücksach« in: *Münchner Geschichten*, Bayerischer Rundfunk 1974, Regie: Helmut Dietl, Buch: Helmut Dietl, Anita Niemeyer. ©BR 1974; in Lizenz der BRmedia Service GmbH

mit meinem Bruder, der vom Schicksal offenbar immer die volle Breitseite abbekam.

Doch die Verletzungen heilten gut, die Zähne wurden wieder gerichtet und mein Bruder war – so hatte es zumindest den Anschein – bald wieder auf dem Dampfer. Nur vom Auto ließ er fortan die Finger. Stattdessen fuhr er jetzt wieder mit dem Fahrrad zur Arbeit. Ich freute mich, als es ihm wieder besser ging. Doch noch mehr freute ich mich über etwas anderes: Ich war wieder verliebt – und zwar in jenen jungen Mann, der mich nach meiner Rückkehr aus Afrika ins Big Apple ausgeführt hatte: meinen zukünftigen Ehemann Jack Schiffer.

Ich hatte ihn schon vor meiner Abreise nach Afrika kennengelernt, auf dem Geburtstag eines Freundes, und war nach den letzten Vorstellungen von *Wahn oder Der Teufel in Boston* einige Male mit ihm aus gewesen. Rein freundschaftlich natürlich, denn ich war zu dieser Zeit ja noch mit Paul zusammen – und außerdem wollte ich doch fort, nach Afrika. Von meinen Eltern hatte Jack – oder Jacky, wie ich ihn später nannte – die postlagernde Adresse in Douala erfahren und mir liebevolle Zeilen hinterhergeschickt. Und er war es auch, der mich, als ich schließlich im März 1973 nach Deutschland zurückkehrte, in der Ankunftshalle des Münchner Flughafens in Empfang nahm. Meine Eltern hatten ihm gesagt, mit welchem Flieger ich landen würde. Meine Freude war so groß wie meine Überraschung.

Wir trafen uns immer häufiger. Mir gefiel Jack mit seinem trockenen, geradezu englischen Humor und seiner ruhigen besonnenen Art. Ein Mann, der zwar Porsche fuhr, aber nie den Motor aufheulen und die Reifen quietschen ließ, sodass ich mir dachte: »Der muss nicht angeben, der muss nicht zeigen, dass er aufdrehen kann.«

Es ging seinen Gang. Die erste Liebeserklärung. Der erste Kuss. Wir fuhren gemeinsam nach Südfrankreich, fingen an zu reiten, Tennis zu spielen, lernten gemeinsam kochen und manchmal holte Jack mich vom Set ab, was Dietl und Halmer augenzwinkernd kommentierten: »Aha, die süße Susi ist verliebt!«

Ja, die süße Susi war schwer verliebt.

Doch trotz der guten Stimmung, die am Set herrschte, war der Dreh durchaus kein Zuckerschlecken. Jedes Komma, jeder Punkt, jede Pause, war für Dietl von Bedeutung und musste mit allergrößter Präzision umgesetzt werden. Und wenn das mal nicht auf Anhieb gelang, wurde die Szene so lange wiederholt, bis er endlich zufrieden war. Ich erinnere mich noch an einen zerknirschten Helmut Fischer, der später unter Dietl seine Paraderolle, den ewigen Stenz im *Monaco Franze,* spielen sollte, der klagte: »Ich tu mir da so schwer. Jetzt hab ich die Pause vergessen und wegen der depperten Pause muss ich jetzt alles noch mal drehen.«

Ich selbst erlebte mein persönliches Waterloo bei *Kir Royal* in der Rolle der Königin von Mandalia, alias Katharina oder »die Kathi vom Hasenbergl«, als ich die vermeintlich einfachen Worte »Mei, der James« sprechen sollte. Mal sollte ich lauter, mal leiser sein, dann verzückt, aber bitte nicht zu verzückt. Es war ein langer Kampf um drei Worte!

Doch es war noch bei den Dreharbeiten von *Münchner Geschichten*, immer noch im Frühjahr 1974, als das Telefon erneut klingelte. Und wieder bedeutete es nichts Gutes. Mein Bruder Karl war verschwunden. Er war wie üblich mit dem Fahrrad in die Stadtgärtnerei zur Arbeit gefahren, doch aus der Mittagspause nicht zurückgekommen. Das Rad war noch da, doch mein Bruder war weg. Unauffindbar. Ich machte mir Sorgen, doch ich war nicht verzweifelt wie meine Mutter, die mit dem Schlimmsten rechnete. Schließlich war mein Bruder erwachsen. Da gestand mir meine Mutter: »Er hat's ja schon einmal versucht, mit dem Auto.« Jetzt erst verstand ich. Offenbar war mein Bruder nach dem schweren Autounfall im Krankenhaus mit den Worten aufgewacht: »Wieso hat's nicht geklappt?« Erzählt hatte mir meine Mutter davon nichts. Einmal mehr hatte sie mich vor dem Schrecklichen schützen wollen. Hätte ich es wissen wollen? Ich weiß es nicht. Was hätte ich getan? Hätten wir uns an die Ärzte wenden sollen? Wir hatten alle gesehen, wie es ihm in der psychiatrischen Klinik ergangen war. Hätten wir es gewagt, ihn dorthin zurückzuschicken?

Die Gegend um Karls Arbeitsstelle wurde abgesucht. Suchmeldungen wurden herausgegeben. Karls Pass fand sich daheim in der Wohnung, in der er zusammen mit Doris lebte. Geld war nicht von seinem Konto abgehoben worden. Damit zerschlug sich unsere letzte Hoffnung, dass Karl einfach nur weggefahren war, Abstand gesucht hatte. Doch ihn selbst fanden wir nicht. Das Schlimmste daran war diese schreckliche Ungewissheit. Lag er vielleicht irgendwo? Verletzt? Brauchte er unsere Hilfe? Oder war tatsächlich das geschehen, was ich nach dem Gespräch mit meiner Mutter und mit jedem Tag, der ohne ein Lebenszeichen von ihm verging, immer mehr zu fürchten begann? Ich fürchtete mich vor dem Klingeln des Telefons. Ich fürchtete mich vor den Nachrichten, die es mir bringen würde.

Und trotzdem ging das Leben weiter. Die Dreharbeiten zu den *Münchner Geschichten* endeten, und die Serie wurde ein voller Erfolg. In jener Zeit begegnete ich Therese Giehse in der Kulisse wieder. Sie lächelte zu mir rüber. Ich trat zu ihr und fragte: »Na, Frau Giehse, was sagen Sie zu dem Erfolg der *Münchner Geschichten*?« Und sie antwortete – einmal mehr in ihrer großen Bescheidenheit: »Das frrreut mich für den Halmer und für Sie!«

Und auch ich freute mich, denn ich wusste endlich: Ich wollte mich komplett auf die Schauspielerei einlassen. Die Arbeit im Kindergarten, die ich lange Zeit ernsthaft in Erwägung gezogen hatte, war für mich immer weniger eine wirkliche Option. Natürlich, mir gefiel die Arbeit mit den Kindern, doch gleichzeitig hatte ich angesichts desinteressierter Eltern manchmal das Gefühl, dass vieles von dem, was ich in den Kindern mühsam zum Wachsen gebracht hatte, zu Hause gedankenlos niedergetrampelt wurde. Ein kleines Mädchen, das durch eine Erkrankung zurückgeblieben war, und für das ich mir besonders viel Zeit nahm, um es zu fördern und zu unterstützen, zeichnete bei mir im Kindergarten sein erstes Männchen. Als es abgeholt wurde, rannte es der Mutter begeistert entgegen und rief: »Schau mal, Mama, malt hab!« Die Mutter aber antwortete nur: »Jaja, zieh deine Gummistiefel an. Wir müssen heim. Das Essen wird kalt.« Während Eltern heute eher ins andere Extrem ausschlagen, überbehütend sind und wie Helikopter um ihre Kinder kreisen, hatte ich damals das Gefühl, mit meinen Bemühungen gegen eine Wand zu rennen.

Es gab aber auch lustige Erlebnisse im Kindergarten von Tante Hansi. Da ich zu dieser Zeit bereits viel gedreht hatte, wurde eine Mutter darauf aufmerksam, dass sie mich aus Film und Fernsehen kannte, und fragte mich, ob ich ihr ein Autogramm geben würde. Also nahm ich eines Tages ein Foto mit Widmung für sie mit und steckte es ihrem kleinen Jungen in die Brotzeittasche. »Hier ist das Autogramm für deine Mama.« Als sie ihn abholte, lief er ihr stolz und mit dem Foto wedelnd entgegen und rief begeistert: »Schau mal, Mama … Ich hab ein Bild von Tante Traudi, damit kann man ein Auto gewinnen!« Da hatte wohl jemand nicht ganz verstanden, was das Wort »Autogramm« bedeutet. Und plötzlich wollten alle anderen Kinder auch ein Auto gewinnen.

Die Arbeit im Kindergarten blieb weiter mein Sicherheitsnetz, mein doppelter Boden, doch jetzt wollte ich mich erst einmal mit Haut und Haaren der Schauspielerei widmen. Ich wollte weiter an mir arbeiten, wollte richtig Schauspielunterricht nehmen. Und so ging ich ab jetzt regelmäßig zu Anneliese Hofmann de Boer, die mich schon bei meinen ersten Versuchen in Sachen Hochdeutsch begleitet hatte. Von einem Studium an einer staatlichen Schauspielschule hatte man mir abgeraten. Die Schüler wurden dort angeblich nicht für Dreharbeiten vom Unterricht befreit, und ich drehte zu dieser Zeit fleißig. Zum einen, weil es nach *Münchner Geschichten* sehr viele Angebote gab, zum anderen, weil ich Ablenkung suchte. Ich wollte nicht ständig nachdenken, wollte mich nicht fragen, wo mein Bruder war, was mit ihm geschehen war. Sein Verschwinden hing wie eine dunkle Wolke über unser aller Leben, und so verging kein Tag, an dem ich nicht an ihn dachte, mich nicht fragte, wie es ihm ging. Vor allem aber machte ich mir Sorgen um meine Eltern, um meine Mutter, die die Angst um meinen Bruder schier zerfraß.

Und dann war da noch die ständige Selbstanklage: Was haben wir falsch gemacht?

Es war im Dezember 1974, einer der letzten Drehtage von *Die Leute von Feichtenreut* von Hannes Burger im Bayrischen Wald. Wir hatten an jenem Tag eine Beerdigung gedreht. Draußen lag hoch der Schnee. Ich kam zurück ins Hotel und fand eine Notiz vor, ich möchte zu Hause anrufen. Meine Mutter ging ans Telefon: »Sie haben den Karli gefunden.« In einem abgezäunten Grundstück bei Straßlach hatte der Besitzer des Geländes, als er seinen Christbaum schneiden wollte, die Leiche eines Mannes gefunden. Meinen Bruder Karl. In seinem Körper fand sich ein Cocktail aus Alkohol und Medikamenten. Meine Mutter musste ihn identifizieren.

Die Nachricht war ein Schock und gleichzeitig, auf eine seltsame, schwer zu beschreibende Art und Weise, eine Erleichterung. Da war er endlich. Mein Bruder. Die wahnsinnige Anspannung, die uns alle fast ein ganzes Jahr im Griff gehalten hatte, fiel von uns ab, obwohl unsere schlimmsten Befürchtungen Wirklichkeit geworden waren. Unsere Angst löste sich langsam auf in Tränen und in der Hoffnung: »Vielleicht findet er nun endlich, endlich seine Ruhe. Vielleicht hat er nun das, was er so lange gesucht hat.« Nach so vielen Jahren der Unruhe, der Rastlosigkeit.

Meine Eltern, Hans, Gundi, ich – wir alle trafen uns viel in dieser Zeit, sprachen miteinander: »Hast du davon gewusst?« »Hat er dir gegenüber Andeutungen gemacht?« Und natürlich fragten wir uns auch selbst: Was hätte ich sehen müssen? Was hätte ich tun können? Was habe ich falsch gemacht?

Gerade für meine kleine Schwester Gundi war diese

Zeit schwer. Sie erlebte das Leid und den Schmerz meiner Eltern aus nächster Nähe mit, schließlich wohnte sie in dieser Zeit noch zu Hause. Sie bekam jeden Anruf mit, jede neue schreckliche Nachricht und hatte – gerade 14 Jahre alt – viel auszuhalten. Gleichzeitig war sie diejenige von uns, die Karl am wenigsten gekannt hatte. Schon 1970 hatte er Doris geheiratet, davor war er viele Jahre lang in der Kraepelinstraße gewesen, wo Gundi ihn nie hatte besuchen dürfen. Ich weiß nicht, ob es das für sie leichter oder schwerer gemacht hat.

Mir selbst gab Jack in dieser Zeit unglaublich viel Kraft und Halt. Er hatte meinen Bruder kaum gekannt, doch er, selbst Einzelkind, hatte meiner weitverzweigten Familie von Anfang an große Zuneigung entgegengebracht und hielt mich in meinem Schmerz. Am meisten aber half es mir zu drehen, in einer Rolle aufzugehen und auf diese Art und Weise den Verlust hinter mir zu lassen.

In der Realität begann ich immer mehr am Glauben und besonders an der Kirche zu zweifeln. Als Selbstmörder blieb Karl eine christliche Bestattung mit einer Heiligen Messe vorenthalten. Kein Pfarrer begleitete ihn auf seinem letzten Weg. Ein Kaplan, ein Freund von Hans, der mit ihm viel über Fragen des Glaubens diskutiert hatte, hielt eine berührende Rede bei der Urnenbeisetzung. Aber in einer Zeit, in einer Situation, in der wir und besonders meine Eltern Trost suchten, in der die Religion uns hätte auffangen können, ließ die Kirche uns allein. Noch schlimmer: Sie stieß uns regelrecht von sich. Ich war fassungslos und tat einen weiteren Schritt weg von der Kirche.

Natürlich hatte ich schon zuvor vieles kritisiert. Den Zölibat, die Haltung zur Pille – vertreten von Männern, die keinerlei Bezug zum Thema Familienplanung haben. Die Stellung der Frau – die bestenfalls im Kloster Gutes tun, aber nie entscheidende Positionen in der Kirche einnehmen darf. Doch die Tatsache, dass die Kirche meine Eltern am Grab meines Bruders allein gelassen hatte, bestürzte und verstörte mich, ja, machte mich wütend und ließ mich auch grundsätzlich am Glauben zweifeln. Und doch trat ich damals nicht aus der Kirche aus – auch all die kommenden Jahre nicht, als ich so viele Male noch Grund hatte, an ihr zu verzweifeln. Ich wollte meine Eltern nicht vor den Kopf stoßen, denen die Glaubensgemeinschaft immer noch so wichtig war. Und so ging ich bis zum Tod meiner Mutter jedes Jahr an Ostern und Weihnachten in die Kirche. Erst dann trat ich aus der Kirche aus.

Paradoxerweise focht meine Eltern die grausame Haltung der Kirche weit weniger an als mich. Trotz der Erschütterungen, die sie in jener Zeit erfahren mussten, war es ihr tiefer Glaube, der ihnen half, all das Leid durchzustehen und zu ertragen. Meine Eltern leitete die feste Überzeugung: »Wir sind nur Gast auf Erden«, die es ihnen so viel leichter machte zu akzeptieren, dass mein Bruder tot war. Er war ihnen nur vorausgegangen. Sie würden ihn im Himmel wiedersehen. Diese Gewissheit und die innige Verbundenheit zwischen meinen Eltern, ihre positive Lebenszugewandtheit – all das half ihnen, diese Zeit zu überstehen. Und während meine Mutter so schwer zu tragen hatte und in ihren Grundfesten erschüttert war, versuchte sie doch immer wieder uns aufzurichten: »Er hat jetzt seine Ruhe gefunden«, tröstete sie uns und sich selbst.

Es war ein Text des libanesisch-US-amerikanischen Dichters und Philosophen Khalil Gibran, der uns half, dieses Nicht-verstehen-Können, dieses Gehen-lassen-Müssen besser anzunehmen:

Eure Kinder sind nicht eure Kinder.
Sie sind die Söhne und Töchter der Sehnsucht
des Lebens nach sich selbst.
Sie treten durch euch in die Welt, aber nicht aus euch,
Und obgleich sie bei euch sind, gehören sie euch doch
nicht.

Ihr dürft ihnen eure Liebe geben,
aber nicht eure Gedanken,
Denn sie haben ihre eigenen.
Ihrem Körper dürft ihr ein Haus schenken,
aber nicht ihren Seelen,
Denn diese wohnen im Haus des Morgen,
das ihr selbst in euren Träumen nicht zu betreten
vermögt.

Ihr mögt danach streben, wie sie zu sein,
doch versucht nicht, sie euch gleich zu machen,
Denn das Leben schreitet weder zurück
noch verharrt es im Gestern.[2]

Du darfst deinem Kind Liebe geben, aber seinen Weg geht dein Kind allein. Und Karl war seinen Weg gegangen. Für meine Mutter war dieser Gedanke ungemein tröstlich. Er half ihr, Karls Verlust irgendwie zu überstehen.

Meinen ältesten Bruder Hans jedoch ließ der Tod

---

[2] Khalil Gibran, *Der Prophet*; übersetzt von Barbara Röhl. Piper, München 2002

unseres Bruders nicht mehr los. Wie auch mir gaben ihm die Kirche, der Glaube keine richtigen Antworten und keinen Halt mehr. Schon seit Jahren hatte er sich angesichts von Karls Krankheit mit den existenziellen Fragen des Daseins gequält, doch Karls Tod wühlte ihn weiter auf, ließ ihn immer weiter zweifeln, verzweifeln.

Hans begann eine Psychoanalyse, um das, was in ihm vorging, besser zu verstehen. In seinem Notizbuch schrieb er: »Ich habe Augenblicke, da sehe ich kein Licht für ein ganzes zukünftiges Leben.« Und er fragte sich: »Aber genügt es, an die Liebe zu glauben, wenn man nicht an das Leben glaubt?«

Und dann war ich ganz allein …

Hans und Gundi

Hans hatte inzwischen sein Pädagogik-Studium abgeschlossen. Als Referendar kam er an unterschiedlichen Orten in ganz Bayern zum Einsatz. Hin und wieder hatte er eine Freundin, aber nichts, das von Dauer gewesen wäre. Schließlich bekam er eine Stelle in München, als Lehrer taubstummer Kinder. Eine eigene Wohnung in der Stadt hatte Hans nicht, deshalb zog er für kurze Zeit wieder bei unseren Eltern ein, bis er schließlich eine Wohnung in Pasing fand.

In dieser Zeit sahen wir uns, wenn nicht viel, doch regelmäßig, obwohl ich inzwischen mit Jack, der mittlerweile als Anwalt tätig war, in die erste gemeinsame Wohnung gezogen war. Carla und ich hatten unser buntes Nest in Nordschwabing aufgelöst. Auch sie war mit ihrem Freund Johannes zusammengezogen. Regelmäßig fuhr ich nach Laim ins Haus meiner Eltern, wo wir gemeinsam zu Mittag aßen, uns unterhielten, oder einfach die Zeit miteinander verbrachten.

Es war offensichtlich, dass die Psychoanalyse Hans sehr mitnahm. Von der Hitzigkeit, der Energie, mit der er früher mit unserem Vater Grundsatzdiskussionen geführt hatte, war nur noch wenig zu spüren. All die

Jahre hatte er immer wieder andere Gedanken politischer, weltanschaulicher oder philosophischer Art mit in die Familie gebracht. Sie waren Ausgangspunkt für spannende Gespräche, auch Streitgespräche gewesen, weil er anderer Ansicht war als unser Vater. Aber immer hatte Hans für neuen Input gesorgt. Er war für mich sehr inspirierend gewesen, hatte mir gezeigt, dass man das Leben auch mal anders sehen konnte, dass es möglich war, Dinge auch mal infrage zu stellen. Doch jetzt blieben unsere Gespräche an der Oberfläche.

Gundi, die als Einzige noch zu Hause wohnte und langsam aufs Abitur zuging, hatte sich inzwischen als das literarische Talent in unserer Familie erwiesen. Sie schrieb Gedichte, und Hans warf den einen oder anderen Blick auf ihr jüngstes Werk und sprach mit ihr darüber. Doch seine Leidenschaft, seine Impulsivität waren nicht mehr da. Stattdessen war er in sich gekehrt, geradezu apathisch, weggetreten. Meist kam er direkt nach der Psychoanalyse in die Stöberlstraße. Manchmal legte er sich während des Essens erschöpft aufs Sofa. »Die Analyse ist so unfassbar anstrengend«, stöhnte er, dann wieder saß er einfach nur da, sezierte uns mit stechendem Blick, wie ein Seismograf, der alles registriert und analysiert.

Meine Mutter machte sich schreckliche Sorgen. Würde Hans auch in eine Depression verfallen? Sie tat, was ihr richtig vorkam, um dem entgegenzuwirken. »Du denkst zu viel nach«, sagte sie, »das kann doch nicht gut sein!« Und er antwortete: »Das ist die einzige Möglichkeit, um mich besser zu fühlen, um meine Situation zu begreifen.«

Meine Mutter wollte ihn ablenken, überredete ihn zum Skilaufen mit Freunden. Unsere Cousine Steffi ging auf ihr Betreiben regelmäßig mit ihm ins Theater oder ins Konzert. Später erzählte sie mir, wie fasziniert sie von seinen Ideen gewesen war, seinen Wahrnehmungen. Er erzählte, dass er Musik in allen Farben sah, beschrieb ihr, welche Töne für ihn mit welchen Farben verbunden waren, welcher Komponist, welche Art der Musik dafür sorgte, dass es rot oder grün oder blau in ihm aufleuchtete.

Später fand ich heraus, dass seine Musik-Farben-Synästhesie, die Verbindung zweier Sinneswahrnehmungen, eine Gabe ist, die für die damit beschenkten Menschen das Erleben der Musik verstärkt – ähnlich wie es auch Kandinsky beschrieben hat. Und tatsächlich schien mein Bruder jemand zu sein, der viele Dinge in seinem Leben intensiver wahrnahm als andere Menschen. Zu intensiv?

Warum hatte er sein Erleben nicht mit mir geteilt? Lag es am großen Altersunterschied? Wollte er sich seiner kleinen Schwester nicht anvertrauen? Wollte er mich schützen? Für mich war es schwer, auch nur das Alltäglichste aus ihm herauszubekommen. Was möchtest du essen? Was wünschst du dir zum Geburtstag? Hans war schon immer der Ruhige, der Verschlossene von uns vieren gewesen – doch nun hatte es den Anschein, als hätte er einen regelrechten Kokon um sich herum gebaut.

In seinen Aufzeichnungen entdeckte ich einen innerlich zerrissenen Menschen, belastet von Schuldgefühlen, von der Angst, nicht gut genug zu sein – und dass jemand das mitbekommt: »Ich habe Angst, dass man mein Innerstes sieht!« Ein Mensch, der sich immer wieder selbst anklagt, der Angst hat zu versagen: »Es ist zu viel, was auf mir lastet.« Der seinen Weg im Leben sucht und sich dabei immer wieder an der vermeintlichen Perfektion seines Vaters abarbeitet: »Wie kann ich Widerstand geben, ohne jemanden zu verletzen?« Ein Mensch, der immer wieder an Gott zweifelt: »Es ist fragwürdig, wenn ich frohe Kirchenlieder singe, wenn ich doch alles nicht nachvollziehen kann.« Seine Aufzeichnungen sind auch eine Außensicht auf uns, seine Familie. Während Gundi und ich kaum vorkommen, weist er darin die »hilflosen Bemühungen« unserer Mutter zurück: »Dabei weiß sie doch gar nicht, wie es in mir aussieht.« Zumindest ich wusste das tatsächlich nicht. Obwohl ich sah, dass es Hans schlecht ging, war mir doch nicht klar, wie sehr er wirklich litt. Er war doch der Große, der Starke von uns. Er war doch so voller Kraft …

Es waren unzählige Hefte und Notizbücher, Hunderte von Seiten, von vorne bis hinten vollgeschrieben – häufig innerhalb einer einzigen Nacht. Zu Beginn die Schrift noch klein und klar, dann immer wilder, bis am Ende drei Wörter eine ganze Seite füllten. Und immer wieder schrieb er dasselbe, kreiste um die immer gleichen Themen wie ein verletztes Tier. Um Fragen, die ihn nicht losließen, auf die er keine Antwort finden konnte, und die ihn immer weiter in einen Zustand des Wahns hineintrieben.

Sein Freund Günter, der Kaplan, mit dem er viel über Gott und den Glauben diskutiert hatte und der auch die Grabrede für Karl gehalten hatte, sprach am 17. Januar 1977 auch auf Hans' Totenfeier. Er beschrieb ihn auf ungemein treffende Art und Weise als einen kämpfenden, ringenden Menschen, auf der »Suche nach dem Du, dem man sich glaubend hingeben und anvertrauen kann« und fasste sein Streben, sein Ziel einprägsamer zusammen, als ich es heute kann: »Einmal nicht Regent sein müssen, der alles machen und dazu noch perfekt machen soll.«

Hans schrieb in seinen Notizbüchern auch: »Sterben musst du, wenn dein Herz an diesen Qualen zerbrochen ist.« An Weihnachten 1976 hinterließ er ein Geschenk für mich bei meinen Eltern. Eine einfache Spanschachtel mit der Aufschrift: »Hier kannst du alles reinwerfen, was du an Gedanken nicht mehr brauchst.« Vermutlich hätte sich Hans so eine Schachtel für seine schlimmen Gedanken gewünscht.

Er sagte, er wolle mit Freunden auf eine Hütte gehen, wollte so einmal mehr meine Eltern beruhigen. Er war aber die ganze Zeit zu Hause und sprang im Januar 1977 aus dem Dachfenster seines Wohnblocks in Pasing. Er war sofort tot. Meine Mutter wurde abermals geholt, um einen verstorbenen Sohn zu identifizieren.

Mich selbst traf die Nachricht vom Tod meines großen Bruders wie eine Abrissbirne. War ich denn taub und blind gewesen? Kannte ich meinen Bruder denn so schlecht? War ich ihm denn so fern gewesen, dass ich das nicht gemerkt hatte? Hans hatte nie über Suizid gesprochen – genauso wenig wie später übrigens Gundi –, aber hätte ich es, gerade nach den Erlebnissen mit Karl, nicht besser wissen müssen? Ich hatte unglaubliche Schuldgefühle. Warum hatte ich nicht erkannt, wie es in ihm aussah? Warum hatte ich ihn nicht öfter getroffen und etwas mit ihm unternommen? Und die wichtigste Frage: Warum hatte ich ihn nicht gefragt, wie es ihm nach Karls Tod ging? Wir hatten nie darüber gesprochen, einander nie gefragt: »Wie geht es dir damit?« Jeder hatte versucht, selbst damit klarzukommen. Hätte ein anderer Umgang damit meinen Bruder vielleicht retten können? Hätte ich seinen Tod in irgendeiner Weise abwenden können?

Meine Eltern waren nicht fähig, Hans' Wohnung aufzulösen. Also übernahm ich das. Ich wollte so von meinem Bruder Abschied nehmen. Auf seinem Schreibtisch fand ich ein Bild, das die Kinder aus seiner Klasse gemalt hatten. Ein Bild voller Kreuze. In seiner Schreibmaschine war ein Blatt Papier eingespannt, auf dem nur ein Satz stand: »Jetzt weiß ich, dass es einen Gott gibt.« War mein Bruder, der meinem Vater immer wieder entgegengehalten hatte, es sei naiv, an Gott zu glauben, im festen Vertrauen darauf aus dem Leben gegangen, dass es weitergehen würde? Es war und ist mir ein Rätsel.

Die Regale, die Tische, der Boden, alles war voller Bücher. Alexander Mitscherlich, Lao-Tse, Philosophie, Psychologie, Soziologie. Die Bücher waren gründlich durchgearbeitet, die Ränder eng beschrieben mit seinen Gedanken und Überlegungen. Sie waren die Zeugen seiner mäandernden Suche nach Antworten, nach dem Sinn. Ich fand auch jene Metallkisten mit seinen Aufzeichnungen, die ich mit in meine Wohnung nahm und erst jetzt, nach dem Tod meiner Mutter, nach über 40 Jahren geöffnet habe.

»Ich will den Platz sehen, wo er gestorben ist«, drängte Gundi inzwischen immer mehr. Sie wollte mit in Hans' Wohnung, wollte mir helfen auszuräumen. Einen Großteil seiner Sachen hatte ich mit Freunden bereits weggetragen, die unmittelbaren Zeugen seiner wilden Gedankenwelt waren verschwunden. So gab ich schließlich nach und nahm Gundi mit in die Wohnung. Plötzlich war sie weg. Ich fand sie im obersten Stock des Hauses, am Dachfenster stehend – sie blickte hinunter in die Tiefe. Ich nahm sie bei der Hand, wieder mit nach unten.

»Bitte, lass uns noch einmal hochgehen«, drängte sie unaufhörlich. Wir gingen wieder hoch. Gemeinsam starrten wir aus dem Fenster, aus dem sich unser Bruder gestürzt hatte.

Wieder war Jack eine große Hilfe für mich. Er war da, unterstützte, half, tröstete, soweit das möglich war. Und noch etwas gab mir Kraft: die Arbeit. Meine Agentin half mir in jener Zeit sehr und sorgte dafür, dass nichts von den Ereignissen an die Öffentlichkeit drang. Ich wollte nicht, dass die Presse »alles ans Licht zieht und verzerrt«. Sie hängte sich ans Telefon und glücklicherweise bekam ich ganz schnell eine kleine Rolle in einem Mario-Adorf-Special in Berlin. Drei Drehtage, in denen ich nicht an meinen Bruder denken musste, an die Tränen meiner armen Mutter.

Ich stürzte mich weiter in die Arbeit, übernahm neben Hansjörg Felmy die Hauptrolle in dem Theaterstück *Meine Frau erfährt kein Wort* – das Mitte der Fünfziger mit Marylin Monroe unter dem Titel *Das verflixte siebte Jahr* verfilmt worden war –, und tourte damit durch ganz Deutschland. Ein Vierteljahr. 110 Vorstellungen. Doch diesmal half die Arbeit nicht. Ich fühlte mich einsam. Hilflos. Ich vermisste Jack. Der enge Raum, das ständige Aufeinanderhocken mit den Kollegen schnürte mir die Luft ab. In Solingen-Ohligs erreichte mich postlagernd der Brief eines Schauspielers, mit dem ich zuvor schon einige Male auf der Bühne gestanden und den ein oder anderen Joint geraucht hatte. Der Brief enthielt ein Geschenk der besonderen Art: einen kleinen Würfel, einen Zentimeter auf einen Zentimeter. Hasch. Also sagte ich zu den anderen: »Heute Abend ziehen wir einen durch.« Ich bestellte ein paar Flaschen Rotwein und lud alle zu mir ins

Hotelzimmer ein. Ich hatte noch nie selbst einen Joint gebaut, doch ich fühlte mich unglaublich cool, als ich den Brocken zerbröselte und die erste Tüte meines Lebens bastelte. Wir ließen sie kreisen. Die meisten lehnten ab oder zogen nur kurz daran. Ich trank zu viel Wein und rauchte das Ding fast alleine.

Plötzlich wurde mir von einem Moment auf den anderen übel. Ich stand auf, wankte ins Badezimmer und brach zusammen. Das Nächste, woran ich mich erinnere, waren die Gesichter meiner Kollegen, die sich über mich beugten und versuchten, mich wieder wach zu kriegen. Mir war schlecht, und ich bekam keine Luft. Jemand öffnete das Fenster. Doch als ich das schwarze Loch sah, wurde ich panisch. Ich hatte Angst, dass ich plötzlich hindurchspringen, mich wie mein Bruder ins Nichts stürzen könnte. Ich hatte Angst vor dem unvergessenen Tag. »Mach das Fenster zu!«, rief ich und klagte dann doch wieder: »Ich kann nicht atmen!« Und so ging es die ganze Nacht: Fenster auf, Fenster zu, Fenster auf, Fenster zu. Ich habe nie mehr im Leben einen Joint angefasst.

Zurück in München wollte ich den Tod meines Bruders nicht mehr verdrängen. Ich wollte mich mit dem Tod, mit dem Verlust des Lebens beschäftigen. Auf Tournee hatte ich *Briefe an ein nie geborenes Kind* von Oriana Fallaci gelesen, den Monolog einer Schwangeren mit ihrem ungeborenen Kind. Der Text faszinierte mich. Ich wollte diese Rolle unbedingt spielen und erkundigte mich nach den Filmrechten, die jedoch unbezahlbar waren. Also beschlossen meine Freundin Carla und ich, selbst ein Drehbuch zu schreiben. Der Titel: *Punkt, Punkt, Komma, Strich.* Eine junge Schauspielerin verliebt sich in einen Kollegen und wird von ihm schwanger. Als die Liebe schnell zerbricht, beginnt sie sich zu fragen: Will ich dieses Kind überhaupt? Anders als bei Fallaci verliert sie das Kind nicht, sondern treibt es ab. Sie beendet dieses Leben ganz bewusst und leidet fortan unter Albträumen, in denen sie ihr Kind immer und immer wieder auf einer Müllkippe sucht, bis sie schließlich erneut schwanger wird – Träume über Leben und Sterben, die auch mich nach dem Tod meiner Brüder nie losgelassen haben.

Die Redaktion des Bayerischen Rundfunks war begeistert, das Thema war am Puls der Zeit. Nur eines sollten wir ändern: Die junge Schauspielerin entscheidet sich für ihr Kind und treibt nicht ab. Aber genau darum ging es uns, um die Selbstbestimmung einer Frau über ihren Körper und ihr Leben, die Mutterschaft als bewusste Entscheidung und keine moralische Pflicht, wie es auch Oriana Fallaci formuliert hatte. Wir beschlossen, das Drehbuch nicht umzuschreiben, und legten das Projekt auf Eis. Seinen Zweck, die Auseinandersetzung mit dem bewussten Sterben meines Bruders, hatte das Drehbuch für mich bereits erfüllt.

Auch Gundi versuchte, die Situation schreibend zu bewältigen. Sie verfasste weiter Gedichte, zum Beispiel *Die Eintagsfliege*, die nur einen einzigen Tag lebt. »Das ist aber sehr traurig«, sagte ich, und sie antwortete: »Ja, aber das zeigt doch, dass man jeden Tag ausnutzen muss.«

Gundi wollte Regie studieren und unbedingt *Mein Name sei Gantenbein* von Max Frisch verfilmen. Nach dem Abi jobbte sie als Skriptgirl, Kollegen erzählten mir begeistert von ihren Ideen, ihrer Kreativität. All das endete jedoch schnell wieder, als sie einen jungen Franzosen kennenlernte, der für einen Sprachkurs nach

München gekommen war. Die beiden verliebten sich, und Gundi beschloss: Sie brauchte Abstand, wollte eine Auszeit nehmen, die Welt kennenlernen. Gemeinsam wollten sie nach Südamerika reisen.

Meine Eltern legten Gundi keine Steine in den Weg. Sie hatten an meiner Reise nach Afrika gesehen, wie positiv mich das beeinflusst hatte, wie stark und selbstbewusst ich zurückgekehrt war. Außerdem quälten meine Eltern nach dem Tod von Karl und Hans schwere Schuldgefühle. Hatten sie meinen Brüdern vielleicht nicht genügend Freiheiten gelassen? Waren sie zu streng gewesen? Hatten sie ihnen zu wenig Möglichkeiten geboten? Mein Vater hatte ein nicht sonderlich üppiges Beamtengehalt, meine Reisen, mein Auto hatte ich von meinem eigenen Geld bezahlt. Hätten meine Eltern meinen Brüdern all das nicht auch ermöglichen sollen? Außerdem stellten sie sich die Frage, die uns auch andere immer wieder stellten: Lag »das« vielleicht in der Familie? Wer war der Nächste?

Heute glaube ich, dass die meisten Menschen sich vor allem in der Pubertät die Frage nach dem Sinn des Lebens stellen. Damit einher geht oft eine tiefe Melancholie – aber die inneren und äußeren Umstände bestimmen, ob man dadurch in mystische Tiefen gezogen wird oder ob man Tod und Vergänglichkeit schließlich annehmen kann, weil sie zum Leben einfach dazugehören. In den Sechziger- und Siebzigerjahren wurde zudem vieles auf den Kopf gestellt, niemand wusste mehr, was richtig oder falsch war, woran man sich orientieren sollte. Meine Brüder fanden aus dieser Melancholie und Unsicherheit nicht mehr heraus. Und auch Gundi trat immer näher auf den Abgrund zu.

Im Bestreben, jetzt alles richtig zu machen, ließen

meine Eltern ihr alle Freiheiten. Sie kauften ihr ein Auto, sie gaben ihr Geld, um nach Südamerika reisen zu können. Zwei, drei Monate später erhielten wir die Nachricht, dass sie wieder in Europa war, gemeinsam mit ihrem Freund in Paris. Wir drängten sie nicht, zurückzukommen. Sie sollte wie ich ihre Auszeit haben. Schließlich der Anruf: Gundi und ihr Freund wollten weiter nach Ägypten reisen, doch da ihr Pass abgelaufen war, musste sie zurück nach München kommen, um einen neuen zu beantragen. Sie fragte mich, ob sie bei mir unterkommen könne. Als ich sie sah, verstand ich, warum sie nicht zu meinen Eltern gehen wollte: Gundi war den Drogen verfallen.

Es war der Winter 1981/82. Jack und ich hatten inzwischen geheiratet, wir erwarteten unser erstes Kind. Wir nahmen Gundi bei uns auf. Um nach Ägypten zu reisen, ging es ihr viel zu schlecht. Sie war offensichtlich auf Entzug. Sie war wie weggetreten, zitterte. Ich versuchte, sie wenigstens davon abzuhalten, nach Paris zurückzukehren. Sie traf sich mit alten Freunden und ihr Zustand schien sich zu bessern. Vermutlich bekam sie von ihnen neuen Stoff, Opiate, nach denen sie in Südamerika süchtig geworden war. Ich nahm Kontakt mit der Rettungsarche auf, die sich um Suchtkranke kümmert, ich machte einen Termin beim Psychologen, doch Gundi wollte nicht: »Mir kann keiner helfen.« Also ging ich allein, erzählte von meiner Schwester, doch die Antwort des Psychologen lautete: »Ich kann ihr nur helfen, wenn sie freiwillig zu mir kommt. Aber vielleicht können Sie ihr helfen, indem Sie ihr sagen, wie es Ihnen geht.« Mir ging es in dieser Zeit nicht gut. Ich träumte immer wieder von einem Knoten, den ich nicht aufbekam, träumte davon, in einem Sarg zu liegen, über mir Menschen, die auf mich herabblickten, weit entfernt und nicht greifbar.

Das Schlimmste für einen Depressiven, erklärte mir der Psychologe, ist das Gefühl, immer der Schwache zu sein, während alle um ihn herum vermeintlich stark sind und ständig helfen wollen. Und tatsächlich gab ich mich Gundi gegenüber stets stark, stets aufbauend: »Komm, ich helfe dir. Wir suchen dir einen neuen Job beim Film, oder wir verreisen.«

Der Psychologe forderte mich auf: »Sie sind schwanger, lassen Sie sich helfen. Schicken Sie sie einkaufen. Zeigen Sie ihr, dass Sie die Schwache sind, dass Sie Ihre Schwester brauchen.« Das tat ich nun. Und es schien zu funktionieren. Gundi ging einkaufen, sie kochte für mich. Die Betäubung wich von ihr. Sie schien aus ihrer Lethargie herauszukommen, war wieder aktiver, war wieder mehr im Hier und Jetzt. Doch eines Tages war sie wieder wie verwandelt. Sie kauerte vor dem Kamin, zitterte, hinter ihr rauchte die Asche. »Mir tut die Mama so leid«, sagte sie und: »Ich kann nichts mehr spüren. Ich kann nichts mehr fühlen.« Sie war völlig weggetreten. Ihre Gedichte hatte sie im Kamin verbrannt. Sie gestand mir, dass sie versucht hatte, sich in der Badewanne mit dem Föhn umzubringen: »Ich hab es nicht geschafft.«

Ich rief unseren Hausarzt an, der hatte nur einen Rat für mich: »Sie muss sofort ins Krankenhaus.« Gundi kam zuerst in die Klinik in der Nussbaumstraße, dann in eine Psychiatrie am Rande der Stadt. Ich durfte nicht zu ihr, doch wir telefonierten. »Ich muss hier weg, Traudi«, sagte sie, »hier sind lauter Verrückte!« Hilflos versuchte ich, sie auf andere Gedanken zu bringen: »Soll ich dir Strickzeug vorbeibringen? Dann kannst du was fürs Baby stricken.« »Nein«, sagte sie: »Ich kann nichts sehen. Mit meinen Augen stimmt was nicht. Die geben mir irgendwas. Ich bin völlig belämmert. Hol mich hier raus, sonst hau ich ab.« Ich sah wieder meinen Bruder vor mir. Karl, völlig weggetreten hinter der Glasscheibe in der Kraepelinstraße, der nichts mehr wahrnahm, niemanden erkannte. Ich fuhr nach Gauting und holte meine Schwester auf eigene Verantwortung aus dem Krankenhaus.

Vor der Abfahrt hatte Gundi noch eine Beruhigungsspritze bekommen. Die ganze Fahrt über klagte sie: »Ich seh nicht richtig. Ich bin so müde.« Ich versprach ihr: »Jetzt fahren wir zur Mama und da legst du dich hin und ruhst dich aus, und dann geht's dir schon wieder viel besser.« In der Stöberlstraße angekommen, legte sich Gundi sofort ins Bett. Ich fuhr nach Hause, hilflos. Gundi schlief die ganze Nacht. Am nächsten Morgen ging meine Mutter kurz einkaufen. Als sie zurückkam, hatte Gundi sich in ihrem Kinderzimmer erhängt.

Nur ein Gedicht ist mir von ihr geblieben. Das einzige, das sie nicht verbrannt hat. Es endet mit den Worten:

Das Letzte Auflodern gibt den Weg
frei für die Finsternis,
die sich der Geborgenheit für immer entzieht.

Ich war zu Hause, als Jack schon mittags aus der Kanzlei heimkam. Ich wusste es sofort. Normalerweise kam er tagsüber nie nach Hause. Ich kam ihm im langen Flur unserer Wohnung entgegen. »Sie hat es getan?«, fragte ich. Er nickte nur: »Ja.«

Stundenlang lief ich im Gang hin und her. Ich war wie in Trance, lief auf und ab und auf und ab. »Ich hab's gewusst. Ich hab's gewusst«, wiederholte ich wieder und wieder und streichelte über meinen Bauch. Ich hatte das Gefühl, dass die ganze Welt um mich herum stirbt. »Was mach ich denn jetzt? Was mach ich denn jetzt?«, fragte ich mich immer und immer wieder.

Um mich und mein ungeborenes Kind zu schützen, hatten meine Eltern meinen Mann in der Kanzlei angerufen. Sie hatten es nicht gewagt, hatten es nicht geschafft, mir selbst diese unbegreifliche Nachricht zu überbringen. Das Unsagbare war geschehen und machte mich sprachlos. Auch ich schaffte es nicht, mit meinen Eltern zu sprechen. Wie aus weiter Ferne hörte ich mich fragen: »Wie geht's der Mama? Wer passt auf sie auf?« Ein Arzt war bei ihr, sie bekam Beruhigungsmittel – wie auch mein Vater.

Am Abend kam ein befreundetes Ehepaar bei uns vorbei. Sie hatten gehört, was passiert war, und wollten uns nicht allein lassen. Ich bin ihnen noch heute dankbar dafür, dass sie wussten, wie wertvoll und wichtig es ist, gerade bei so einem Schock für den anderen da zu sein, mich spüren zu lassen: Du bist nicht allein. Sie hielten mich, trösteten mich, wollten keine Erklärungen, stellten keine Fragen – sie waren einfach da. Sie machten sogar Pläne mit mir. Wir hatten einen gemeinsamen Skiurlaub gebucht und sie sagten: »Du kannst jetzt nicht hierbleiben. Du musst auf jeden Fall mit.« Sie blieben bei uns, bis ich eingeschlafen war.

Das war genau das, was ich jetzt brauchte. Die Gewissheit, dass die Welt sich weiterdreht, dass das Leben weitergeht. Später haben sich noch viele Freunde gemeldet: »Wir wollten euch in eurer Trauer nicht stören.«

Doch kein Zeichen des Mitgefühls kann in einer solchen Situation stören. Wobei ich die Furcht verstehe, das Falsche zu sagen. Doch ich habe gelernt, dass es im Augenblick des Leids, im Angesicht des Todes gar keine Worte braucht. Denn niemand kann erklären. Für Trost ist es zu früh. Aber man kann da sein und ein wichtiges Gefühl vermitteln: Du bist nicht allein. Das Leben geht weiter. Aus dieser extremen Ohnmacht, die man als Trauernder in diesem Moment empfindet, kann einen nur das Leben herausholen.

Wenn ich heute im Freundeskreis und in der Familie mit dem Tod konfrontiert werde – und das geschieht mit dem Alter leider immer häufiger –, dann versuche auch ich da zu sein, den Menschen zu halten, ihn reden zu lassen und zuzuhören. Das ist das Wichtigste, was man als Freund, als nahestehende Person machen kann.

Ich erinnerte mich in jener Zeit auch zurück an das Begräbnis, das ich auf meiner Afrikareise, in Kamerun miterlebt hatte, den Tanz der Lebenden mit dem Toten. Genauso wie die Menschen damals den Verstorbenen auf ihre Schulter nahmen, so trugen sie auch ihr Leid, ihren Schmerz miteinander, schrien ihn heraus, tanzten, stampften und ehrten den Toten, indem sie für ihn eine Feier des Lebens veranstalteten. Deshalb finde ich die Tradition des Leichenschmauses auch so wichtig. Nach der Bestattung nicht einsam nach Hause zu gehen, sondern zusammenzusitzen, sich zu erinnern – das heißt für mich das Leben ehren.

Auch ich wollte und musste das Leben wieder spüren. Mich packte plötzlich eine unglaubliche Sehnsucht, erwachsen aus der Angst: Was, wenn ich die Nächste bin? In meinem Kopf erklang das alte Kinderlied mit den Worten: »Da war es nur noch eins.« Und

Freunde fragten mich besorgt: »Du machst das aber jetzt nicht auch, oder?« Wie fallende Dominosteine sah ich den Tod auf mich zukommen, dabei wollte ich doch leben! »Ich muss jetzt alles machen, was ich noch vorhabe. Wer weiß, wie viel Zeit mir noch bleibt?« Ich wollte Sprachen lernen, wollte Klavier spielen, wollte stepptanzen, wollte reisen. Die Folge war ein Terminkalender, der aus allen Nähten platzte. Wenn ich schon als Nächste dran war, dann wollte ich bis dahin noch so viel wie möglich erleben. Denn dass es nach dem Tod weitergehen könnte, daran glaubte ich schon lange nicht mehr. Auch nicht daran, dass es vor der Geburt etwas gegeben hat. Wir sind für eine bestimmte Zeit auf dieser Welt. Aus dieser Zeit müssen wir das Beste machen, denn sie wird nicht wiederkommen.

Meine Mutter dagegen tröstete weiterhin die Hoffnung auf ein Leben nach dem Tod. Nachdem Gundi gestorben war, wurde sie ärztlich versorgt und mit Medikamenten ruhiggestellt. Wie unendlich groß muss ihr Schmerz gewesen sein! Und doch versuchte sie, mich zu trösten. Sie erzählte mir, wie sie am Abend von Gundis Tod ein strahlendes Licht vor ihrem Fenster gesehen hatte, einen Abschiedsgruß von Gundi, ein Leuchten, das die Seele meiner Schwester ihr geschickt hatte, bevor sie ganz gegangen war. Ich konnte daran nicht glauben.

Auf ein Wiedersehen im Tod wollte ich nicht vertrauen. Ich wollte den Moment leben. Und damit schloss sich für mich auch der Kreis der ewigen Suche von Hans nach dem Sinn des Lebens. Er war gestorben, während er sich fragte: »Warum bin ich eigentlich hier?« Ich hatte für mich die Antwort gefunden: »Ich will leben.« Gleichzeitig erfüllte mich eine neue Angst: »Was, wenn ich, die ich doch so gern leben will, nicht leben darf?« Ich hatte Angst, dass für mich der Tod ganz plötzlich von außen kommt. Und ich dachte an den von mir so geschätzten deutsch-ungarischen Dichter Ödön von Horváth, der bei einem Gewittersturm mitten in Paris von einem herabfallenden Ast erschlagen worden war. Was, wenn es mir genauso ging?

Ich habe bis heute Angst vor Stürmen, vor Gewitter, ja, vor allen Naturgewalten. Ich habe Angst vor tiefem Wasser, der unheimlichen, alles verschlingenden Finsternis unter den Füßen. Ich habe Angst vorm Fliegen, habe Höhenangst, Angst, dass mir schwindelig wird, dass ich stürze. Ich habe Angst vor der alles mit sich reißenden Kraft von Lawinen. Dass ich vor einigen Jahren tatsächlich beim Skifahren von einem sich lösenden Schneebrett mitgerissen wurde und dem Tod einmal mehr gefährlich nah kam, machte die Sache nicht besser. Und im Auto bin ich die schlechteste Beifahrerin, die man sich nur vorstellen kann – ich habe Angst vor hohen Geschwindigkeiten.

Doch wenn es auch jeden Moment für mich zu Ende gehen könnte, muss ich doch den Augenblick genießen, in der Gegenwart aufgehen und mich auf Unvorhergesehenes einlassen, dessen Schönheit erkennen und nicht stur an Plänen festhalten.

Ich war in dieser Zeit bereits im Mutterschutz, im Mai sollte meine Tochter Alexandra zur Welt kommen. Also setzte ich mich im Frühling 1982 oft in Schwabing oder in der Fußgängerzone auf eine Bank und beobachtete die Menschen um mich herum. Ich wollte spüren, wollte erkennen, dass ich nicht allein war, dass um mich herum eben nicht alles starb.

Am Tag der Urnenbeisetzung meiner Schwester ging ich nicht etwa ans Grab, sondern fuhr mit Jack und unseren Freunden in eine Skihütte nach Lech. Meine Mutter wollte es so. Auch sie brachte es nicht über sich, bei der Beisetzung ihres jüngsten Kindes dabei zu sein. Ich konnte nur erahnen, welche Ängste meine Eltern seit jenen Tagen um mich hatten. Mein Vater muss sehr einsam am Grab meiner Schwester gestanden haben. Ein gebrochener Mann.

Als Schwangere konnte ich in jener Zeit nicht mehr Ski fahren, doch ich ging viel spazieren und immer war jemand bei mir, um mit mir zu reden, auch über Gundi, über Karl und Hans.

Ich hatte drei Geschwister. Alle drei sind gestorben. Alle drei haben sich umgebracht. Doch ich ging im Schnee spazieren und entschied mich gegen den Tod und für das Leben.

»Warum ist der Mann neben dir im Bett nicht der Papa?«

Meine Töchter

In all diesen dunklen Stunden war Jack der Mann an meiner Seite. Er stützte mich, er hielt mich, er trauerte mit mir. Mit ihm ließ ich das wilde Vagabundenleben hinter mir und fand mich ein in eine Existenz, die fast schon bürgerlich war. Ich lasse mich bis heute ungern auf irgendwelche vorgegebenen starren Regeln und Pläne ein. Alles Administrative ist mir ein Gräuel. Zum Glück gab es Jack.

Er war, anders als sein Name vermuten ließ, weder amerikanischer noch englischer Herkunft. Seine jüdische Familie stammte aus Polen und wollte nach den Schrecken des Holocausts eigentlich nach Amerika auswandern. Mit dem Namen wollten die Eltern ihren Sohn bereits auf die neue Welt vorbereiten. Doch im Nachkriegsdeutschland gelang es der Familie, nahe München Fuß zu fassen, und Auswandern war irgendwann kein Thema mehr. Der Name blieb und passte hervorragend zu meinem Mann, der kosmopolitisch aufgewachsen war, aufgezogen von einem katholischen Kindermädchen.

Jack war es auch, der nicht darauf verzichten wollte, dass wir Weihnachten im Schnee in Tirol feierten, und dagegen war, dass wir – wie ich immer wieder liebäugelte – die Feiertage unter Palmen verbrachten. Auch ein Weihnachtsbaum musste sein. Gleichzeitig feierten wir gemeinsam mit Jacks Mutter Pessach, wir gingen auf jüdische Hochzeiten, wo die Trauung unter dem traditionellen Baldachin, der Chuppa, vollzogen, wo Glas zertreten und »*Masel tov*« gewünscht wurde, und mich berührten die jüdischen Bräuche, die Gesänge und Traditionen. Zum Beispiel die des »Schiwa-Sitzens«, bei dem es im Sterbefall darum geht, die Hinterbliebenen nicht allein zu lassen, sondern ihnen Trost zu spenden und sie zu halten.

Es war das Jahr 1980. Seit nunmehr sieben Jahren lebten Jack und ich glücklich zusammen und wollten nun endlich heiraten. Zum Judentum konvertieren kam für mich nicht infrage. Obwohl ich mich nicht mehr dem katholischen Glauben zugehörig fühlte, wollte ich mich auch nicht einer anderen Religion zuwenden. Mein eigener Glaube, wenn man meine gewisse Spiritualität überhaupt so nennen konnte, war allumfassend. Jack sah das Ganze ähnlich liberal. Um jedoch kirchlich heiraten zu können, hätte er den katholischen Glauben annehmen müssen, was für uns beide auch nicht infrage kam. Also entschieden wir uns, es bei der standesamtlichen Hochzeit zu belassen. Doch es sollte keine schnelle Trauung in einem nüchternen Rathaus werden. Wir wollten ein rauschendes Fest, eine große Zeremonie. Wir wollten Venedig.

Jack war ein großer Hemingway-Fan. Sein Lieblingsroman *Über den Fluss und in die Wälder* über die Liebe des Weltkriegsveteranen Richard Cantwell zur dunklen italienischen Schönheit Contessa Renata, spielte in Venedig, und dort, auf der Insel Torcello, hatte Hemingway selbst auch einige Jahre gelebt. Und hier wollten wir Hochzeit halten. Geladen waren 120 Gäste, die in verschiedenen Hotels, verteilt über die ganze Stadt, untergebracht waren. Jack und ich bezogen ein Zimmer im Hotel Cipriani auf der Insel Giudecca. Von dort fuhren wir mit einem der von mir so geliebten Riva-Boote zu Harry's Bar, die Hemingway in Jacks Lieblingsroman verewigt hatte und um die sich auch seine Hochzeitsrede rankte. Weiter ging es mit den Eltern und allen Freunden mit dem Vaporetto zur Ca' Farsetti, dem Municipio unweit der Rialto-Brücke, wo zwischen Kronleuchtern und Wandgemälden, die dem Raum etwas geradezu Sakrales gaben, die Trauung vollzogen wurde.

In einem langen Festzug mit glitzernden Herzluftballons ging es weiter zur Anlegestelle am Markusplatz und von dort nach Torcello. Der ganze Weg durch die Stadt war begleitet von begeisterten Zurufen der Passanten. »*Tanti auguri!*«, schallte es uns von allen Seiten entgegen, einige Passanten stimmten sogar ein spontanes Ständchen an, ein italienisches Hochzeitslied, das mein Herz bis ins Innerste berührte.

Auf Torcello trieben mir meine Eltern auf ganz andere Art Tränen in die Augen, als sie als Vagabunden verkleidet die schauerliche Moritat um jenen einsamen Fischer Jack, der von der schönen Michaela in die Augen gestochen und schließlich um den Finger gewickelt wird, zum Besten gaben – alles herrlich illustriert mit großformatigen, originellen Zeichnungen meiner Mutter.

Auch Gundi war an jenem Tag an meiner Seite. Sie lebte in dieser Zeit bereits in Paris, wollte dort Deutsch und Französisch studieren. Auch ihr Freund war mit eingeladen. Gundi kam jedoch allein, die Augen verhangen, heute würde ich sagen: »Sie war auf Droge.« An jenem Tag ahnte ich noch nicht, dass ich gerade einmal ein Jahr später einen aussichtslosen Kampf um das Leben meiner Schwester führen würde. Ich deutete die Zeichen nicht, die ich sah. Die besondere Euphorie der Hochzeit riss mich mit sich fort. Ich wurde weggetragen von jener Freude, die den ganzen Tag erfüllte.

Es war einer der schönsten Tage in meinem Leben.

Jack und ich wollten und planten Kinder. Allerdings waren wir doch überrascht, als ich fast ein Jahr nach der Hochzeit bereits schwanger war. Von der großen Freude, ein Kind zu erwarten, einmal abgesehen, war der Zeitpunkt meiner Schwangerschaft ein großes Glück. Sie gab uns Halt, sie gab uns Hoffnung in jener Zeit, als wir von meiner Schwester Gundi Abschied nehmen mussten. Um uns herum war Sterben, war Tod, doch da war dieses kleine Leben, das in mir wuchs und auf das sich nun alle Aufmerksamkeit konzentrierte, damit wir nicht weiterhin in die Dunkelheit starren mussten.

Wir verkauften das Reihenhaus meiner Eltern in Laim. Sie konnten nicht mehr in dem Haus wohnen, in dem meine Mutter ihr drittes Kind tot aufgefunden hatte. Über Bekannte fand ich eine Wohnung in Nymphenburg, unweit unserer Wohnung, altersgerecht, im Hochparterre, mit wenigen Stufen, einem kleinen Balkon – einfach und schlicht. Schon einen Monat nach Gundis Tod konnten meine Eltern einziehen. Wir richteten die Räume komplett neu ein. Möbel, Bilder, alles, was an die Geschehnisse der vergangenen Jahre hätte erinnern können, sortierten wir aus. Wir warfen im wahrsten Sinne des Wortes Ballast ab. Nur die Porträts meiner drei Geschwister wollte meine Mutter behalten. Bis zuletzt hingen sie neben ihrem Bett im Schlafzimmer. Mein Vater war inzwischen Rentner, meine Eltern wollten in Zukunft viel Zeit in Riederau am Ammersee oder mit ihren Freunden vom Staffelsee verbringen, die ihnen so viel Halt gaben.

Gemeinsam mit meiner Mutter richtete ich in unserer Wohnung das Kinderzimmer ein. Sie bemalte die Wände liebevoll mit bunten Tieren, ich selbst las viel über Erziehung, hörte klassische Musik, speziell Harfenmusik, weil ich gehört hatte, dass sich das positiv auf das heranwachsende Kind im Mutterleib auswirken sollte. Denn natürlich hatte ich Angst. Angst, dass sich der Schock auch auf mein Baby auswirken würde. Angst, dass es in meinem Bauch etwas von meinem grausamen Verlust mitbekommen hatte. Nichts davon sollte sich auf mein Kind übertragen. Ich wollte diese dunkle Zeit loswerden, hinter mir lassen. Und so erfüllte mich jede Untersuchung, jede Bestätigung des Arztes: »Alles dran. Alles gesund«, mit Freude und Erleichterung.

Die Geburt unserer Tochter Alexandra war eine Sternstunde. Dank ihr waren die vergangenen zehn Jahre mit all ihrem Leid und Schmerz mit einem Mal viel leichter zu ertragen. Dank ihr gelang es mir endlich, die Tür vor der Dunkelheit zu verschließen. Ich würde die Ereignisse, die mir widerfahren waren, niemals vergessen können – aber ich konnte wieder Raum schaffen für Freude, Licht und Leichtigkeit. Und für ein neues Leben.

Ob als Puppenmama, als große Schwester von Gundi, aber auch durch die Ausbildung als Erzieherin – die Rolle der Mutter war mir nicht fremd, dennoch hätte mich nichts auf jenes Staunen vorbereiten können, das mich erfüllte, als ich zum ersten Mal mein Kind, dieses gesunde, fröhliche Wesen, in den Armen hielt. »Das ist jetzt also meins?«, ging mir durch den Kopf. »So schaut es also aus?« Vom ersten Augenblick an erfüllte mich das dringende Bedürfnis, dieses kleine Wesen zu beschützen, es zu bewahren und zu behüten.

Gleichzeitig zweifelte ich an mir: Wo war sie, die überschäumende Mutterliebe, die man angeblich ab dem ersten Moment empfinden sollte?, fragte ich mich mit schlechtem Gewissen. Doch meine Angst war unbegründet. Die Liebe zu meinem Kind wuchs ganz behutsam, von Tag zu Tag – und tut es heute noch. Die Leute sagen: »Wenn sie noch so klein sind und man mit ihnen knuddeln kann, dann sind sie doch am süßesten!« Mir geht es genau andersherum. Meine Kinder immer besser kennenzulernen, ist für mich das größte Glück auf Erden. Dieses Wunder, dass ein Mensch, der in einem gewachsen ist, ein ganz eigenes Wesen, eine eigene Seele entwickelt, erfüllt mich mit unendlicher Liebe, die man nicht erklären und mit nichts vergleichen kann, auch nicht mit der Liebe zu einem Mann. Meine Kinder standen und stehen in meinem Leben und meinem Herzen immer an erster Stelle.

Ich stillte Alexandra, solange ich konnte – sechs Monate lang. Dann stellten die Ärzte einen faustgroßen Nierenstein bei mir fest – so groß, dass er operativ entfernt werden musste. Natürlich hatte auch die Tatsache, dass ich nicht ausreichend getrunken hatte, zur Entstehung dieses Steins beigetragen, doch er wurde für mich zum Sinnbild für all das Leid, das mir in diesen Jahren »an die Nieren« gegangen war – als Symbol für all das, das ich jetzt hinter mir ließ.

Ich drehte viel in der Zeit. Schließlich wollte ich den Anschluss nicht verlieren, und außerdem liebte ich meinen Beruf. Meist waren es nur einzelne Drehtage, wenige Stunden, in denen ich unterwegs war, denn ich achtete darauf, nur in München und Umgebung zu arbeiten. Und wie es der Zufall will, waren es gerade die bayerischen Serien, die später so beliebt und erfolgreich wurden.

In dieser Zeit kümmerte sich meine Mutter liebevoll um Alexandra, wärmte ihr die abgepumpte Milch auf und fand in der Sorge um unser jüngstes Familienmitglied wieder Halt und Freude und Sinn. Und doch hatte auch ich das schlechte Gewissen, das vermutlich alle berufstätigen Mütter erleben, wenn sie nicht hundertprozentig für ihre Kinder da sein können.

Einmal musste ich doch für ein paar Tage weg, um außerhalb von München zu drehen. Meine Mutter und Jack kümmerten sich um Alexandra, aber als ich kurze Zeit später von den Dreharbeiten zurückkehrte und meine Mutter mit der kleinen Alex auf dem Arm die Tür öffnete, drehte diese sich weg. Mir brach es fast das Herz: »Was hab ich meinem Kind nur angetan? Liebt es mich jetzt nicht mehr?« Doch schon am nächsten Tag war es so, als wäre ich nie weg gewesen.

Die Jahre vergingen, und ich wurde erneut schwanger. Ich war voller Vorfreude, doch der Zeitpunkt war denkbar unpassend – wobei es für eine Schauspielerin vermutlich keinen passenden Moment gibt, um schwanger zu werden. Ich war in dem großen Mehrteiler *Peter der Große*, einer deutsch-amerikanischen Co-Produktion mit Maximilian Schell in der Hauptrolle, für die Figur der Schwiegertochter des Zaren vorgesehen. Neben Günter Maria Halmer würde außerdem auch

Hanna Schygulla mitspielen – von internationalen Größen wie Vanessa Redgrave und Omar Sharif einmal ganz abgesehen. Die Dreharbeiten sollten in Russland und Österreich stattfinden. Ein großes Kostümspektakel, für das ich bereits Unterricht im Kutschenfahren bekam. Prachtvolle Kostüme wurden in Rom angefertigt. Meine Schwangerschaft brachte nun natürlich alles durcheinander. Zwar sollte meine Figur im Film auch schwanger werden, allerdings waren im Drehplan zunächst Szenen vom Ende des Filmes vorgesehen, wodurch der Ablauf beim Dreh dem Wachstum meines Bauches diametral gegenüberstand. Außerdem sollten die letzten Szenen in Russland gedreht werden. Mich hochschwanger mit dorthin zu nehmen, war für die Filmgesellschaft ein versicherungstechnischer Albtraum. Kurz und gut: Meine Schwangerschaft und der Drehplan passten so gar nicht zusammen. Damit war ich raus, und Ulli Philipp übernahm meine Rolle.

Natürlich war ich enttäuscht und traurig, bei einer so großen Produktion nicht dabei sein zu können. Im Urlaub auf Sardinien wollte ich alles vergessen, mich entspannen – doch dann kam alles ganz anders: Ich verlor mein Kind. Im Krankenhaus fragte ich: »War es ein Junge oder ein Mädchen?« Die Ärzte wollten es mir nicht sagen.

Ich brauchte lange, um mich von dem Verlust zu erholen – körperlich, seelisch. Doch irgendwann war es so weit. Ich war wieder schwanger. Neun Monate Hoffen und Bangen. Und schließlich kam, sechs Jahre nach Alexandras Geburt, meine zweite Tochter Lilian zur Welt. Ich war überglücklich.

In all den Jahren war Jack ein unglaublich liebevoller Vater. Obwohl er als Anwalt viel arbeiten musste, kümmerte er sich aufopferungsvoll um unsere beiden Mädchen. Wenn ich auswärts drehte, war er abends da, brachte sie ins Bett, ließ gemeinsam mit ihnen den Tag Revue passieren. In jener Zeit entstanden all die bayerischen Serien – *Irgendwie und Sowieso, Monaco Franze, Zur Freiheit, Schafkopfrennen, Hans im Glück* –, die heute Kult sind. Ich genoss es rauszukommen, weg von Windeln und Wäsche. Die Zeit am Set war für mich jedes Mal wie ein kurzer Urlaub und erfüllte mich mit Kraft und Energie, sodass ich gut gelaunt und voller Sehnsucht zu meinen Kindern zurückkehrte.

Dabei nervte mich die immer gleiche Frage der Journalisten: »Wie schaffen Sie das nur, Kinder, Haushalt und Beruf unter einen Hut zu bekommen?« Natürlich war das Ganze nicht einfach, andererseits kam mir die Frage schon damals nicht mehr zeitgemäß vor, schließlich standen in meiner Generation viele Frauen fest im Berufsleben. Klar, damit waren eben auch die Männer gefordert, mussten sich einbringen, ihren Beitrag leisten.

Gleichzeitig hatten wir das unglaubliche Privileg, dass wir uns schon früh ein Kindermädchen leisten konnten. Silvia kam aus England, sprach mit den Kindern nur in ihrer Muttersprache, was den beiden noch heute von Nutzen ist. Fünf Jahre blieb Silvia bei uns. Die nächste Nanny kam aus Österreich, ein junges Mädchen, das mit vielen Geschwistern auf einem Bauernhof aufgewachsen war. Bei den Gesprächen mit ihr ließ ich mich von der Fragetechnik leiten, mit der mich schon Helmut Dietl für *Münchner Geschichten* gelöchert hatte. Ich fragte nicht nach ihrer Ausbildung, nach ihrer Erfahrung oder Zeugnissen, sondern wollte herausfinden, was für ein Mensch sie war. Und so wurde Ernie, die sich schon früh um ihre Geschwister hatte kümmern müssen, unser neues Kindermädchen und brachte durch ihre Erfahrungen vom Bauernhof ganz neue Lebenswelten mit zu uns nach Hause.

Trotz der Freiheiten, die eine Nanny mir bot, versuchte ich, so oft wie möglich zu Hause zu sein. Ich wollte die Abende mit meinen Kindern verbringen, an ihrem Leben teilhaben, ihre Sorgen und ihre Nöte auffangen.

Und natürlich veränderten die Kinder auch meinen Alltag. Ich musste lernen, mein Leben zu organisieren, bis dahin nicht gerade meine Stärke, wollte nicht aus den Augen verlieren, dass alles auch in meinem Sinne geschah: Was sollte es zu essen geben? Wie läuft es mit den Hausaufgaben? Nur so konnte ich Zeit für mich und meine Arbeit freischaufeln. Das ging mal mehr, mal weniger gut. Manchmal endete alles in einem großen Chaos. Hefte waren nicht gekauft, Verabredungen wurden verschusselt. Und meine Töchter waren da wenig nachsichtig mit mir. »Wie konntest du das nur vergessen?« Man kann fast sagen, dass meine Kinder mich erzogen haben.

Und doch hatten sie keine wirklichen Probleme damit, dass ihre Mutter weiterhin arbeitete – auch wenn mein Beruf hin und wieder für kuriose Situationen sorgte. Als ich mir mit Alex, sie war etwa sechs Jahre alt, einen Film anschaute, in dem ich eine Liebesszene hatte, fragte sie entsetzt: »Warum ist der Mann neben dir im Bett nicht der Papa?« Und fortan fragte sie immer dann, wenn wieder ein Film mit mir im Fernsehen lief: »Ist das wieder so mit Küssen und Knutschen? Dann will ich das nicht sehen!«

Das hielt sie jedoch nicht davon ab, auch selbst irgendwann vor der Kamera stehen zu wollen. Gedrängt dazu habe ich sie nie. Ich habe im Laufe meiner Karriere allzu viele ehrgeizige Filmmütter aus nächster Nähe erlebt.

Als ich mit Horst Janson die Serie *Zwei Halbe sind noch lange kein Ganzes* drehen sollte, wurde lange nach einer passenden Filmtochter für mich gesucht. Schließlich fragte mich die Regisseurin Heidi Kranz: »Hast du nicht eine achtjährige Tochter?« Ich war skeptisch und doch fragte ich Alex, ob sie Lust hätte, sich bei einem Casting zu versuchen. Gemeinsam mit dem Kindermädchen fuhr sie nach Berlin – und bekam die Rolle. Ich war gespannt, wie meine sonst eher schüchterne Tochter sich anstellen würde. Doch sie machte das richtig gut, setzte die Anweisungen der Regie genau um und war mir eine großartige Spielpartnerin.

Nur in der Schlussszene kam es zu dem altbekannten Problem. Horst Janson und ich sollten vor den Traualtar treten und heiraten, die Kinder zufrieden und glücklich lachen. Doch das wollte Alex partout nicht. Die Regisseurin versuchte alles, nahm sie schließlich zur Seite, wo es plötzlich aus Alex herausbrach: »Ich will nicht, dass die Mama den Horst heiratet!« Mit vielen guten Worten und »Indianerehrenwort«, dass ich ihn nicht wirklich heiraten würde, konnten wir ihr schließlich wieder ein kleines Lächeln entlocken.

Lilly war sogar noch jünger, noch nicht einmal sechs, als sie das erste Mal vor der Kamera stand. Für den Film *Männer sind was Wunderbares* wurden für Helmut Zierl und mich vier Kinder gesucht – zwei Mädchen und zwei Jungs. Das passte perfekt: Helmut hatte zwei Söhne und ich zwei Töchter. Und so wurde das Ganze eine echte »Familienproduktion«.

In den nächsten Jahren spielten beide Mädchen noch

in den unterschiedlichsten Filmen mit – in der Regel übrigens ohne mich.

Überhaupt bereiteten mir meine Kinder so viel Freude und Glück, dass meine Trauer über den Verlust meiner Geschwister immer mehr hinter einem ausgefüllten Familien- und Berufsleben verschwand. Und auch wenn ich mit den Kindern nie groß darüber sprach, tat es mir doch gut, wenn ich nicht allein, sondern mit ihnen an der Hand zum Grab von Gundi, Karl und Hans ging. »Und wo geht's da jetzt rein?«, fragte Alex einmal. »Du hast doch gesagt, wir besuchen deine Geschwister!« Es tat gut, wie unbedarft die Kinder mit dem Tod umgingen. Für sie war er ohne Schmerz. Meine Töchter hatten ihre Onkel und ihre Tante nicht mehr kennengelernt, also konnten sie sie auch nicht vermissen.

In unserer Wohnung hingen keine Bilder von ihnen – ich trug ihre Fotos in einem kleinen Mäppchen immer bei mir –, aber im Schlafzimmer meiner Eltern wurden sie darauf aufmerksam: »Was ist mit ihnen geschehen?« Und sie erhielten die Antwort, die auch ich jahrelang bekommen hatte, wenn ich nach meinem Bruder Karl fragte: »Die waren nervenkrank.« Eine Antwort, die nichts und alles sagte und die Kinder zumindest für eine Weile befriedigte. »Die waren nervenkrank« war übrigens die Antwort, die für uns in der Familie vorbehalten war – anderen Menschen gegenüber wurde dieses Thema gar nicht berührt, und wenn doch jemand Fragen stellte, hieß es: »Sie sind bei einem Autounfall ums Leben gekommen.« Eine Erklärung, die vor weiteren Nachfragen schützte. Eine Erklärung auch, die sie vor schrägen Blicken und Anklagen bewahrte: Was hat diese Frau nur falsch gemacht, dass sich drei ihrer Kinder umgebracht haben? Eine Frage, die sich meine Mutter selbst jeden Tag stellte, sie wollte sie nicht auch noch in den Augen der anderen lesen.

Und so beließ auch ich es dabei. Doch je älter die Kinder wurden, desto bohrender wurden die Fragen. Bei einer Psychologin holte ich mir schließlich Rat: Was sollte, was wollte ich meinen Kindern erzählen, ohne ihnen Schaden zuzufügen? Ihre Antwort hat sich tief in mein Gedächtnis gegraben und ist mir bis heute eine wichtige Richtschnur im Leben geblieben: »Kinder vertragen mehr, als man denkt. Vor allem aber die Wahrheit.«

Und diesem Credo folgte ich, als sie mich irgendwann wieder auf meine Geschwister ansprachen. Ich antwortete offen und ehrlich auf ihre Fragen. Ich sagte ihnen die Wahrheit, doch ich verlor mich nicht in grausamen Details. Ohne den Rat der Psychologin hätte ich das nicht gewagt.

Und so wuchsen meine Töchter heran, sie spielten hin und wieder in Filmen und Serien mit, machten schließlich das Abitur und damit stand ihnen eine der ersten großen Entscheidungen im Leben bevor: Wie sollte es weitergehen? Beide liebäugelten mit der Schauspielschule, beide zweifelten. Sie waren in die Schauspielerei irgendwie hineingerutscht, natürlich auch durch meinen Beruf. Aber wollten sie das wirklich? Ich gab ihnen den Rat: »Für den Schauspielberuf muss man brennen, da darf es keine Alternative geben. Wenn ihr überlegen müsst, dann solltet ihr etwas anderes machen.«

Und so studierten die beiden, Alexandra Kunstgeschichte und Philosophie, Lilian später Management und International Relations – und ich war erleichtert darüber. Denn so sehr ich die Schauspielerei auch liebe, so sehr es mich erfüllt, in einer Rolle ganz und gar aufzugehen – man muss von diesem Beruf geradezu besessen sein, um die Herausforderungen, die er mit sich bringt, aushalten zu können. Die Seele ist nun mal das Handwerkszeug des Schauspielers und sie wird oft verletzt, wenn es zum Beispiel keine Rollenangebote gibt oder es immer wieder zu Absagen kommt. Man fühlt sich ungeliebt und zweifelt an sich. Und wenn sich diese Zurückweisungen, dieses Kratzen am Selbstwertgefühl über längere Zeit hinziehen, nimmt irgendwann auch die Seele Schaden. Und auch das Glück spielt natürlich eine große Rolle – man muss zur richtigen Zeit, am richtigen Ort den richtigen Menschen begegnen.

Inzwischen haben meine beiden Töchter ihre Erfüllung gefunden: Alexandra arbeitet bei einem Auktionshaus in London, Lilian für einen Filmvertrieb in München. Vor einigen Jahren haben die beiden auch geheiratet, beide an Orten, die auch für mich in meinem Leben von zentraler Bedeutung waren: Alexandra in Venedig, Lilian in Dießen am Ammersee, wo meine Mutter bis zu ihrem Tod lebte.

Und so gehen meine beiden Kinder ihren Weg im Leben. Zwei liebevolle, gerechte, großmütige, talentierte, fantasievolle, weltoffene junge Frauen, für die ich nicht dankbarer sein könnte.

Von der Nonne bis zur Hexe

Übers Scheitern, Wachsen und das Glück, zu spielen

Ich liebe meinen Beruf – ich liebe die Arbeit vor der Kamera, ich liebe es, auf der Bühne zu stehen. Häufig werde ich gefragt: »Was machen Sie lieber?« Doch diese Frage ist ungefähr so, als müsste ich mich entscheiden, welches meiner beiden Kinder mir wichtiger ist.

Die Kamera war meine erste große Liebe, mit ihr habe ich meine ersten Schritte als Schauspielerin gemacht. Während am Theater ein Stück fünf, sechs oder mehr Wochen chronologisch erarbeitet wird, dauern die Proben der einzelnen Szenen beim Film meist nicht länger als eine Stunde und werden zudem aus logistischen und ökonomischen Gründen nicht chronologisch aufgenommen. Sind sie jedoch, wie es so schön heißt: »Im Kasten«, kann man sie abhaken, vergessen, während am Theater Abend für Abend das Stück aufs Neue reproduziert wird.

Beim Film kommt die Kamera zu mir, sie dringt in mich ein, sieht meine Seele. Auf der Bühne ist es anders. Ich muss zum Publikum kommen, meine Stimme, meine Gefühle müssen den gesamten Zuschauerraum erreichen. Es gibt keinen Zoom, keinen Kameramann, der entscheidet, wie groß ich im Bild bin, es gibt keinen Cutter, der über die Schwerpunkte einer Szene entscheidet. Ich alleine habe es in der Hand, wie das Publikum mich wahrnimmt.

Doch vor der Liebe zum Theater war da zunächst etwas anderes: Angst. Ich drehte gerade in Berlin, als mich der Regisseur Herbert Ballmann fragte, ob ich schon einmal Theater gespielt hätte. Er sollte an der Komödie am Ku'damm das französische Stück *Eine Handvoll Brennnesseln* inszenieren. »Einmal nur«, gab ich vorsichtig zurück, doch meine Neugier war geweckt. »Dann lern doch mal die Balkonszene aus *Romeo und Julia*. Ich will dich dem Intendanten Jürgen Wölffer vorschlagen.«

Und so lernte ich die Worte, die ich auch heute noch in- und auswendig kann.

»Du weißt, die Nacht verschleiert mein Gesicht,
Sonst färbte Mädchenröte meine Wangen
Um das, was du vorhin mich sagen hörtest.«

Schon wenige Tage später stand ich zum ersten Mal seit dem Versuch mit Rudolf Noelte im Münchner Residenztheater auf einer großen Bühne. Das Herz klopfte mir bis zum Hals, als ich zaghaft begann. Doch schon nach wenigen Sätzen unterbrach mich Hans Wölffer, der Vater des Intendanten und ehemaliger Leiter des Theaters, der in der ersten Reihe saß, indem er seinem Sohn weiter hinten zurief: »Jürgen, verstehst du was? Ich versteh kein Wort.« »Das war's«, dachte ich mir. »Jetzt ist es aus. Wie soll das funktionieren, wenn mich keiner versteht?« Eine echte Sprechausbildung hatte ich zu diesem Zeitpunkt noch nicht, doch zu meinem Erstaunen antwortete Jürgen Wölffer: »Mein Vater hört schlecht. Vielleicht war das etwas leise, aber das kriegen wir schon hin.«

Und so war ich mit einem Mal Teil der Besetzung, zu der auch Günter Pfitzmann und Hannelore Elsner gehörten. Hannelore hatte ich bereits bei den Dreharbeiten zu *Pepe, der Paukerschreck* kennengelernt. Sie war Ende der Sechzigerjahre bereits eine Berühmtheit, während ich nur eine der vielen Klassenkameradinnen von Hansi Kraus gespielt hatte. Und nun teilten wir uns plötzlich eine Garderobe. Ich war fasziniert, wie unglaublich weiblich sie war, welche Raffinesse und Erotik sie ausstrahlte. In dem Stück geht es um einen jungen Mann, der bei einem Autounfall ums Leben gekommen ist. Ein Ermittler soll klären, ob es ein Unfall oder Selbstmord war, und trifft dabei auf die unterschiedlichsten Figuren aus dem Leben des Mannes. Und während ich die Rolle einer Mitschülerin übernehmen würde, sollte Hannelore die Geliebte spielen.

Ich bewunderte Hannelore in ihrer Rolle – und im Leben. Dabei zeigte sie keinerlei Überheblichkeit. Im Gegenteil. Sie sah meine Nervosität und gab mir die ersten Tipps und Tricks mit auf den Weg, um auf der großen Bühne zu bestehen. Sie zeigte mir, wie sie vor der Vorstellung ihren Text mit einem Korken im Mund ganz schnell durchsprach, um ihn dann auf der Bühne ganz locker und fehlerlos rüberzubringen. Von ihr lernte ich auch die ersten Sprechtechniken, die mir später in meinem Schauspielstudium wieder begegnen würden.

Doch es half nichts. Schon am fünften Tag war ich

heiser, und Günter Pfitzmann nahm mich zur Seite: »Schnubberle, du musst was mit deinem Atem machen.« Er setzte sich mit mir zusammen und brachte mir die ersten wichtigen Grundlagen der Atemtechnik bei, die ich in den darauffolgenden Jahren weiter verfeinern würde.

Das Engagement an der Berliner Komödie endete, doch mit Hannelore blieb ich weiter in Kontakt. Wir waren nicht die engsten Freundinnen, und doch verstanden wir uns großartig. Einige Male standen wir gemeinsam vor der Kamera, und auch privat kamen wir uns immer wieder sehr nahe: Als Hannelore ihren Sohn Dominik zur Welt brachte, kurz bevor meine Alexandra geboren wurde, und wir gemeinsam Kinderwagen durch München schoben, oder als ich wegen meiner Stimmbänder zur Ayurveda-Kur fahren musste und sie mich begleitete.

Ich hatte nämlich trotz einer Erkältung gedreht und in meiner Rolle laut und viel schreien müssen, was sich sofort rächte. Ich wurde heiser, meine Stimme rau und meine Stimmbänder schlossen sich nicht mehr richtig. Hans Clarin, mit dem ich damals den *Pumuckl* synchronisierte, empfahl mir einen HNO-Arzt in Wien, der mir prompt riet, nicht mehr zu sprechen und erst recht nicht mehr zu flüstern – was als junge Mutter zu Hause schlichtweg unmöglich war. Und so schickte er mich für zwei Wochen zur Ayurveda-Kur nach Traben-Trarbach. Kurz bevor es losging, rief Hannelore an. Wir sollten einmal mehr gemeinsam vor der Kamera stehen, und es gab noch einiges zu besprechen. Doch als sie von meiner Kur hörte, war sie sofort Feuer und Flamme: »Ayurveda, das musst du unbedingt machen? Wann bist du da? Ich komme mit!« Also packte

Hannelore ihren Koffer und begleitete mich. Es war klar: Zwei Wochen Schweigen hielt ich nicht aus – der Austausch mit Hannelore war mir einfach wichtiger.

Und so arbeitete ich weiter an meiner Stimme, doch dass ich das Theaterleben nicht von der Pike auf gelernt hatte, das merkte ich immer wieder – zum Teil sehr schmerzlich. In der Komödie im Bayrischen Hof spielte ich mit Gisela Uhlen *Die Kinder Eduards.* Mittags war ich zum Essen eingeladen, es gab Chili – offenbar mit reichlich Knoblauch, denn als ich abends ins Theater kam, ächzte die Maskenbildnerin: »Hast du etwa Knoblauch gegessen?« Offenbar verbot das die Rücksichtnahme auf die Kollegen, was mir rückblickend auch sinnvoll erscheint. Doch ich hatte das nicht bedacht und einfach nur das gute Essen genossen.

»Du musst was dagegen machen«, sagte die Maskenbildnerin und schickte mich los, um mir eine Zahnbürste, außerdem Zitrone und Petersilie zu holen. Ich putzte die Zähne, kaute die Petersilie, saugte die Zitrone aus – allein: Es half nichts. Ich spürte selbst, wie es mir aus jeder Pore dünstete, als ich mich am Ende der ersten Szene mit einem lauten Seufzer »Mamaaaaa!« an Gisela Uhlens Schulter sinken ließ. Kaum war der Vorhang gefallen, stieß sie mich von sich. »Du stinkst nach Knoblauch. So eine Undiszipliniertheit am Theater! Geh weg von mir!« Schimpfend machte sie sich davon, während ich bedröppelt dastand und mich wiederholt entschuldigte. Doch mir blieb keine Zeit für weitere Erklärungen, ich musste wieder auf die Bühne und traute mich kaum, den Mund aufzumachen. Gisela Uhlen aber lenkte nicht ein. Erst viele Jahre später, als wir bei Dreharbeiten zu *Forsthaus Falkenau* wieder aufeinandertrafen, begruben wir das Kriegsbeil. Und es dauerte sehr, sehr lange, bis ich wieder mit Genuss Knoblauch essen konnte, und auf der Bühne ist er für mich seitdem natürlich tabu.

Doch trotz solcher »Rückschläge« brannte in mir die Leidenschaft für das Theater und ließ mich bis heute nicht mehr los – auch wenn ich mir die Bühne erst langsam erobern musste. Ich bin froh, dass ich das Theater als zweite Heimat für mich entdeckt habe. Und manchmal frage ich mich auch, was passiert wäre, wenn ich damals jene »Liebesreise« nach Griechenland und in die Türkei nicht gemacht und in Tschechows *Der Kirschgarten* gespielt hätte. Das Stück war ein voller Erfolg, eine hochgelobte Inszenierung, die 1977 sogar zu den Theaterfestspielen eingeladen wurde. Wie wäre mein Leben wohl verlaufen, wenn ich mich gegen die Liebe und das Abenteuer und für die Bühne entschieden hätte? Wäre ich jetzt vielleicht festes Ensemblemitglied, vielleicht an einem großen Theater?

Wie gerne hätte ich einmal in einem Stück von Ödön von Horváth gespielt – in *Geschichten aus dem Wiener Wald*, in *Kasimir und Karoline*! Und immer noch träume ich auch von Tschechows *Kirschgarten* und male mir aus, wie es wäre, damit auf der Bühne zu stehen. Nicht mehr als Anja, aber vielleicht als Gutsbesitzerin Ranjewskaja? Ich werde es vermutlich nie erfahren.

Was ich jedoch weiß ist, dass mir viele Dinge ganz sicher auch vorenthalten geblieben wären, wenn ich mich fürs Theater entschieden hätte. Für *Münchner Geschichten* hätte ich vermutlich keine Zeit gehabt, ebenso wenig für *Monaco Franze,* oder *Kir Royal* – Serien, die den Grundstein für meine weitere Karriere gelegt haben.

Doch trotz des Erfolgs gerade in den bayrischen

Serien liebäugelte ich natürlich weiter mit dem Charakterfach. Am Set der *Münchner Geschichten* war ein Schauspielkollege immer wieder präsent – Kurt Raab. In der Serie selbst hatte er zwar nur eine kleine Rolle, aber er verstand sich gut mit Helmut Dietl und die beiden tauschten sich viel aus. Eines Tages kam nun Kurt auf mich zu und sagte: »Du musst unbedingt den Fassbinder kennenlernen. Du würdest gut in seine Truppe passen.« Ich fühlte mich geschmeichelt, und so begleitete ich ihn in die Deutsche Eiche, wo der große Filmemacher mit Sonnenbrille auf der Nase in der Eckbank lümmelte. Er begrüßte mich freundlich, doch noch während ich mich niederließ, sagte er: »Setzen Sie sich. Aber ich sage Ihnen gleich: Sie sind mir zu gesund!«

Ich wusste nicht, was ich darauf sagen sollte. Ich war platt. Und enttäuscht. Rainer Werner Fassbinder repräsentierte für mich die neue aufstrebende Filmgeneration. Mir gefielen seine Filme. Ich wollte Teil dieser neuen Welt sein. Und in diesem Augenblick schlug er mir die Tür zu dieser Welt vor der Nase zu. »Zu gesund?« Was sollte das heißen? Was sollte ich damit anfangen? Sollte ich vielleicht abnehmen oder mich gar den Drogen zuwenden, um zerbrechlicher und kaputt auszusehen? Rückblickend glaube ich, dass es weniger mein Aussehen als vielmehr meine unbekümmerte, naive Ausstrahlung war, die mir einen Strich durch die Rechnung machte. Aber in diesem Moment war ich einfach nur frustriert.

Doch ich nahm mir diese Zurückweisung nicht lange zu Herzen. Ich entdeckte die Möglichkeiten der Komödie für mich, die Tatsache, dass es mindestens genauso schwer ist, Menschen zum Lachen wie zum Weinen zu bringen. Außerdem hatte ich mir inzwischen ein gesundes Selbstbewusstsein erarbeitet. Als ich Helmut Dietl einige Jahre später einmal fragte, ob ich denn bei *Kir Royal* diesmal nicht dabei sei, klingelte kurz darauf das Telefon: »Ich habe eine Geschichte für dich«, sagte er, »Wenn du Zeit hast, mach ich die. Sonst schreib ich eine andere.« Ich hatte Zeit. Und so schrieb mir Helmut Dietl für die Folge *Königliche Hoheit* die Rolle der Königin von Mandalia auf den Leib, für mich ein großer Glücksfall.

Dennoch war es Mitte der Siebziger an der Zeit, mich neu zu orientieren. Inzwischen war ich so im kollektiven bayrischen Bewusstsein verankert, dass mich der *Komödienstadel* für eine feste Rolle als junge Liebhaberin anfragte. Doch ich wollte nicht als bayrische Volksschauspielerin abgestempelt werden. Stattdessen ging ich nach Hamburg, spielte dort Theater, fuhr weiter nach Paris, wo ich in dem deutsch-französischen Mehrteiler *Die Grashüpfer* über die Zeit der Flugpioniere in der Rolle der Pétra zu sehen war, die der deutschen Rekordfliegerin Hanna Reitsch nachempfunden war. Ich besuchte in Bochum ein bahnbrechendes Seminar von Lee Strasberg, dem Begründer der Method-Acting-Methode. Meine Schauspielkollegen und ich wurden hier mit den Grundlagen des Naturalismus im Schauspiel vertraut gemacht, wie sie schon der russische Schauspiellehrer und Theaterreformer Stanislawski erdacht und erprobt hatte. Zwei Wochen lang erarbeiteten wir in Eigenregie neue Szenen, die wir anschließend Strasberg vorführten.

Eine Schauspielkollegin hatte zum Beispiel die großartige Idee, als Johanna, die in *Die heilige Johanna der Schlachthöfe* von Bertolt Brecht vor den Schlachthöfen Suppe an die Armen ausschenkt, diese ans Publikum zu verteilen. Am Ende sagte Strasberg: »Ja, das war ja eine schöne Idee, das Publikum mit einzubeziehen. Aber mich hätte interessiert: Was war denn überhaupt drin in dem Topf? War das viel oder wenig Suppe? War das eine gute Suppe? Und war der Topf schwer?« Und er forderte: »Kommen Sie noch mal rein und ich will sehen, was für eine Suppe in dem Topf ist.« Die Schauspielerin spielte dieselbe Szene noch mal. Und diesmal sah man tatsächlich, wie schwer der Topf war. Und die Suppe war ganz dünn, so dünn, dass sie sie ganz vorsichtig mit der Kelle schöpfen musste, um ja nichts zu vergießen. Gleichzeitig war die Suppe schrecklich heiß, sodass meine Kollegin aufpassen musste, sich nicht daran zu verbrennen. Alle Bewegungen waren plötzlich stimmig, so intensiv und die Situation mit einem Mal viel authentischer und emotionaler als zuvor.

Strasberg brachte uns bei, nicht nur die reine Handlung zu spielen, sondern auch die Hintergründe der Situation und der Figur zu hinterfragen. Durch dieses Seminar begann auch ich in meinen Rollen wie ein Maulwurf zu graben, um das Tun und Handeln der Figuren für den Zuschauer glaubhafter zu machen.

Doch natürlich gab es immer wieder auch ganz grundsätzliche handwerkliche oder technische Fertigkeiten, die ich erlernen musste. Für die Rolle als Kassiererin lernte ich zum Beispiel Geldbündel in Windeseile abzuzählen, als Sennerin zu melken und Traktor zu fahren.

In der *Polizeiruf*-Folge *Die Maß ist voll* sollte ich als Kommissarin Jo Obermaier Lockvogel in einem Biergarten spielen. Doch um zehn Maß auch glaubwürdig durch die Gegend tragen zu können, braucht es einiges an Übung. Im Hirschgarten erfuhr ich zunächst, wie wichtig es ist, die Henkel richtig ineinanderzustecken, um überhaupt fünf Maßkrüge in jeder Hand halten zu können. Erst übte ich nur mit kleinen Schlückchen Wasser, dann mit gefüllten Maßkrügen voller Bier. Als ich nun, die Ellbogen an die Hüfte gestemmt, dieses Gewicht durch die Gegend trug, begriff ich die Schwerstarbeit der Bedienungen auf dem Oktoberfest. Respekt!

Ebenfalls als Jo Obermaier lernte ich bei der Polizei den Umgang mit der Waffe. Dafür übte ich zunächst mit Zielscheiben, später dann mit menschenähnlichen Schablonen, und ich spürte zum ersten Mal den Rückstoß. Es war ein merkwürdiges Gefühl, eine echte Waffe in der Hand zu halten und auf Pappmenschen zu schießen. Diese unbeweglichen Ziele wurden schließlich durch Übungsfilme ersetzt, in denen ich erkennen sollte, ob und von wem Gefahr drohte, und blitzschnell reagieren musste. Ich brauchte mehrere Anläufe, um die Situation überhaupt richtig einschätzen zu können und dann auch schnell und richtig zu reagieren. Im Ernstfall hätte ich wahrscheinlich total versagt.

Ja, im Laufe meines langen Schauspielerinnenlebens hatte ich reichlich Gelegenheit, mir immer wieder neue Fähigkeiten anzueignen, und es ist jedes Mal spannend, die unterschiedlichen Lebensräume kennenzulernen. Die Beschäftigung mit jeder Rolle ist, als würde ich in ein anderes Leben eintauchen. Es ist ein Geschenk, als Schauspielerin viele Leben leben zu dürfen. Und wenn ich manchmal auf der Straße angesprochen werde: »Diese Rolle wurde Ihnen auf den Leib geschrieben«, freue ich mich, dass es mir geglückt ist, die Figur authentisch rüberzubringen.

Allmählich verfestigte sich mit der Erfahrung, aber natürlich auch mit dem Erfolg, mein Standing als

Schauspielerin – und damit wuchs mein Selbstbewusstsein, mich bei der Regie, beim Drehbuch, bei Kostüm und Maske stärker einzubringen. Dafür hätte mir früher der Mut gefehlt – und vermutlich hätte man mir als Anfängerin auch kein Gehör geschenkt.

Aber es gab zu jener Zeit, es waren mittlerweile die Achtziger, auch Drehbücher wie *Irgendwie und Sowieso* und *Zur Freiheit*, beides Serien von Franz Xaver Bogner, die so perfekt geschrieben waren, dass es daran nichts zu erforschen, nichts zu verändern gab. Ich freute mich einfach nur auf diese eigenwilligen Rollen und darauf, dabei zu sein.

Heute – mit so vielen Jahren Berufserfahrung – habe ich noch immer großen Respekt vor jeder neuen Aufgabe. Und zu Beginn eines jeden Projekts empfinde ich immer so etwas wie Lampenfieber. Habe ich die Figur gefunden und ist sie glaubwürdig? Und selbst wenn das eigene Gefühl stimmt, gibt es noch hundert Kleinigkeiten, die eine Szene verderben können: eine Kirchturmglocke, ein Hubschrauber, eine brummende Fliege, die immer wieder die Aufnahme stören. Und auch beim Dreh mit Kindern oder Tieren muss man als Schauspieler respektvoll zurücktreten. Das Kind war gut? Das Tier hat sich richtig verhalten? Dann heißt es: »Die Aufnahme nehmen wir!«

Eine Erkenntnis, die ich in all den Jahren gewonnen habe, ist zudem, wie wichtig es ist, zuzuhören und sich nicht mehr nur auf den eigenen Text zu konzentrieren, sondern auf den Partner – eben weniger agieren, als reagieren. Je mehr ich mich auf mein Gegenüber einlasse, desto authentischer gerät die zu spielende Situation.

Ein Partner, mit dem die Zusammenarbeit jedes Mal kongenial funktioniert hat, war Edgar Selge, acht Jahre lang mein Kollege Jürgen Tauber in 17 Folgen *Polizeiruf 110*.

Edgar kam vom Theater und war dort schon eine Koryphäe. Bei unseren Dreharbeiten dagegen liebte er mehr das Spontane, wollte, dass Szenen nicht ewig lange geprobt wurden. Das war oft erfrischend, aufregend und eröffnete mir zahlreiche neue Möglichkeiten für mein Spiel. Seine große Aufmerksamkeit, seine Genauigkeit haben mich bis heute geprägt.

Edgar liebte Arthouse-Filme, brachte viele innovative Anregungen mit ein und schlug neue, junge Regisseure vor, wie zum Beispiel Eoin Moore, Klaus Krämer oder Alain Gsponer. In all den Jahren haben wir gemeinsam mit der engagierten Redaktion des Bayerischen Rundfunks spannende und gesellschaftlich relevante Themen aufgegriffen. Schon allein als Kommissarin in einem *Polizeiruf* die Figur einer Bayerin zu schaffen, die mit einem Türken verheiratet ist, das war in diesen Jahren absolut am Puls der Zeit.

Nach zehn Jahren *Polizeiruf* gingen wir beide wieder auseinander – aber nicht zuletzt dank Edgar Selge war es eine fruchtbare und prägende Zeit.

Es gibt wenig Kollegen, mit denen ich über die Jahre hinweg auch privat in Kontakt geblieben bin, denn der Beruf bringt ein Vagabundendasein mit sich, das eine dauerhafte Freundschaft vor große Herausforderungen stellt. Wie Minnesänger ziehen wir durch die Lande und bei jedem Film entstehen neue Bande mit einer ganz speziellen Chemie, zu der nicht nur die Schauspieler und die Regisseure gehören, sondern auch der gesamte Stab. So entwickelt sich eine Schicksalsgemeinschaft auf Zeit, eingesponnen in einen Kokon, in dem man füreinander beinahe familiäre Gefühle entwickelt.

Am Ende jedes Drehs fallen dann die magischen Worte: »Wir sehen uns wieder! Wir bleiben in Kontakt!« Und jeder geht seiner Wege. Manchmal sieht man sich tatsächlich wieder – auf einer öffentlichen Veranstaltung, einer Preisverleihung oder bei einem anderen Film, aber in einer ganz anderen Konstellation, einer ganz neuen Filmfamilie mit ihrer eigenen Chemie.

Und doch gibt es eine Handvoll Kollegen, zu denen ich über all die Jahre hinweg Kontakt gehalten habe und die wahre Freunde geworden sind – zum Beispiel Günther Maria Halmer, der mehr noch als ein Freund, fast so etwas wie ein naher Verwandter für mich ist. In einem Interview sagte er einmal: »Die Michaela könnte eine Cousine für mich sein.« Und so hat es sich tatsächlich auch für mich immer angefühlt. Vielleicht sind wir verbunden durch das Bayrische, das uns beide ausmacht, durch unsere Direktheit, die wir aneinander so schätzen, unsere Harmonie bei der gemeinsamen Arbeit. Oder ist es die Liebe zur Natur? Die Vorliebe für gutes Essen? Sicherlich ist es eine Mischung. Unsere Freundschaft hält nun schon viele Jahre, auch nachdem er mit seiner Frau Claudia hinaus aufs Land gezogen ist.

Ähnlich erging es mir mit meiner Freundin Jutta Speidel. Wir lernten uns am Set von *Pepe der Paukerschreck* kennen und verstanden uns von Anfang an prächtig. Richtig eng wurde unsere Freundschaft jedoch erst einige Jahre später, als wir Anfang der Achtziger für den Film *Wie hätten Sie's denn gern?* vor der Kamera standen. Für ein gemeinsames Interview sollten wir uns ein Thema aussuchen und entschieden uns, über unsere Ängste zu sprechen. Wir waren zu der Zeit beide in unterschiedlichen Lebenssituationen. Während ich gerade geheiratet und mein erstes Kind bekommen hatte und mir die Frage stellte, ob mir als junge Mutter noch genügend Zeit für meinen Beruf bleiben würde, hatte Jutta sich gerade erst getrennt und wusste zu diesem Zeitpunkt mit Heirat und Kindern so gar nichts anzufangen. Wir redeten und diskutierten bis zum Morgengrauen. Die Journalistin war längst gegangen, doch diese Nacht war der Beginn einer bis heute andauernden tiefen Freundschaft.

Später, als Jutta selbst Mutter wurde, schoben wir gemeinsam unsere Kinderwagen durch München, unsere Töchter spielten miteinander, wir feierten gemeinsam Kindergeburtstage, fuhren Ski, reisten gemeinsam nach Italien. Auch als die Kinder größer wurden und unsere Wege nicht mehr so nah nebeneinander verliefen, blieben wir eng verbunden. Und ich dachte an Therese Giehse, als ich sie einmal nach ihren Freunden gefragt hatte: »Meine Freunde wohnen in Hamburg, in Zürich und Berrrlin. Und manchmal seh und sprech ich sie zwei Jahr oder fünf Jahr nicht. Und wenn ich sie dann sprech oder seh, ist es so, als wenn keine Sekunde vergangen wäre. Das sind meine Freunde.«

Ich hätte es nicht besser in Worte fassen können.

Mein Spektrum an Freunden ist sehr groß. Wenn ich mir mein Leben als eine große Leinwand vorstelle, die ich im Laufe meines Lebens bemale, mit vielen Tupfern und Strichen, dann tragen all diese Menschen, die mir in meinem Leben begegnen – sei es lang oder auch nur ganz kurz –, ihre ganz persönliche Farbe zu meinem Lebensbild bei. Ich habe Freunde aus den unterschiedlichsten Lebensphasen, den unterschiedlichsten Lebensbereichen. Jugendfreunde oder Kollegen, mit denen ich ganz bestimmte Erlebnisse teile, die mich begleitet und geprägt haben, auch wenn ich sie manchmal über die Jahre aus den Augen verloren habe. Aber wenn ich sie wiedersehe, dann stellt sich das gleiche Gefühl ein wie damals. Und so wächst das Bild des Lebens und wird immer bunter, eine Vielfalt von leuchtenden Farben, ein Leben lang.

Und so vergingen die Jahre. Die Kinder wurden größer, ich drehte weiterhin, viel und gern – Krimis wie *Tatort*, *Der Alte*, *Derrick*, aber auch Serien wie *Unsere Schule ist die Beste*, *Das Nest* oder *Der Bergdoktor*. Es war eine schöne Zeit, eine erfolgreiche Zeit. Doch als die Drehbücher von *Forsthaus Falkenau* nach einigen Folgen für mich nicht mehr zu bieten hatten, als den Förster zu heiraten und »das Heimchen am Herd« zu spielen, war ich fest entschlossen: »Ich möchte unterschiedliche, anspruchsvollere Rollen spielen, will nicht zu lange in Serien verweilen!« Also wagte ich den Sprung ins kalte Wasser, entschied mich gegen die Sicherheit und für das Abenteuer – und wurde belohnt.

In dem Fernsehfilm *Lovers* von Xaver Schwarzenberger übernahm ich zum Beispiel die Rolle einer gedemütigten und sich rächenden Ehefrau. Und plötzlich war auch Kino wieder möglich. An der Seite des späteren Oscarpreisträgers Christoph Waltz spielte ich in *Das merkwürdige Verhalten geschlechtsreifer Großstädter zur Paarungszeit* eine Kleptomanin. Während der Dreharbeiten begegnete ich Bernd Eichinger im Romagna Antica, dem Lokal, das für das *Ristorante Rossini*, dem Medientreff der Stadt, im gleichnamigen Film Pate gestanden hatte, und erzählte von meinem neuesten Projekt. Als er den Titel hörte, sagte er: »Allein der Titel bringt 500 000 Zuschauer!« Er sollte recht behalten.

In den kommenden Jahren probierte ich immer weiter Neues aus. In der italienischen Märchenfilmreihe *Prinzessin Fantaghirò* spielte ich die gute, aber hässliche Hexe Asteria, die schön sein will, aber im Zuge ihrer Wandlung ihren liebenswerten Charakter verliert. Jeden Tag wurden mir eine schiefe Nase und eine widerliche Warze angeklebt, aus der ein langes Haar herauswuchs, das ich mir genüsslich um den Finger wickelte. Ich liebte es, anders zu sein, hässlich und böse.

Und noch etwas reizte mich: Ich drehte wieder im Ausland – in Kuba. Tatsächlich erinnerte mich die Zeit dort an meine Reise durch Afrika. Natürlich war das Land weiter entwickelt als der schwarze Kontinent vor damals 25 Jahren. Doch auch im kommunistischen Kuba fand ich die Offenheit und Fröhlichkeit, die mich sofort berührten. Die Menschen schienen ihre Armut durch Lebensfreude zu kompensieren. Salsa schallte durch die Straßen Havannas, drang aus den pastellfarbenen Häusern und den morbiden Cafés und riss einen förmlich mit.

Ich hatte einen Chauffeur, der eigentlich Zahnarzt war, aber so wenig verdiente, dass er als illegaler Taxifahrer sein Gehalt aufbessern musste. Öffentliche Tankstellen existierten in jener Zeit in Kuba kaum. Und so besorgte er das Benzin in Kanistern von einem Bauern. Als Gegenleistung behandelte er ihm kostenlos die Zähne.

Auch Restaurants gab es nur wenige, dafür boten einige Kubaner an, in sogenannten Casas Particulares, Privathäusern, für Gäste zu kochen, um ein wenig Geld zu verdienen. Man erkannte diese Privatrestaurants daran, dass oftmals schon die Kinder auf der Straße standen und die Touristen hereinwinkten.

Und so saß auch ich eines Tages mit einigen Kollegen bei einer kubanischen Familie, abseits der Stadt, vor ihrer kleinen Holzhütte. Nur eine einzige Kerze erhellte den Esstisch – gebastelt aus einem alten, in Petroleum getauchten Lappen, dessen Ende durch eine aufgeschnittene Zahnpastatube gezogen und angezündet wurde. Die ganze Familie wuselte aufgeregt und freudig umher. Der Vater reparierte einen alten Gurkenhobel und schärfte die Messer, die Mutter lief zum Nachbarn, um frische Tomaten zu holen, und die Kinder eilten mit der zunehmenden Dunkelheit in die Büsche und kamen bald darauf zurück mit einem großen Glas, gefüllt mit dreißig, vierzig Glühwürmchen, die sie gesammelt hatten, und die nun unsere kleine Runde beleuchteten – einer der berührendsten und romantischsten Augenblicke meines Lebens. Ich war verzaubert und schwebte mit den Glühwürmchen in den lauen kubanischen Nachthimmel. Aus dem Kofferradio erklang der Gesang von Pablo Milanés.

Zum Abschied legten wir Schauspieler zusammen und kauften dem Fahrer ein paar Möbel – eine Couch, zwei Sessel, einen Tisch, alles für nicht einmal 300 Mark. Er selbst hätte sich das niemals leisten können. Ich sehe ihn noch heute dastehen, mit Tränen in den Augen vor Freude und Dankbarkeit.

Zurück in Deutschland war ich wild entschlossen, mir diese Einfachheit des Glücks zu bewahren, doch es dauerte nicht lange, bis ich wieder eingelullt war von unserem westlichen Konsumdenken, den gesellschaftlichen Gegebenheiten. Es besser zu wissen und es besser zu machen, sind eben zwei unterschiedliche Dinge.

Ich suchte weiter nach möglichst unterschiedlichen Rollen, wollte nicht in eine Schublade gesteckt werden, auch wenn die Leute auf der Straße immer wieder fragten: »Wann spielen Sie denn wieder etwas Lustiges?« Vor allem aber freute ich mich, dass ich nicht mehr nur mit meinen Rollennamen angesprochen wurde. Ich war nicht mehr die »Susi« oder die »Radl-Anni«, ich war plötzlich »Frau May«, »Michaela May«. Ich wurde nicht mehr als Rolle, sondern als Schauspielerin wahrgenommen.

Für meine Arbeit reiste ich weiterhin durch die Welt. Ich war für Inga Lindström in Schweden, für Rosamunde Pilcher in England und für Katie Fforde in Amerika, flog für verschiedene Reisedokumentationen nach Laos und Thailand, fuhr mit dem Schiff den Mekong entlang und verbrachte auf einer dieser Reisen meinen 60. Geburtstag im australischen Outback – zurück zur Natur, mit Blick auf den Uluru –, was kann es Schöneres geben. Ich habe in Kanada, Argentinien, Südafrika und wer weiß noch wo gedreht. Und auch auf dem *Traumschiff* bin ich mitgereist.

Für mich war und ist es heute noch ein großes Glück, so viel drehen zu können, so viel drehen zu dürfen. Manche Rollen wurden sogar extra für mich geschrieben, wie zum Beispiel *Die göttliche Sophie,* oder *Alles was recht ist.* Ich habe im Laufe meines Lebens in über 300 Filmen vor der Kamera gestanden – zuletzt mit dem unvergessenen Michael Gwisdek in *So einfach stirbt man nicht* oder in dem Dokumentarspiel *Protokolle des Bösen* als Mehrfachmörderin.

Ich war *Eine Nonne zum Verlieben* und *Eine Sennerin zum Verlieben*, habe Hippies, Gräfinnen, Richterinnen und Hexen gespielt, war Kommissarin, Mörderin und Opfer, habe Männer geliebt, geküsst, gehasst und verlassen. Aber immer, wenn ich mich für eine Rolle entschieden habe, habe ich die Figuren voller Herzblut und mit ganzer Seele gespielt – wobei ich als Schauspielerin natürlich jene Rollen besonders liebe, bei denen ich in verborgene Abgründe hinabsteigen kann. Rollen mit Tiefgang, egal ob tragisch, ob komisch, ob im Theater – wie in dem Stück *Die Wunderübung* mit Ingo Naujoks und Michael Roll sowie in dem Zwei-Personen-Stück *Der Sittich* mit Krystian Martinek – oder im Film, wie in der Tragikomödie *Familienfest* aus dem Jahr 2015 von Lars Kraume, in der ich zum letzten Mal mit Hannelore Elsner vor der Kamera stand. Sie wieder die *Femme fatale*, ich die gedemütigte Ehefrau und dennoch mit einer Tiefe, die mich als Schauspielerin besonders glücklich macht. Auch Günther Maria Halmer war wieder dabei – ganz ergraut inzwischen, doch noch immer mit gleicher Intensität.

Und so schloss sich für mich mit diesem Film in gewisser Weise der Kreis derer, die mich von Anfang an begleitet hatten. Doch ich drehe weiter, und ich weiß nicht, wann ich meine letzte Rolle spielen werde.

Vielleicht liegt das Beste ja noch vor mir?

Ich bin gespannt.

Jedes Kind braucht Liebe

Die Welt ein bisschen besser machen

Hilfsbereitschaft wurde in meiner Familie immer groß geschrieben. Wenn ein Freund Hilfe brauchte, standen meine Eltern stets mit Rat und Tat und vier helfenden Händen zur Seite und packten dort mit an, wo Not am Mann war. Das lag sicherlich nicht nur an ihren christlichen Werten, dem Geist der Nächstenliebe, sondern auch an der entbehrungsreichen Kriegs- und Nachkriegszeit, in der sie ihre prägenden Jahre verbracht und gelernt hatten, dass ein Einzelner auf sich gestellt nicht weit kommt. Teilen war damals nicht nur mitmenschliche Geste. Helfen, Zusammenstehen war mit einem Mal überlebensnotwendig. Der eine hatte Ziegeln, aber nichts zu essen, ein anderer wiederum die handwerklichen Fähigkeiten. Dann wurde eben zusammen angepackt, keiner blieb auf sich allein gestellt. »Gemeinsam schaffen wir das!«, war der Geist der Stunde. Ich selbst wurde zwar hineingeboren in die goldenen Jahre des Wirtschaftswunders – doch ich sog in meiner Kindheit die feste Überzeugung auf, wie wichtig es ist, nicht nur an sich zu denken, sondern auch an die anderen.

Die erste Gelegenheit, diesen Grundsatz auch außerhalb meines Familien- und Freundeskreises umzusetzen, bot sich mir Mitte der Achtziger, als mich die Krebshilfe der Haunerschen Kinderklinik ansprach und um Mithilfe bat. Die Stiftung wollte in der Vorweihnachtszeit einen Plätzchenverkauf in der Münchner Innenstadt organisieren, um Spenden zu sammeln. Die Plätzchen wurden von den Müttern krebskranker Kinder gebacken. Außerdem wurden Backbücher mit den Plätzchenrezepten zum Kauf angeboten – und zwar von Prominenten, die sich jeweils ein oder zwei Stunden in die Fußgängerzone stellten und so für die Aktion warben. Ich war sofort dabei und verkaufte gemeinsam mit Ottfried Fischer, Elmar Wepper und vielen anderen Plätzchen und Glühwein an neugierige – und spendenfreudige – Passanten. Die Verkaufsaktion war ein voller Erfolg.

Doch mit der Zeit bekam die Presse Wind von der Veranstaltung, und schon nach ein oder zwei Jahren wurde der Verkaufsstand mit seinen prominenten Händlerinnen und Händlern derart von Fotografen umringt, dass für die normale Bevölkerung kein Durchkommen mehr war. Und mit einem Mal wirkte die so wohltätig gedachte Aktion ganz und gar nicht mehr wohltätig, sondern wie ein gut lancierter PR-Coup, bei dem es uns Prominenten nur darum ging, vor der Kamera möglichst gut dazustehen. »Die machen das nur, damit sie in der Zeitung stehen«, hieß es plötzlich – und das wollte ich mir nun wirklich nicht nachsagen lassen.

Die nächste Möglichkeit, mich für einen guten Zweck zu engagieren, klopfte im wahrsten Sinne des Wortes direkt an meine Haustür. Wenige Wochen zuvor war eine neue Bewohnerin in das Mehrparteienhaus am Nymphenburger Kanal eingezogen, in dem ich damals mit Jack und unser fünfjährigen Tochter Alexandra wohnte. Frau Arnold, so hieß die Frau, fragte, ob meine Tochter Interesse habe, Musikunterricht zu nehmen. Ihr Sohn Jan studierte an der Musikhochschule in München. Er litt an einer nicht ansteckenden, chronischen Krankheit, die immer wieder längere Krankenhausaufenthalte notwendig machte, weshalb er keine Engagements als Konzertmusiker annehmen konnte. Und nun suchte seine Mutter für ihn eine Möglichkeit, anderweitig beruflich tätig zu werden – als Musiklehrer. Jan unterrichtete Saxofon und Klavier. »Auch Flöte?«, fragte Alexandra – all ihre Freundinnen interessierten sich gerade für dieses Instrument. »Auch Flöte«, bestätigte Frau Arnold. »Das Problem ist nur, dass er immer wieder mal für ein paar Wochen ausfällt, wenn er ins Krankenhaus muss.« »Was hat er denn für eine Krankheit?«, fragte ich, und die Mutter reichte mir ein Kinderbuch, das sie – wie ich später erfuhr – selbst geschrieben hatte: *Anna macht mit*.

Das Buch erzählt die Geschichte der kleinen Anna, die an Mukoviszidose leidet, einer erblichen Stoffwechselerkrankung, bei der manche Körperflüssigkeiten zähflüssiger sind als normalerweise. Mukoviszidose geht zurück auf die lateinischen Begriffe *mucus* und *viscidus*, zu Deutsch: »klebriger Schleim«. Die Krankheit betrifft verschiedene Organe, zum Beispiel Leber und Bauchspeicheldrüse, die wichtige Verdauungssäfte herstellen, weshalb Kinder mit dieser Krankheit viele Speisen nicht vertragen und besonders zart und schmächtig sind.

Am meisten betroffen sind jedoch die Bronchien, die gefüllt sind mit zäher Bronchialflüssigkeit, was chronischen Husten und häufige Infektionen der Atemwege zur Folge hat. Diese sorgen wiederum für eine langsame Zerstörung der Lungenbläschen, was langfristig zum Tod der Patienten führt. Die in den Achtzigerjahren standardmäßig eingesetzte Abklopftherapie, um die Lungen der Kinder vom Schleim zu befreien, trug noch ihren Teil zur Zerstörung der Lungen bei. Doch in jener Zeit, als Frau Arnold an meine Tür klopfte, wusste man das noch nicht. Die Lebenserwartung für Kinder, die an Mukoviszidose erkrankt waren, lag damals bei unter 20 Jahren – Jan war bereits über 20 Jahre alt.

Alex begann bei ihm Musikunterricht zu nehmen – und zwar doch nicht Flöte, sondern Klavier, das sie beim ersten Betreten der Wohnung gleich wie ein Magnet anzog. Doch noch etwas fiel uns beiden sofort auf: ein riesiges Inhaliergerät, das unübersehbar neben dem Flügel stand. »Was ist denn das für ein Ding?«, fragte Alex verwundert, und wir erfuhren, dass Jan dreimal täglich inhalieren musste, um genug Luft zum Atmen zu bekommen. Nur strengste Disziplin machte es diesem jungen Mann möglich, den sehr fragilen Zustand aufrechtzuerhalten. Doch immer wieder hatte Jan Phasen, in denen es ihm schlecht ging. Regelmäßig fuhr er auch in die Kinderfachklinik Satteldüne auf die Nordseeinsel Amrum, um sich zu erholen.

Mit der Zeit wuchs in mir der Entschluss, auf diese Krankheit aufmerksam zu machen, die damals noch kaum jemand kannte. Ich wollte Kindern helfen, die ein ähnliches Schicksal erlebten wie dieser begabte, kämpferische junge Mann. Ich wollte mich für das große Glück bedanken, zwei gesunde Kinder zur Welt gebracht zu haben. Und vielleicht wollte ich, nachdem ich meine Geschwister nicht hatte retten können, unbewusst anderen Menschen helfen.

Und so fuhr ich mit einer Journalistin zu Jan nach

Amrum, um über seine Krankheit zu berichten und aufzuklären. Die Geschichte landete auf dem Titelblatt eines großen Magazins, und so wurde Dr. Horst Mehl darauf aufmerksam, der es sich zur Lebensaufgabe gemacht hatte, diese Krankheit zu bekämpfen.

Auch sein Sohn Jakob war an Mukoviszidose erkrankt. Vom Arzt bekam er bei der Diagnose den Rat: »Machen Sie ein Fest aus dem Leben Ihres Kindes. Es wird nicht lange dauern.« Ein Urteil, das Mehl so nicht akzeptieren wollte: »Wir müssen doch etwas finden, was unserem Sohn hilft!« Doch zu diesem Zeitpunkt gab es noch keine wirklichen Erkenntnisse und Behandlungsmethoden. Oft wurde die Krankheit nicht mal richtig erkannt, und man vermutete stattdessen Asthma oder Krupphusten.

Zusammen mit anderen Eltern betroffener Kinder gründete er die Elterninitiative »Mukoviszidose e. V.« in Bonn. Er wollte die Erforschung dieser Krankheit vorantreiben, die zu den sogenannten seltenen Krankheiten gehört. Dadurch dass Mukoviszidose im Gegensatz zu Bluthochdruck und Krebs keine Volkskrankheit ist – aktuell sind in Deutschland etwa 8000 Menschen davon betroffen –, war es für die gewinnorientierte Pharmaindustrie einfach nicht rentabel, sich um dieses Thema zu kümmern.

Um das zu ändern, brauchte Mehl vor allem Geld und Aufmerksamkeit. Und dabei sollte ich ihn unterstützen. Ich sagte: »Ja!« und wurde Teil des Kampfes für eine bessere Erforschung der Krankheit im Hinblick auf Ursachen, Behandlungsmethoden und Medikamenten. Unterstützt wurden wir durch das Engagement von Christiane Herzog, der Frau des damaligen Bundespräsidenten Roman Herzog. Mit ihrer Stiftung setzte sie sich vor allem für die Einrichtung von Mukoviszidose-Ambulanzen ein, in denen die betroffenen Kinder in einer keimfreien Umgebung regelmäßig behandelt werden konnten. Zunächst agierten die beiden Initiativen wohlwollend nebeneinander, die eine eher ausgerichtet auf Forschung, die andere auf konkrete Betreuung – später wurden beide unter einem Dach vereint.

Die Jahre brachten viele Erkenntnisse: Ein spezielles Screening bei Säuglingen sorgt inzwischen für die so wichtige Früherkennung, entsprechende Ernährung und ein stabiles Gewicht machen die Patienten widerstandsfähiger, die Lunge wird nicht mehr geschont, sondern durch regelmäßige Bewegung gestärkt, und anstatt den Schleim abzuklopfen, kommen heute andere physiotherapeutische Methoden zum Einsatz. Zusammen mit der Erforschung neuer Medikamente trägt dies alles zu einer enormen Steigerung der Lebenserwartung Mukoviszidose-Erkrankter bei.

Für Jan kamen diese Erkenntnisse jedoch zu spät. Seine Lunge war bereits zu schwer geschädigt. Er starb mit Mitte 20, während er auf eine Spenderlunge wartete. Kurz vor seinem Tod nahm er mir das Versprechen ab, mich weiterhin für die Erforschung der Krankheit einzusetzen. Ich habe mein Versprechen bis zum heutigen Tag gehalten.

Als Schirmherrin des Mukoviszidose e. V. bin ich immer dabei, wenn um meine Mithilfe gebeten wird, seien es nun Golfturniere, Seifenkistenrennen, Muko-Läufe oder eine der zahlreichen publikumswirksamen Aktionen, mit denen der Verein auf sich aufmerksam macht, um Spenden zu akquirieren.

Im Verlauf der letzten 25 Jahre, die ich mit dabei war, haben wir zudem eine Steigerung der Lebenserwartung um 20 Jahre erreicht – und es geht immer weiter bergauf. Der jetzige Bundesvorsitzende des Vereins und Mitglied des Ethikrats, Stephan Kruip, ist selbst Mukoviszidose-Patient und wird in wenigen Jahren 60 – inzwischen ist er seinen dritten Marathon gelaufen. Ein hoffnungsvoll stimmendes Beispiel.

Es macht mich unglaublich froh zu sehen, wie das Leben der Betroffenen in so kurzer Zeit so grundlegend verändert werden konnte – auch das der Eltern, die ihr ganzes Leben nach dieser Krankheit ausrichten müssen. Es berührt mich zu sehen, mit welcher Disziplin die Kinder gegen ihre Krankheit ankämpfen, und wie dankbar sie für jeden Tag sind, an dem sie einfach nur frei atmen können. Mich berührt die Stärke dieser Kinder, wenn ich einer betroffenen Mutter gegenübersitze, die mir unter Tränen von der Krankheit ihres Kindes erzählt, und das Kind aufsteht, sich neben seine Mutter setzt, sie in den Arm nimmt und sagt: »Wein nicht, Mama! Heute ist doch ein guter Tag!«

Wenige Jahre später kreuzte eine andere Organisation meinen Weg, bei der aktiv zu werden, mich reizte. »SOS-Kinderdörfer weltweit« fragte mich, ob ich die Patenschaft für eines ihrer Dörfer übernehmen wolle. Einmal mehr bot sich mir die Möglichkeit, die Bekanntheit, die ich über die Jahre erworben hatte, zum Wohl meiner Mitmenschen einzusetzen. Meinen Geschwistern hatte ich nicht helfen können. Doch für diese Menschen war es noch nicht zu spät. Diese Menschen hatten eine Chance zu leben.

Das Grundprinzip der SOS-Kinderdörfer – die nach dem Zweiten Weltkrieg vom österreichischen Pädagogen Hermann Gmeiner ins Leben gerufen wurden – ist, dass jedes Kind eine Mutter braucht und am besten mit Geschwistern in vertrauter Umgebung aufwachsen sollte, in einem eigenen Haus in einer Dorfgemeinschaft. Ausgewählte Frauen übernehmen in den SOS-Kinderdörfern für Waisenkinder, aber auch für solche, deren Eltern nicht imstande sind, ihnen ein kindgerechtes Leben zu ermöglichen, die Mutterrolle. Die erste Kinderdorfmutter war die 2011 verstorbene Maria Weber, die im Laufe ihres Lebens 20 Kinder aufgezogen hat.

Mich faszinierte die Idee, und so wurde ich schließlich SOS-Kinderdorf-Patin für ein Dorf in Ghana, in der Hafenstadt Tema. Im Jahr 2003 reiste ich selbst dorthin und sah, wie gut das Konzept funktionierte, wie die Mütter mit oft bis zu zehn Kindern gemeinsam den Alltag meisterten, wie sie das knappe Budget verwalteten und zum Wohl der Kinder einsetzen, und wie auch alle Kinder fleißig im Haushalt mitarbeiteten. Auch wuchsen die Kinder nicht isoliert vom Rest der Welt auf. Sie gingen in normale Schulen, und immer wieder fanden Veranstaltungen und Feste statt, um die Bewohner des Kinderdorfes mit denen der umliegenden Gegend in Kontakt zu bringen. Selbst über Generationen hinweg haben diese Familien Bestand, und ich habe selbst erlebt, wie ein Kind, das im Dorf aufgewachsen ist und nun selbst Kinder hat, mit seinem Nachwuchs die Kinderdorfmutter, die »Oma«, besucht. Was die Frauen in diesen Dörfern tun, ist eine Lebensaufgabe – sie hören nie auf, die Mütter dieser Kinder zu sein.

Ich selbst versuche, die Situation dieser Familien durch kleine Aktionen zu verbessern, zum Beispiel indem ich Geld für Instrumente sammelte, um den Kindern in Ghana die Gründung einer kleinen Big Band zu ermöglichen. Ich nehme an verschiedenen Spendenaktionen teil und unterstütze die Organisation ganz allgemein bei ihrer Öffentlichkeitsarbeit. Seit einiger Zeit bin ich auch mit großer Begeisterung Jurymitglied beim DOK.fest, dem Internationalen Dokumentarfilmfestival in München, das den SOS-Dokumentarfilmpreis der SOS-Kinderdörfer für Filme vergibt, die auf die unterschiedlichen Lebenswirklichkeiten von Kindern auf der ganzen Welt aufmerksam machen.

Und schließlich kam ein drittes Projekt dazu, bei dem ich meine Bereitschaft zu helfen von Kindern auch auf Erwachsene ausweiten konnte. Die »Welthungerhilfe« bat mich um Unterstützung. Sie wollte mit ihren Filmen auf die ungerechte Verteilung von Nahrungsmitteln auf dieser Erde aufmerksam machen und zugleich dokumentieren, wie ihre Arbeit in den Entwicklungsländern Verbesserung schaffen kann. Ein Thema, das mich schon seit geraumer Zeit bewegte: Warum hatte ich das Glück, in einer Region aufzuwachsen, in der es genügend zu essen und zu trinken gab? Wie kann man dieser himmelschreienden Ungerechtigkeit ein Ende setzen? Kann ich persönlich etwas dagegen tun? *Was* kann ich tun?

Und so reiste ich für die Welthungerhilfe nach Madagaskar. Ich sah, wie in dem Inselstaat vor der afrikanischen Südostküste jedes Jahr die ausgebrachten Pflanzen von sintflutartigen Regenfällen davongeschwemmt wurden – und wie die Welthungerhilfe den Menschen beibrachte, welche Pflanzen tiefer wurzeln und damit den Wassermassen standhalten können. Kenntnisse, die in diesem Land eben nicht von Generation zu Generation weitergegeben werden können, weil die Veränderungen, die der Klimawandel mit sich bringt, für ganz neue Verhältnisse sorgen, an die sich anzupassen die Menschen erst lernen müssen.

Auch nach Indien reiste ich für die Welthungerhilfe. Dort faszinierte mich besonders die Art und Weise, wie neues wertvolles Wissen an die Menschen weitergegeben wurde, die zum Teil weder lesen noch schreiben konnten. Ortsansässige Mitarbeiter der Welthungerhilfe unterrichteten die Einheimischen in deren Sprache – mit einer ganz besonderen Methode: In einem kleinen Dorf in der Nähe von Kalkutta begannen sie unter einem großen Baum zu singen, begleitet von einer Art Ziehharmonika. Nach und nach versammelten sich die Dorfbewohner und sangen einfach mit. Wie bei den bayrischen Gstanzln begann der Vorsänger jeweils mit einer längeren Strophe, danach sangen alle den Refrain mit Begeisterung mit. Verwundert fragte ich den Dolmetscher: »Was singen die da?« Er übersetzte mir:

Vorsänger: Wir pflanzen die Pflänzchen nicht mehr in Bündeln, sondern in Reihen.
Chor: Nicht mehr in Bündeln, sondern in Reihen.

Und so lernten die Bauern, ohne lesen und schreiben zu können, was für die Verbesserung ihrer landwirtschaftlichen Tätigkeit wichtig war, was ihre Erträge erhöhte, und gingen dann hinaus auf die Felder, um das, was sie gelernt hatten, umzusetzen.

Nicht weniger begeisterte mich, wie den Kindern in der Schule Verantwortung übertragen wurde. Da gab es den »Minister für die Schreibsachen«, der dafür sorgte, dass die Unterrichtsmaterialien in gutem Zustand waren, es gab den »Minister für das Essen und Trinken«, der die Pausenbrote gerecht verteilte. Es gab einen »Minister für den Garten«, dessen Aufgabe es war, den Schulgarten in Ordnung zu halten. Mit welcher Freude, mit wie viel Stolz diese Kinder in die Schule gingen und Verantwortung übernahmen! Sie schätzten den Schulbesuch als Privileg, waren mit großer Begeisterung dabei und sogen das neue Wissen auf wie Schwämme.

Über viele Jahre hinweg waren das die drei Säulen meines sozialen Engagements: Bei der Mukoviszidose e.V, den SOS-Kinderdörfern und der Welthungerhilfe setzte ich mich für Kinder im In- und Ausland und für mehr Verteilungsgerechtigkeit in der Welt ein, bis 2019 zwei Frauen auf mich zukamen, die ich von den *Sternstunden*, der Benefizaktion des Bayrischen Rundfunks, kannte. Ihr Plan war, ältere Mitmenschen aus ihrer Einsamkeit zu holen, die gerade im Alter mit vorher nie gekannter Wucht zuschlägt: Partner sterben, Kinder ziehen weg, die Kegelgruppe löst sich auf und plötzlich steht man da, einsam und allein. Elmar Wepper hatten die beiden als männlichen Schirmherrn bereits gewinnen können – und der schlug nun mich als weibliche Schirmherrin vor.

Ich selbst habe im Augustinum, in dem meine Eltern viele Jahre ihres Lebens verbracht haben, erlebt, wie vielen Senioren der Mut, aber auch die Kraft fehlt, aus sich herauszugehen und mit neuen Menschen in Kontakt zu kommen. Und hier sollte der Verein Retla, was rückwärts gelesen »Alter« heißt, ansetzen: Angedacht war eine Art Patensystem, bei dem Menschen mit gleichen Interessen zusammengebracht werden, um sich kennenzulernen, zu treffen, gemeinsame Unternehmungen zu machen – aber auch größere Gruppen sollten »verkuppelt« werden: Kartenrunden, Sangesfreunde und andere. Außerdem sollte Retla Konzerte organisieren, Ausflüge und andere Veranstaltungen, bei denen ältere Menschen mit Gleichgesinnten in Kontakt gebracht und so ein wenig aus ihrer Einsamkeit herausgeholt werden.

Es war der Winter 2019/2020, die Pläne nahmen langsam Gestalt an – doch dann kam Corona. Persönliche Begegnungen waren mit einem Mal keine Option mehr, und so verwandelte sich das Ganze notgedrungen in eine Telefon-Engel-Aktion. Unter der 089/18910026 konnten und können sich Senioren, die sich einsam fühlen – und Menschen, die ihnen zur Seite stehen wollen, sogenannte Telefon-Engel – melden und werden so zusammengeführt.

Und so saßen schon bald auch Elmar Wepper und ich am Retla-Telefon und nahmen Anrufe von interessierten Personen entgegen. Über 700 Patenschaften wurden bereits vermittelt – und es gibt noch viele Helfer, die darauf warten, einsame Menschen aus ihrer Isolation zu holen. Bei der Vermittlung wird nicht nur darauf geachtet, dass die Personen ähnliche Interessen haben, sondern auch darauf, dass sie aus derselben Gegend kommen, sodass auf Wunsch auch persönliche Treffen und gemeinsame Unternehmungen machbar sind. Seit einiger Zeit ist das – und auch die verschiedenen anderen Aktivitäten, die der Verein von Anfang an im Sinn hatte – wieder möglich. Und ich freue mich, dass ich weiterhin meinen Beitrag zu dieser wundervollen Aktion leisten darf, fehlt es doch – nicht nur in der Zeit der Pandemie – vermehrt an Nächstenliebe und Gemeinsinn, ein Thema, das mich schon seit Jahren umtreibt.

Denn die Lieblosigkeit, die Gleichgültigkeit anderen gegenüber und der Egoismus, all das nimmt in unserer Gesellschaft meinem Gefühl nach immer weiter zu. Die Verrohung der Sprache setzt sich unverhohlen fort in

Hass und Gewalt – im Alltag, in Schule und Beruf, bis hinein in die Politik. Das macht mir Angst, auch in Hinblick auf meine Kinder und Enkelkinder.

Einen Weg, dem entgegenzusteuern und zu lernen, wieder einfühlsamer miteinander umzugehen, habe ich indirekt durch meine beiden Töchter kennengelernt, die in England die Schule besucht haben. Dort müssen die Kinder über zwei Jahre hinweg einmal die Woche Menschen im Altersheim besuchen, ihnen Zeit und Zuwendung schenken. »Was soll ich mit denen machen, wenn sie gar nicht sprechen können oder nicht wollen?«, fragte mich meine Tochter. »Streichle ihnen die Hand oder sing mit ihnen.« Ich selbst hatte mit meiner Mutter und ihren Freunden im Augustinum die Erfahrung gemacht: Mochte eine Person auch noch so sehr in sich zurückgezogen, mochte ihr Geisteszustand noch so schlecht sein – mit Zuneigung und mit Liedern aus ihrer Kindheit konnte man immer zu ihnen durchdringen.

Und so langsam wuchs meinen Töchtern diese Aufgabe ans Herz und erwies sich für beide Seiten als Vorteil. Die älteren Menschen wurden unterhalten, die Kinder konnten aus ihrer Erfahrung lernen. Und auch im Klassenverband der Mädchen tat sich einiges. Mobbing und interne Streitigkeiten nahmen ab. Dadurch dass die Jugendlichen plötzlich mit Menschen zu tun hatten, denen es schlechter ging als ihnen, sahen sie ihre eigenen Bedürfnisse und Anliegen in einem ganz neuen Licht und maßen den Differenzen, wie sie im Schulalltag an der Tagesordnung sind, viel weniger Bedeutung bei.

Ich selbst fühlte mich durch die Berichte meiner Töchter auf erschreckende Art und Weise um Jahrzehnte zurückversetzt, als mein jüngerer Bruder Karl so darunter gelitten hatte, dass er in der Klasse einfach keinen Anschluss fand – weil er, der geigenspielende Sonderling, anders war als alle anderen. An ihm konnte man sehen, was passiert, wenn ein Mensch ausgeschlossen, in eine Ecke gedrängt wird. Wie wäre es ihm wohl ergangen, wenn in seiner Klasse ein anderes Klima, ein liebevollerer Umgang geherrscht hätte?

Und so setzte ich mich Anfang 2000 für mehr Herzensbildung in der Schule ein, nach dem Vorbild, wie meine Kinder es in England erlebt hatten. Natürlich könnte man sagen, dass es Aufgabe des Elternhauses ist, Kinder empathisch zu erziehen, aber es ging mir darum, auch jene Kinder und Jugendlichen zu erreichen, bei denen das nicht der Fall ist.

Ich wurde bei der bayrischen Kultusministerin vorstellig, doch mein Anliegen stieß auf taube Ohren. Es war die Zeit des PISA-Schocks und für Herzensbildung blieb da nur wenig Raum. Meine Bemühungen verliefen im Sand.

Doch wie so oft im Leben brauchen manche Dinge ihre Zeit. Und so erhielt ich im Frühjahr 2021 einen Brief von der Bayerischen Landeszentrale für politische Bildung. Anlässlich des 75. Jubiläums der Bayerischen Verfassung brachte der Freistaat das Projekt »Meine Verfassung« auf den Weg, eine zur Diskussion anregende Sammlung von ganz unterschiedlichen Perspektiven auf einzelne Artikel der Verfassung. Ich entschied mich für Artikel 131 über die Bildungsziele der Schulen und schlug vor, in allen Schulformen im letzten Schuljahr ein Praktikum im Seniorenheim auf den Lehrplan zu setzen.

Vielleicht ist jetzt die Zeit reif, um Dinge zu ändern – damit Schicksale wie das meines Bruders in Zukunft vermieden werden können.

Ich gebe die Hoffnung nicht auf.

Das bunte Bild des Lebens

Die Wurzeln meiner Kraft

Ich glaube nicht an Gott.

Nicht an den Himmel. Nicht an die Hölle.

Nicht an ein Leben nach dem Tod.

Vielleicht werde ich einmal wiedergeboren, aber ich weiß nichts von früheren Leben und denke nicht, dass ich mich in einem etwaigen zukünftigen Leben als Regenwurm, als Steinpilz oder als Reisbauer an dieses Leben hier werde erinnern können. Die Hoffnung auf eine jenseitige Welt hat mir niemals Kraft und Halt gegeben. Das Bewusstsein meiner Vergänglichkeit hat mich nie in eine ferne Zukunft blicken lassen, sondern mich stattdessen gelehrt, im Hier und Jetzt zu leben, im Augenblick aufzugehen, den Moment zu genießen.

»Es gibt nur zwei Tage im Jahr, an denen man nichts tun kann. Der eine ist Gestern, der andere Morgen. Das bedeutet, dass heute der richtige Tag zum Lieben, Glauben und in erster Linie zum Leben ist«, soll der Dalai Lama einmal gesagt haben. Und so liebe, glaube und lebe ich heute und im Hier und Jetzt. Ich denke, das ist auch der Grund, weshalb mir die Schauspielerei in so vielen Lebenskrisen geholfen hat. Sie ist für mich das ultimative Mittel, um im Moment aufzugehen, die

Dinge auszublenden, die mich belasten, und im Augenblick verwurzelt zu sein.

Doch sie ist für mich noch viel mehr als das – sie ist für mich zusammen mit den Reaktionen des Publikums ein Quell echter Befriedigung und tiefen Glücks. Die Zuneigung der Menschen zu spüren, die sich ausdrückt in spontanen Sympathiebekundungen, langen Briefen, selbst gehäkelten Taschentüchern, vom Fernseher abfotografierten Fotos, war und ist etwas, das mich in meinem Leben immer wieder mit Freude und Kraft erfüllt und wie eine weiche Welle durchs Leben getragen hat. Und diese Zuneigung ist es auch, die mich motiviert, diese Liebe auch zurückzugeben, mich ihrer würdig zu zeigen – indem ich versuche, wahrhaftig zu sein, in dem, was ich spiele, in dem, wofür ich mich auch jenseits der Schauspielerei einsetze.

Wohl eine der berührendsten Zuschriften, die ich jemals erhalten habe, war die E-Mail einer Frau. Sie schrieb, sie mache so etwas normalerweise nicht, aber sie müsse mir von ihrem Mann erzählen. Er hatte einen Schlaganfall erlitten, lag lange im Krankenhaus, konnte nicht laufen, reagierte nicht, sprach nicht. Die Frau verbrachte viel Zeit mit ihm, redete mit ihm, doch er bekam kein Wort heraus. Und immer wieder lief auch der Fernseher, um ihm Anregung, Unterhaltung zu bieten. Die Familie wusste ja nicht, was er wahrnahm, was er mitbekam. Und irgendwann öffnete der Mann, der so lange Zeit nicht gesprochen hatte, als gerade ein Film mit mir lief, den Mund, deutete auf den Fernseher und sagte: »Michaela May.« Und ab diesem Augenblick ging es aufwärts mit ihm. Das wolle sie mir nur berichten, endete der Brief jener Frau. Sie habe in diesem Moment Tränen in den Augen gehabt. Mir ging es nicht anders, als ich ihre E-Mail las und mich über das Glück freute, einen Beruf gefunden zu haben, mit dem ich andere Menschen erreichen, berühren kann.

Und doch gibt es etwas, das mich noch verlässlicher mit Kraft und Glück erfüllt als die Arbeit als Schauspielerin – Bewegung und Natur, am liebsten beides zusammen. Schon als Kind liebte ich es zu tanzen, durch die Wiesen und Wälder von Riederau zu turnen und zu tollen, und im Grunde habe ich niemals damit aufgehört. Mich erholen, Kraft tanken heißt für mich nicht, die Tür hinter mir zuzuziehen und mich drei Tage auf dem Sofa einzukuscheln. Ich brauche die Bewegung wie die Luft zum Atmen, ich muss raus in die Natur, in die Berge, zu den Seen, dem Lauf des Wassers folgen, damit auch mein Geist nicht stillsteht.

Trotz Kindern, trotz Beruf stand ich jahrelang, ja jahrzehntelang für den TSV Moosach-Hartmannshofen für die Ü30 auf dem Tennisplatz. So wie ich es früher geliebt hatte, mich mit meinen Brüdern und Cousinen beim Tischtennis zu messen, ging ich nun beim Tennis auf, im Zweikampf, beim Mixed und beim Doppel. Ich war ehrgeizig, trainierte fleißig – waren wir draußen in Riederau, spielte ich auch noch beim TC Utting – meine Vorhand war nicht schlecht, meine Rückhand ließ zu wünschen übrig. Doch Tennis allein reichte mir nicht. Ich liebte es, Ski zu fahren, stand schon als ganz kleines Mädchen auf den Brettern und sauste wild und furchtlos den Berg hinab, bis ich – paradoxerweise in einem Sportgeschäft beim Anprobieren eines Skihelms – vor einigen Jahren rückwärts eine Treppe hinabstürzte und mir nicht nur Schulter und Knöchel brach, sondern auch die Achillessehne riss. Fortan war die Sehne labberig wie ein ausgeleierter

Hosengummi und nicht mehr tauglich für rasante Abfahrten. Also auf zu neuen Ufern! Ich wollte weiter den Schnee und die Berge im Winter genießen – Schneeschuhwandern brachte mir einen ganz neuen Quell der Freude. Es ist nicht weniger anstrengend, doch im Gegensatz zum Skifahren musste ich mich nicht mehr in die Schlangen vor dem Skilift einreihen, sondern entdeckte die Langsamkeit für mich. Ich tauchte ein in die winterliche Schönheit der Berge, stapfte auf einsamen unberührten Wegen unter schneebedeckten Wipfeln hindurch und sah nun plötzlich das Glitzern der Sonne auf dem Schnee, verborgene Schätze der Natur, die meinem eiligen Auge beim Skifahren entgangen waren.

Ja, die Natur machte und macht mich auch heute noch verlässlich glücklich. Sie spendet mir in ihrem ewigen Kreislauf des Lebens Trost und erlaubt es, die Aufmerksamkeit auf diesen einen Moment zu fokussieren. Dennoch könnte ich die Stadt vermutlich nie ganz hinter mir lassen. Ich bin und bleibe auch ein Stadtkind. Selbst wenn ich wirklich eines Tages aufs Land ziehen würde, so müsste ich doch immer eine Anlaufstelle in der Stadt behalten. Zu sehr genieße ich es, schnell und spontan ins Kino, ins Theater gehen zu können, Freunde im Café um die Ecke zu treffen.

Darauf, Freunde in unmittelbarer Nähe zu wissen, darauf möchte ich niemals verzichten. Denn was wären all die Schönheiten des Daseins, wenn man sie nicht teilen könnte mit den Menschen, die man liebt? Und immer wieder lässt sich ja auch alles vereinen. So besuche ich meine Freundin Silvia auf ihrem Hof am Berg bei Saalbach und streife mit ihr durch die Wiesen und Wälder. Oder ich fahre gemeinsam mit meiner langjährigen Freundin Reinhild hinaus in die Berge, die sie wie ihre Westentasche kennt. Jeder Stein, jede Biegung, jeder Gipfel und jedes Tal ist ihr so vertraut und ihr Reservoir an verschiedenen Wandertouren unerschöpflich. »Wie viel Zeit haben wir heute? Den ganzen Tag oder nur ein paar Stunden?«, fragt sie und weiß genau, welche Strecken wir uns in dieser Zeit vornehmen können. Sie weiß um meine Höhenangst, weiß, welche Steige für mich nicht infrage kommen, und hat ein Näschen für Schleichwege und Abkürzungen, abseits der vielbegangenen Pfade, sodass wir manchmal stundenlang gehen können, ohne auch nur einer einzigen Menschenseele zu begegnen. Mit ihr studiere ich Landkarten und fühle mich erinnert an meinen Vater, der nie ohne Karte in die Berge ging und versuchte, sich die gegangenen Wege einzuprägen. Wir machen Brotzeit an plätschernden Gebirgsbächen oder rauschenden Flüssen und hängen einfach nur unseren Gedanken nach. Manchmal hole ich meine Texte aus dem Rucksack, lerne meine Rollen und lasse mich vom Lauf des Wassers inspirieren. Mit Reinhild bin ich im wahrsten Sinne des Wortes durch Höhen und Tiefen gegangen.

Doch wir gehen nicht nur gemeinsam wandern – jahrelang lebten wir in Nymphenburg quasi Tür an Tür und joggten einmal die Woche gemeinsam im Park. Nach der Geburt meiner zweiten Tochter Lilian erging es mir nämlich wie so vielen Frauen: Ich wurde die dazugewonnenen Pfunde einfach nicht mehr los. Also engagierte ich einen Personal Trainer, der mich wieder in Schwung bringen sollte. Er trieb mich an, sorgte dafür, dass ich das richtige Lauftempo fand, bei dem man sich problemlos unterhalten konnte, ohne Seitenstechen zu bekommen. Das war allerdings nur die Aufwärmübung für das anschließende Training mit Hanteln und Bändern. Als ich wieder zu meiner alten Form gefunden hatte, sagte ich dem Trainer dankend Lebewohl und lief stattdessen mit Reinhild einmal die Woche durch den Nymphenburger Park.

Kurze Zeit später gesellte sich Carla dazu, die nur einen Katzensprung entfernt von mir wohnte. Sie war Anwältin und in vielerlei Hinsicht das komplette Gegenteil von mir. Doch wie heißt es so schön: Gegensätze ziehen sich an. Carla hatte mit Reisen nicht viel am Hut: »Am schönsten ist es für mich auf Balkonien«, und lauschte dennoch interessiert meinen Erzählungen über ferne Länder. Sie wiederum war mein pragmatisches Gewissen, wusste zu allem Rat und mahnte mich in allen administrativen Dingen. Sie brachte Ordnung in mein Leben, und ich trug sie hinaus in die Welt der Gaukler – eine wunderschöne Symbiose. Carla entwickelte sich mehr und mehr zu einer echten Seelenverwandten.

Und so joggten wir fast zwanzig Jahre lang jeden Montagmorgen zu dritt durch den Nymphenburger Park. Erst ein bisschen dehnen, dann vorbei an der Pagodenburg, an der Amalienburg – dreißig Minuten einfach nur loslassen. Morgens um acht war der Park noch menschenleer, und so wurden die Wälder, die Kanäle und Flüsschen des Nymphenburger Parks über die Jahre hinweg zum Ersatz für meinen Feenwald in Riederau. Und in diesem neuen Zauberwald veranstalteten Carla, Reinhild und ich an runden Geburtstagen kleine Schnitzeljagden – dort ein Zeichen in einem Astloch, hier ein markierter Zweig – und entdeckten schließlich hinter einer Parkbank versteckte Geschenke oder gar Champagner.

Auch als ich von Nymphenburg weg in die Stadt zog, trafen wir uns wöchentlich am Schlosspark, bis uns Carlas Krankheit einen Strich durch die Rechnung machte. Seit einer Weile schon ging sie am Stock, schleppte den Fuß nach. Eines Tages sagte sie: »Ich habe ALS. Google das mal.« Mehr sagte sie nicht. Ich las nach: »ALS ist eine nicht-heilbare degenerative Erkrankung des motorischen Nervensystems.« Was das bedeutet? Die Krankheit beginnt damit, dass die Gliedmaßen nach und nach taub werden, bis langsam nichts mehr im Körper allein funktioniert. Der Darm und die Atmung brauchen Unterstützung, bis zum Ende – ein qualvoller Tod. Die Ärzte gaben Carla noch zwei bis fünf Jahre. Es wurden nur eineinhalb. Ich fuhr noch mit ihr zu einer Gruppenaudienz zum Papst nach Rom. Kurze Zeit später starb meine geliebte Freundin – viel zu früh. Mit Carla hat mich eine der leuchtendsten Farben in meinem Leben verlassen. Ich vermisse sie schmerzlich.

Journalisten fragen mich häufig: »Wer ist eigentlich ihre beste Freundin?« Eine Frage, die ich so nie beantworten kann, denn jede meiner Freundinnen ist auf ihre Art für mich einzigartig. Ob nun Jutta, Reinhild, Silvia, die beiden Carlas und all meine anderen Freunde – sie alle sind bunte Farbkleckse auf meinem Bild des Lebens: die einen kräftig und leuchtend, die anderen sanft und zart. Und sie alle zusammen ergeben einen bunten Blumenstrauß, der mein Leben mit Freude erfüllt. Sie kommen aus den unterschiedlichsten Bereichen, den unterschiedlichsten Kreisen und jede von ihnen beschenkt mich auf ihre ganz eigene Art und Weise.

Auch meine Mutter war so eine Freundin für mich.

Ihr konnte ich – nachdem die widerborstigen Jahre der Pubertät überstanden waren – alles sagen, was mich bewegte, was mich bedrückte, worüber ich mir Gedanken machte. Sie verstand alles und hatte Rat oder Trost für mich. Genauso wie die Freunde vom Staffelsee, Tante Hansi mit ihren Kindern, Seppi, Lisi und Bärbi, die so alt waren wie meine Geschwister und ich, und mit denen ich auch heute noch eng verbunden bin. Sie alle standen meiner Mutter und mir zur Seite, auch nach dem Tod meines Vaters. Und auch als meine Mutter schließlich verstarb, als ich nunmehr ganz allein war, halfen sie mir. Sie sind für mich heute die Geschwister, die ich nicht mehr habe. Und oft denke ich, wenn ich in ihre Gesichter schaue: Wie wäre wohl Karl heute? Wäre Hans noch immer so sportlich? Wie sähe Gundi heute wohl aus? Dann überfällt mich eine Melancholie, weil meine Kinder ohne Onkel und Tante aufgewachsen sind. Aber nur kurz, denn ich freue mich zugleich, wie viele wundervolle Freunde ich habe, die bei meinen Kindern diese Rolle übernommen haben.

Zum Beispiel auch meine für mich so wichtigen Yogamädels, ein Freundeskreis, der ebenfalls noch aus jener Zeit stammt, als mich nach Lillys Geburt die Sportlust wieder packte. Erst probierte ich es mit Aerobic und auch wieder mit Ballett und Jazztanz, doch ich fand keinen Zugang mehr dazu. Ich wollte mehr, ich wollte Konzentration, einen neuen Fokus.

»Lass es uns doch einmal mit Yoga probieren«, schlug Vera vor, doch ich wollte mich nicht in einem Yogastudio vor aller Augen verrenken. Stattdessen kam Dorothee, eine Künstlerin, auf die Idee, ihr Atelier zur Verfügung zu stellen, und war gleich voller Begeisterung mit dabei. Wir fanden eine Yogalehrerin, die uns im kleinen Kreis unterrichtete. Schon nach der ersten Stunde fühlte ich mich entspannt und beweglich zugleich. Ich hatte das Gefühl, dass ich all meine Gliedmaßen und Muskeln spüren konnte, dass mein Kopf durch die meditative Entspannung am Ende der Stunde wieder frei war für neue Gedanken – eine geniale Entdeckung.

Wir luden weitere Freundinnen ein, mit uns zu üben. Yoga war damals – Anfang der Neunzigerjahre – noch nicht so im allgemeinen Bewusstsein verankert, gleichzeitig war die Neugier darauf groß. »Mal schauen, wer noch zu uns passt!«, sagte Vera, die wie eine Entenmutter über ihre Küken über das Gruppenklima wachte – und immer wieder passte es. Rosi kam dazu, die Kinderärztin meiner Töchter, ebenso Mela, meine Subjects-Freundin, die ihre Freundin Sabine mitbrachte; dazu stieß Nicola, eine Freundin von Vera, es folgten meine Schauspielfreundinnen Jutta Speidel und Despina Pajanou – und natürlich war da noch unsere wundervolle Trainerin Eva. Wir übten Hatha-Yoga und Eva stimmte die Asanas genau auf unsere Bedürfnisse ab – jemand hatte Rückenschmerzen, wollte besonders die Bauchmuskeln stärken? Eva fand immer den richtigen Weg.

Ich weiß nicht, was das Schönste war an dieser Runde. Die Tatsache, dass ich meinen Körper auf eine ganz neue Art und Weise kennenlernte? In einer Gruppe, die ich mochte, mit der Stimme einer Lehrerin, die mich ansprach, mich in einen regelrechten Flow versetzte? Dass ich lernte, was meinem Körper guttut, auch im Hinblick auf meine Ernährung? All meine Sinne wurden durch Yoga sensibilisiert – auch meine Antennen für das Befinden der Menschen um mich herum. Mit dem Sonnengruß fand ich für mich den perfekten Start in den Tag, egal ob daheim oder auf Reisen im Hotelzimmer. Seit nunmehr fast dreißig Jahren begrüße ich so jeden Tag die Sonne. Eine Viertelstunde, danach sind Körper und Geist beweglich, der Kreislauf angeregt – für mich und meinen niedrigen Blutdruck das perfekte Mittel, gut in den Tag zu kommen.

Oder aber war es die Tatsache, dass mit meinen Yogamädels ein ganz neuer Freundeskreis entstand, in dem sich alte und neue Freundschaften miteinander verbanden und vertieften? Wir wuchsen über die Jahre hinweg immer enger zusammen. Gemeinsam mit Eva schrieb ich 2006 sogar ein Buch: *Mitten im Leben mit Yoga*. Ich erzählte darin von meinen positiven Erfahrungen, die ich mit Yoga gemacht hatte. Eva erklärte und führte die Asanas in dem Buch in einer Perfektion vor, wie ich sie nie zustande gebracht hätte. Ein weiterer Punkt, den ich durch Yoga erfahren konnte: Ich muss nicht perfekt sein. Ich mache meine Sache, so gut ich kann – das ist gut genug.

In unserer Yogagruppe lachten wir zusammen, wir feierten zusammen, wir standen gemeinsam Krankheit durch und mussten dem Tod ins Auge blicken. Eva starb überraschend an einer Lungenentzündung, Nicola nahm uns der Krebs. Und trotz des Schmerzes entstand so ein Nest der Freundschaft – ein Nest, das wärmt, behütet und beschützt, auch wenn draußen die Stürme des Lebens toben. Denn meine Freunde kennen meine Geschichte, wissen, was ich erlebt habe, woran sie bei mir sind, und können mir in Krisensituationen Rat geben – und ich ihnen.

Doch viel lieber erinnere ich mich an die schönen Momente, an unsere Aufführungen, die wir uns gegenseitig zu unseren runden Geburtstagen schenkten: Sei es, wie wir uns für Jutta in Ordenstracht hüllten – spielte sie doch lange Zeit mit Fritz Wepper in der Serie *Um Himmels Willen* die Schwester Lotte – und lauthals *Kann denn Liebe Sünde sein* schmetterten, für unsere Kinderärztin Rosi den *Babysitter Boogie* zum Besten gaben – unsere Männer als Babys verkleidet –, oder für Dorothee, fast schon symbolisch, *Troy* von den Fantastischen Vier rappten.

Auch die gemeinsame Liebe zu Griechenland verbindet mich mit meinen Yogamädels, seit wir dort auf der Insel Symi gemeinsam meine zweite Hochzeit gefeiert haben. Fast jedes Jahr versuchen wir in das Land zurückzukehren, das mich so gefangen nimmt durch die Erinnerungen, die ich damit verbinde, und das mich zugleich überwältigt mit seiner jahrtausendalten Kultur, der geselligen Lebensweise, den traumhaften Stränden. Das alles im Kreis meiner Freunde, die mir so liebevoll verbunden sind.

Genauso wie Andi Niessner und sein Mann Antonello, die ich beim Dreh zu *Samba Bavaria* kennen- und lieben gelernt habe. Mit beiden eint mich nicht nur eine ähnlich tiefe Freundschaft, sondern auch die große Lust am Reisen und Wandern. Das schweißt zusammen, und wir freuen uns bereits auf das nächste gemeinsame Abenteuer.

Regelmäßig besuche ich auch meinen Kollegen Will Danin, den ich Mitte der Achtzigerjahre bei den Dreharbeiten zu *Schafkopfrennen* kennengelernt habe. In der fünfteiligen Serie spielte er einen Biologen, der in Niederbayern einen Betrieb für ökologische Landwirtschaft gründet und nebenbei die große Liebe – mich – findet. Will tat es damals seiner Rolle gleich, legte die

Schauspielerei ad acta, wurde tatsächlich Biobauer und kaufte sich einen Olivenhain bei Arezzo in der Toskana, wo ich ihm auch gerne mal bei der Olivenernte helfe.

Und da ist es wieder: das Eintauchen in eine andere, nicht mehr ganz so fremde, aber nicht minder reizvolle Kultur, das italienische *dolce vita*. Ein paar Tage oder Wochen dieses ursprüngliche Leben zu spüren, danach fühle ich mich, trotz der harten Arbeit, besser als nach jedem Wellnessurlaub.

Doch je älter ich werde, desto mehr spüre ich, dass ich gar nicht mehr so weit reisen muss, um meine Energiespeicher aufzufüllen. Immer wieder zieht es mich heute an Orte, denen ich als Jugendliche nicht schnell genug den Rücken zukehren konnte, an die vertrauten Orte meiner Kindheit. Ich fahre zu meinen Freunden an den Staffelsee oder an den Ammersee. Ich spüre, wie ich in dieser Gegend verwurzelt bin, wie ich hierhin gehöre, an diesen vermeintlich unspektakulären See vor den Toren Münchens. Dann fahre ich zu ebendem Strandbad, in dem ich mich schon als Kind in die Wellen gestürzt habe. Dann spüre ich den Wind, der mir über den See entgegenweht, blicke auf das Wasser, die Berge und genieße es, einfach nur da zu sein – bei meinen Wurzeln, den Wurzeln meiner Kraft.

Ein Herz aus Glas

Wie mich die Liebe ein zweites Mal fand

Doch es gibt noch eine andere, die wohl wichtigste Wurzel meiner Kraft – die Liebe.

Ohne die Liebe ist alles nichts. Sie ist die Hauptkraft des Menschen. Gleichzeitig muss ich mich selbst lieben, um überhaupt lieben zu können. Ich muss mich akzeptieren, muss mit mir eins sein, mit meinem Denken, Handeln und Fühlen im Reinen sein. So hat mich die Liebe stets durchs Leben getragen. Sie ist der rote Faden und war für mich bei all meinen Entscheidungen immer die erste und wichtigste Instanz.

Dabei gibt es nichts Tieferes in meinem Leben als die Liebe zu meinen Kindern. Eine Liebe, die so bedingungslos, so unabdinglich ist, als wäre die Nabelschnur, die uns einmal verbunden hat, noch immer da, als wären wir nie voneinander getrennt worden. Ich weiß nicht, was geschehen müsste, um dieses Band der Liebe zwischen Mutter und Kind zu meinen Töchtern zu zerstören. Und doch wurde diese Beziehung durch eine andere Liebe reichlich auf die Probe gestellt.

Es war das Jahr 2003. Ich war seit 23 Jahren mit Jack verheiratet. Eine wunderschöne, eine harmonische Zeit, eine glückliche Ehe. Wir teilten viele gemeinsame

Hobbys, liebten das Kochen, das Reisen, unternahmen wundervolle Urlaube, fuhren durch Amerika, nach Italien. Die Kinder wuchsen auf in einem Klima der Harmonie und Sorglosigkeit. Natürlich gab es die üblichen Krisen, als die Mädchen in die Pubertät kamen und die streitenden Stimmen der aufeinanderprallenden Generationen auch unser Haus füllten. Natürlich entwickelten Jack und ich auch ganz unterschiedliche Interessen. Ihn zog es verstärkt zum Sport, zum Jagen, während sich mir im Yoga eine ganz neue Welt eröffnete. Doch Jack war mein Fels in der Brandung. Er hatte Karl, Hans und Gundi kennengelernt und ihren Tod miterlebt. Er hatte mir Trost und Halt und Stabilität geschenkt. Spätestens nach Hans' Tod wusste ich: »Das ist der Mann fürs Leben, der hilft mir auch in schlechten Zeiten.« Ich weiß nicht, wie es mir in jener Zeit ergangen wäre, wenn ich Jack nicht gehabt hätte, der mich im Leben hielt, mir Hoffnung und Kraft schenkte. Jack fügte sich in meine Familie ein wie ein fehlendes Puzzlestück. Er selbst hatte im Holocaust den Großteil seiner vorangegangenen Verwandten verloren und fand in meiner Familie nun den Zusammenhalt, das Zugehörigkeitsgefühl, das er mit seiner Familie verloren hatte. Er verstand sich großartig mit meinem Vater, dem Traditionen immer wichtig waren, genauso wie Jack. Er war ein Macher, der mich an der Hand nahm und aus den finsteren Zeiten hinaus, in ein glückliches, erfülltes Leben führte.

Nein, ich war nicht auf der Suche. Hatte ich als junge Schauspielerin noch das Gefühl gekannt, mich in Kollegen zu verlieben, war mit Jack und den beiden Töchtern, die bald mein Leben ausfüllten, für so etwas kein Platz mehr. Wir saßen in einer sicheren, gefestigten

Burg, in die keiner und nichts eindringen konnte. Doch das Familienleben veränderte auch unsere Beziehung. Die Zweisamkeit wich einer Dreisamkeit, schließlich einer Viersamkeit. Zwar wuchs die Liebe mit jedem Kind, aber das Leben als Paar war für lange Zeit vorbei. Ich habe es geliebt, Mutter zu sein, und unser Leben war reich gefüllt, erfüllt. Doch die Mädchen wuchsen heran, wurden älter. Alexandra studierte inzwischen in England. Lilian war nunmehr 15 Jahre alt und bereitete sich ebenfalls auf den Sprung ins Internat nach England vor. Und auf einmal war da dieser Mensch, der in meinem Leben landete, als wäre er von einer Wolke herabgesprungen. Ein Mensch, der mich so faszinierte, so in seinen Bann zog und so eine prickelnde Verliebtheit in mir erweckte, dass die mir angeborene Neugier nicht widerstehen konnte. Er war wie eine neue Farbe in meinem Bild des Lebens, ein leuchtendes Pink, ein helles Rot, das alles überstrahlte.

Alles begann im September 2003. Ein neuer *Polizeiruf* stand an. Über den Regisseur hatte ich die unterschiedlichsten Dinge gehört. Hervorragend sollte er sein, er hatte einige bahnbrechende Filme gemacht, aber kompliziert sei er und schwierig im Umgang. Ich machte mich auf einiges gefasst. Da klingelte schon einige Wochen vor Drehbeginn mein Telefon. Der Regisseur war dran, Bernd Schadewald. Für die *Polizeiruf*-Folge *Vater unser*, in dem sich Edgar Selge als Kommissar Tauber mit der Nazivergangenheit seines Vaters auseinandersetzt, sollte eine Szene an der Städtischen Berufsschule am Simon-Knoll-Platz gedreht werden. Im Direktorat hingen die Bilder der ehemaligen Direktoren, unter anderem auch eine Fotografie meines Vaters, der erst ein Jahr zuvor verstorben war. »Wäre es

Ihnen lieber, wenn wir dort nicht drehen?«, fragte Bernd, und ich spürte zum ersten Mal diese ihm eigene Sensibilität, die mich in den nächsten Wochen und Monaten in seinen Bann ziehen sollte.

Wir trafen uns vor Beginn der Dreharbeiten. Wie mit jedem Regisseur wollte ich mit Bernd über das Drehbuch sprechen, über die Dialoge, wollte alternative Formulierungen vorschlagen, die mir besser über die Lippen kamen. Das Gespräch verlief harmonisch, harmonischer, als ich es von anderen Kollegen kannte. »So schwierig ist der doch gar nicht«, dachte ich mir und fand ihn einmal mehr unglaublich einfühlsam und verständnisvoll.

Der Dreh begann, und Bernd bemühte sich in einer Form um mich, wie ich es von anderen Regisseuren nicht kannte. In den Pausen tranken wir zusammen Tee in meinem Wohnwagen, er sagte mir persönlich Bescheid und entschuldigte sich, wenn es Verzögerungen gab, anstatt den Aufnahmeleiter zu schicken. Er war darauf bedacht, dass ich mich wohlfühlte, und gab mir das Gefühl, wichtig zu sein. Vor allem aber waren da die Blicke, die kleinen Gesten, die alles und nichts bedeuten konnten. Erst als die Hälfte der Dreharbeiten vorüber war, gab Bernd mir ein deutliches Zeichen seiner Verliebtheit. Wir sollten die Schlussszene des Films drehen, an der Feldherrnhalle am südlichen Ende des Odeonsplatzes. Ich kam ans Set, er ging mir entgegen und reichte mir die Hand zur Begrüßung, da spürte ich plötzlich etwas in meinen Händen. »Das schenk ich dir!«, sagte er leise. Es war ein kleines Herz aus rotem Glas. Eilig steckte ich das Herz weg und spürte in diesem Augenblick zum ersten Mal: Allzu gern hätte ich ihm etwas Vergleichbares zurückgegeben.

Trotz oder gerade wegen dieser aufkeimenden Sehnsucht versuchte ich, Bernd aus dem Weg zu gehen. Heimlichkeiten waren mir nicht geheuer, ich wollte meinen Mann, meine Familie nicht hintergehen. Doch immer wieder fanden wir zueinander, führten lange Gespräche über alle möglichen Themen, sprachen übers Alter – Mady Rahl, die in diesem *Polizeiruf* für ihren letzten Film vor der Kamera stand, war bald 80 Jahre alt – oder was uns gerade auf dem Herzen brannte. Und plötzlich war der Dreh, war unsere gemeinsame Zeit vorbei. Ich wollte mir noch ein paar Szenen, die mir wichtig waren, mit Bernd im Schneideraum ansehen, doch ich war mit meiner Familie in Österreich und kam zu spät zu dem Termin. Wir telefonierten, und Bernd sagte: »Dann lass uns doch wenigstens was trinken gehen?« Wir gingen und am Ende des Abends wusste ich: Ich konnte diesen Mann nicht gehen lassen.

Bernd, der in Berlin lebte, musste den Film noch in München schneiden, ich sollte am nächsten Tag in aller Früh für die Welthungerhilfe nach Ghana fliegen. Er wartete auf mich am Flughafen und drückte mir einen kleinen Kompass in die Hand: »Damit du immer zu mir zurückfindest.« Wir standen da. Mein Flug wurde aufgerufen. Irgendetwas musste passieren. Auf dem Rückflug würde ich einen Zwischenstopp in Amsterdam einlegen. »Wollen wir uns dort treffen?«

Wir trafen uns und ließen uns treiben durch Tag und Nacht. Ich war auf einem anderen Stern. Als wir am nächsten Morgen zurückflogen, sagte ich nur: »Ich glaub, ich muss es sagen!« Die Liebe hatte mich getroffen wie ein Blitz. Ich hatte es nicht geplant, ich hatte es nicht erwartet. Doch das, was zwischen Bernd und mir entstand, das konnte und wollte ich nicht abwürgen. 23 Jahre glückliche Ehe, die Kinder, das gemeinsame Haus – all das rückte in den Hintergrund angesichts der Sehnsucht, diesem Menschen nahe zu sein. Doch natürlich hatte ich Angst. Ich hatte mit nunmehr 51 Jahren genug Lebenserfahrung, um zu wissen, wie schnell die Liebe sich auch wieder verabschieden kann. War das, was so hell und leuchtend loderte, nur ein Strohfeuer, das genauso schnell wieder verlöschen würde? So eine atemlose, so eine überschäumende Liebe konnte doch kein Mensch durchhalten. Und doch wusste ich gleichzeitig: Ich musste diese Liebe jetzt leben. Ich konnte schlichtweg nicht anders.

Ich kehrte zurück nach München, doch ich ging nicht nach Hause. Ich ging zu meiner Mutter. Ich brauchte ihren Rat, ihre Unterstützung. Vor allem aber wollte ich ihr ein Jahr nach dem Tod meines Vaters nicht eine neue Erschütterung zumuten, wollte sie behutsam heranführen an das für mich Unabdingbare. Zugleich hatte ich Angst vor ihrer Reaktion. Meine Eltern waren 61 Jahre lang glücklich verheiratet gewesen, eine harmonische, innige und »diamantene« Ehe, die ihnen über all die schlimmen Dinge, die ihnen in ihrem Leben widerfahren waren, hinweggeholfen hatte, und die dadurch nur noch stärker geworden war. Für mich waren meine Eltern der Inbegriff einer glücklichen Ehe, einer lebenslangen Ehe, die auch ich immer führen wollte. Umso schwerer fiel es mir jetzt, meine Mutter zu »enttäuschen«. Ich war das einzige Kind, das ihr geblieben war. Nach dem Tod meines Vaters war meine Familie, Jack, ich und die Kinder, das Wichtigste in ihrem Leben geworden. Konnte ich meiner Mutter so einen Schmerz bereiten? Es war ein schwieriger Gang.

Doch sie reagierte mit unglaublichem Verständnis, das ich so nicht erwartet hatte, geboren aus ihrer tiefen Liebe zu mir. Sie sagte: »Bist du dir wirklich ganz sicher? Willst du wirklich deine Familie aufs Spiel setzen? Du weißt, was das auch für deine Kinder bedeutet?« Und sie fügte hinzu: »Ich liebe dich und will nur, dass du glücklich bist. Und wenn das dein Glück ist, werde ich versuchen, das zu verstehen, und mit dir diesen Weg gehen.«

So gestärkt war es mir überhaupt erst möglich, es den Kindern und Jack zu sagen. Diese enorme Größe und unerschütterliche Liebe zu mir haben mich noch enger und voller Bewunderung an meine Mutter gebunden. Ich fuhr nach Nymphenburg. Lilly war die Erste, die mir zu Hause begegnete. So behutsam wie möglich versuchte ich, ihr zu erklären, was geschehen war – erfolglos. Sie sperrte sich im Bad ein, lief schließlich davon. Die Mutter ihrer Freundin gab mir Bescheid, dass Lilly bei ihnen untergekommen war. Damit waren Jack und ich abends allein, doch wir redeten nicht viel. Jack war sprachlos. Noch heute, viele Jahre später, weiß ich nicht, wie ich die Worte aussprechen konnte, die die Menschen, die ich liebte, derart verletzen mussten. Denn ich liebte Jack immer noch, die Liebe, die ich so viele Jahre für ihn empfunden hatte, war in Teilen immer noch da. Aber da war diese andere Liebe, der ich nicht ausweichen konnte. Und ich war überzeugt: Ich musste meinen Weg gehen.

14 Tage nach Drehschluss und ohne dass wir es näher miteinander ausprobiert hatten, zogen Bernd und ich gemeinsam in ein Appartementhotel hinter den Münchner Kammerspielen. Ich war glücklich, diese Liebe endlich leben zu können – und doch sah ich den Schmerz,

den ich meinen Töchtern zufügte und der mich an meine Grenzen brachte. Es trieb mich um, dass meine Kinder überhaupt nicht verstanden, weshalb ich ihren Vater verlassen hatte. Alexandra war inzwischen 21 und hatte bereits ihre eigenen Erfahrungen in Sachen Liebe gesammelt. Sie sprach geradezu mütterlich mit mir: »Ach Mama, das kann passieren, dass man sich mal verliebt. Aber das vergeht auch wieder. Da musst du doch nicht gleich gehen.« Meine jüngere Tochter traf es noch schwerer, sie wurde krank, wollte nicht mit mir sprechen.

Das war zu viel.

»Ich darf meine Kinder nicht so verletzen«, durchfuhr es mich, »ich darf meine Kinder nicht für eine neue Liebe verlieren.« Ich musste durchschnaufen, den Kopf freibekommen, alles noch einmal bedenken. Und wieder war da die Angst: War diese Liebe nicht zu plötzlich und zu groß, um von Dauer zu sein? Und was warf ich alles dafür weg? Hatte dieser Sturm, der mich gepackt hatte, die Wucht, alles zu zerstören?

Ich brauchte Zeit für mich und ging auf Abstand zu Bernd. Ich musste Orientierung finden, einen Wegweiser und bat ihn, mich nicht zu kontaktieren. Es gelang ihm fast, bis auf ein paar Nachrichten. Weihnachten und Silvester verbrachte ich allein, ich zog erst in eine eigene Wohnung, dann wieder zu Hause ein. Ich wollte mich wieder auf meine Familie einlassen, doch ich schaffte es nicht. Wenn ich versuchte nachzudenken, war da nur ein schwarzes Loch, aus dem ich nicht mehr herausfand. Ich konnte nicht essen, nicht schlafen. Wenn ich über mein Denken und Handeln nachdachte, dann wusste ich nicht mehr, wer ich war, was richtig und falsch war.

Ein Mann überbrachte mir einen riesigen Blumenstock mit Margeriten, meinen Lieblingsblumen. »Von wem sind die?«, fragte ich. »Das wissen Sie schon!«, lautete die schlichte Antwort. Ich meldete mich nicht bei Bernd.

An meinem Geburtstag, dem 18. März 2004, spielte ich in der Komödie im Bayerischen Hof. Noch vor der Vorstellung las ich auf meinem Handy: »Komm danach zur Theatinerkirche.« Ich konnte nicht, wollte nicht, war mit Freunden verabredet. »Nur kurz!« schrieb Bernd. Und so nahm ich dankbar den Applaus des Publikums, die Blumen und die Glückwünsche der Kollegen entgegen und eilte zur Theatinerkirche. Und dort stand er, Bernd, nahm mich an der Hand und führte mich zur Feldherrnhalle, wo inmitten von unzähligen flackernden Kerzen dunkelrote Rosen gestreut lagen. Vier A-Cappella-Sänger waren da und sangen unser Lied, *Blackbird* von den Beatles.

Ich weiß nicht, ob andere Menschen, ob Passanten uns sahen. Ich weiß nicht, was um uns herum geschah. Ich sah nur ihn, Bernd. Ich blieb die Nacht bei ihm im Hotel, und als ich ihn am nächsten Morgen zum Flughafen brachte, sagte er: »Irgendwann heirate ich dich.« Ich wusste nicht, wie mir geschah, war nicht mehr Herrin meiner eigenen Gefühle.

»Ich brauche einfach noch Zeit«, mehr brachte ich nicht heraus.

»Du weißt, wo du mich findest«, sagte Bernd.

Ich kam nach Hause, wo Sonnenblumen auf dem Tisch standen. Lilly und Jack hatten in der Nacht auf mich gewartet, um meinen Geburtstag mit mir zu feiern – ich war nicht nach Hause gekommen.

Dass ich meiner Familie solche Schmerzen zugefügt habe, trifft mich auch heute noch hart. Eine Psychologin, bei der ich in jener Zeit Unterstützung gesucht hatte, half mir jedoch zu erkennen, dass ich keine Schuldgefühle haben muss, weil ich mich noch einmal neu verliebt habe. Ich darf mich verlieben. Man verletzt Menschen, wenn man geht, die Kinder, den Mann, und kein Mensch will das. Aber wenn ich das nicht riskiere, dann verletze ich mich, dann bereite ich mir selbst Schmerzen.

Vor allem aber spüren Kinder Wahrhaftigkeit und Wahrheit, sie erkennen, ob jemand wirklich glücklich ist. Das war der entscheidende Hinweis für mich. »Ich muss das jetzt leben«, wurde mir klar. »Sonst bin ich immer in meinen Gedanken woanders und in meinem Herzen nicht für sie da.« In jener Zeit erschloss sich mir zum ersten Mal die vollständige Bedeutung des Begriffs »Leidenschaft«, die – so viel Glück und Freude und Erfüllung sie auch mit sich bringen mag – Leiden schafft. Für einen selbst. Und für andere.

Es dauerte noch zwei Monate, bis mein Entschluss feststand. Ein weiteres Herz aus Glas, das Bernd mir von einem Mitarbeiter des Theaters nach der Vorstellung zustecken ließ, tat sein Übriges. Im Juni flog ich zu ihm nach Berlin und blieb vier Tage. Danach war meine Entscheidung gefallen. Ich wollte nicht am Ende meines Lebens dastehen und sagen: »Ich habe meine große Liebe versäumt.« Meine Mutter hatte gesagt: »Bedenke, was du alles aufgibst!« Ich antwortete ihr jetzt: »Aber was gewinne ich!«

Zurück in München zogen wir in unsere erste gemeinsame Wohnung, die unsere Freunde Andi und Antonello erst vor Kurzem gekauft hatten, und für die sie einen Mieter suchten. Die Wohnung war winzig klein, aber man braucht nicht viel Platz, wenn man sich so liebt.

Der nächste Dreh stand an, auf Rhodos. An den drehfreien Tagen besuchte mich Bernd in Griechenland, und wir charterten ein Segelboot mit einem Skipper und schipperten durch die Ägäis. Die Anspannung der letzten Monate war mit einem Mal einer unglaublichen Gelassenheit gewichen. Endlich war ich mir sicher, endlich war alles klar. Wir segelten durch die tiefblauen Gewässer und ließen uns in einsame Buchten abseits der Touristenstrände bringen. Nur allein sein! Auf Symi, einer der östlichsten griechischen Inseln, in der Bucht Sankt Georgios, gingen wir vor Anker. Ein einsamer Streifen Strand, ein verlassenes Kloster, vor dem ein paar Ziegen grasten. Ein himmlischer, erleuchteter Platz. Wir schwammen an den Strand und schliefen auf den warmen Steinen. Als wir wieder zurück an Bord waren und einen letzten Blick zurückwarfen, sagten wir: »Das ist der Ort, an dem wir heiraten werden.«

Wir waren nun endlich glücklich, doch es wartete eine herausfordernde Zeit auf uns. Der Austausch mit Jack beschränkte sich auf Formalitäten, administrative Dinge, die Scheidung. Heute, über 15 Jahre später, feiern wir wieder zusammen mit den Kindern und Enkelkindern Weihnachten. Aber es dauerte lange, bis wir wieder normal miteinander reden konnten. Lilly hatte gehofft, dass durch meinen Umzug zurück nach Hause alles wieder gut werden würde. Meine Entscheidung für Bernd traf sie deshalb umso härter. Sie sprach lange nicht mit mir. Während Alexandra bereit war, Bernd zu treffen, wollte Lilian ihn nicht kennenlernen. Ich gab ihr die Zeit, die sie brauchte.

Für einige Jahre nahm ich um Weihnachten herum

in Tirol eine kleine Wohnung in der Nähe des Hauses, in dem Jack mit den Kindern die Feiertage verbrachte. Wenn die Mädchen am Nachmittag zu mir zum Feiern kamen, ging Bernd ins Café – dafür bin ich ihm heute noch dankbar. Er nahm die Zurückweisung nicht persönlich, sondern als einen ganz natürlichen Vorbehalt. Er drängte sich nicht auf, und so normalisierte sich in den darauffolgenden Jahren das Verhältnis zwischen Bernd und meinen Töchtern. Sie erkannten die große Liebe zwischen uns und sahen, in was für einer symbiotischen Beziehung wir miteinander lebten. Und vor allem merkten sie, wie gut es mir in dieser Beziehung geht. Auch Jack hat inzwischen eine neue Partnerin gefunden, die seine vielfältigen Interessen mit ihm teilt. Auch das macht mich glücklich.

In Interviews werde ich seitdem immer wieder gefragt: »Und das ist sie jetzt? Die große, wahre Liebe?« Eine Frage, die unterstellt, dass die Zeit mit Jack, so viele Jahre meines Lebens, nicht die »wahre Liebe« war. Eine Frage, die das, was ich mit Jack hatte, klein macht. Aber ich hätte Jack nicht geheiratet, ich hätte keine Kinder mit ihm bekommen, wenn ich ihn nicht mit jeder Faser meines Herzens geliebt hätte. Und jetzt liebe ich Bernd, einen Mann, der ganz anders ist und gleichzeitig genauso zu mir passt. Jack war mein Fels in der Brandung, der mir in den finsteren Zeiten Trost und in so vielen Jahren Stabilität und Halt schenkte. Doch die Liebe zu Bernd erwischte mich wie ein Blitz aus heiterem Himmel, und ich handelte auf eine Art und Weise, die sich wie ein roter Faden durch mein Leben zieht: Ich entschied mich für die Liebe. Und für einen Mann, dessen übergroße Sensibilität und Fantasie mich in seinen Bann zog und das noch heute tut.

Im Sommer 2006 heirateten wir schließlich – zwischen den Ziegen in genau jener Bucht auf Symi. Alles war genau so, wie wir es uns erträumt hatten. Wir feierten im ganz kleinen Kreis, außer unseren Kindern luden wir nur meine Yogamädels mit ihren Partnern ein, die Bernd von Anfang an mit offenen Armen in ihrer Mitte begrüßt hatten. Wir feierten drei Tage lang. Am ersten Abend, dem Abend vor der Hochzeit, in einem Fischerlokal und später noch unter dem Sternenhimmel auf dem Dach unseres kleinen Hotels.

Am nächsten Morgen stand ich auf und schwamm eine Runde im türkisblauen Meer, bevor ich in mein einfaches Hochzeitskleid schlüpfte und einen Efeukranz auf meine Locken setzte, den ich am Vorabend geflochten hatte. So ging es aufs Standesamt. Vorher machten wir noch einen Umweg über den Hafen, denn Bernd, der mich zu jedem unserer Festtage mit dunkelroten Rosen beschenkt, hatte extra für die Hochzeit Blumen in Athen bestellt, weil auf ganz Symi keine Rosen aufzutreiben waren. Und so standen wir am Anleger und warteten und warteten – doch die Fähre kam nicht. Langsam drängte die Zeit. Wir mussten los. Harry, mein erster Freund und Mann meiner Freundin Mela, machte sich auf die Suche nach einem Ersatz und kehrte tatsächlich mit einem kleinen Strauß roter Windröschen zurück. Und so heiratete ich meine neue Liebe mit einem Strauß meines ersten Freundes in der Hand. Als die Trauung durch den Bürgermeister vollzogen war, kam auch die Fähre an und mit ihr die schönsten Rosen, die ich jemals gesehen hatte.

Mit dem Motorboot fuhren wir in die Bucht Sankt Georgios, wo mithilfe einer Ponton-Brücke Tische und Stühle an den Strand gebracht worden waren, wo sie nun in einer langen weißen Reihe standen, daneben zwei Bouzoukispieler, die für uns aufspielten. Der Bürgermeister war dabei, ebenso ein Pope, der uns das Kloster aufsperrte und uns seinen Segen gab: »Gottes Segen für alle und viele, viele Kinder«, sagte er, und alle mussten schmunzeln. Alexandra überreichte uns die Ringe.

Nach dem Essen zogen Bernd und ich uns für einige Minuten unter einen Olivenbaum zurück. Kurz darauf waren unsere Freunde plötzlich verschwunden. Wir fanden sie schließlich als griechische Götter verkleidet im Innenhof des Klosters, wo sie in alter Tradition ein Stück für uns vorbereitet hatten. In Bettlaken gehüllt, mit selbst gewundenen Olivenzweigkränzen auf den Köpfen, bedachten sie uns mit den besten Wünschen für unsere Zukunft und stimmten schließlich *Hey Paula* an, ein Lied, das sie extra für uns umgedichtet hatten. Ich saß in Bernds Armen, die Tränen liefen mir über das Gesicht. Wir und die Ziegen waren die einzigen Zuschauer.

Rechtzeitig zum Sonnenuntergang sollte es weitergehen, in eine andere malerische Bucht. Wir stiegen gemeinsam ins Boot und machten uns auf den Weg, als plötzlich mitten auf dem Meer der Motor streikte. Hilflos trieben wir auf den Wellen, während der Schiffer wieder und wieder versuchte, den Motor anzuwerfen. Die Sonne sank immer tiefer, das Schiff trieb immer weiter auf die Felsen zu. Wir redeten dem Skipper zu, er solle doch über Funk Hilfe herbeirufen, doch das widersprach offenbar seiner Seemannsehre. Immer näher kamen die gefährlichen Klippen, an denen ich unser Boot schon zerschellen sah. Im allerletzten Moment jedoch gab der Skipper nach und rief Hilfe herbei. Erst weit nach Sonnenuntergang gelangten wir schließlich sicher und unverletzt an unser Ziel, wo wir bis in die Nacht hinein aßen und tranken und tanzten. Alexandra hielt eine berührende Rede und befreite mich von allen Ängsten und Schuldgefühlen. Ein großes gemeinsames Frühstück am nächsten Morgen brachte das Fest zu seinem krönenden Abschluss.

Für mich aber wurde diese Episode des hilflos vor sich hintreibenden Bootes zu einer Metapher für die Ehe, die ich eingegangen war. In unserer Ehe würde gewiss nicht immer die Sonne scheinen. Bernd ist keine sichere Bank. Wenn Jack ein Fels in der Brandung war, dann ist Bernd wie ein Vogel, der freiwillig kommt, der sich seine Plätze sucht, gelenkt und geleitet von einer immensen Emotionalität, die mich auf so besondere Art und Weise mit ihm verbindet – und wenn diese Emotionalität einmal gegen mich ausschlägt, dann fliegt er wie ein Vogel dorthin, wo er sich wohlfühlt. Die Liebe zu ihm ist und bleibt ein Risiko – ein Risiko, das ich immer wieder eingehen würde. Ich will die Zukunft nicht festzurren. Es gibt keine Garantie, dass alles gut geht, dass wir keinen Schiffbruch erleiden.

Und natürlich gibt es auch bei uns Situationen, in denen es mal knallt, wenn unsere unterschiedlichen Temperamente aufeinandertreffen. Dann fahre ich an den See, um die schlechten Gedanken loszuwerden, doch am Ende des Tages ist meist alles wieder gut. Denn das ist doch im Grunde das Wichtigste an der Liebe: den anderen anzunehmen, ihn nicht verändern zu wollen und die Gewohnheiten zu akzeptieren, die ihn ausmachen, auch wenn man sie vielleicht nicht mag. Vor allem aber leben wir unsere Gemeinsamkeiten und genießen die Zweisamkeit.

Das Feuer unserer Liebe hat sich nicht als Strohfeuer

entpuppt. Es prasselt noch heute, 18 Jahre später, und ich werde häufig gefragt, was denn das Geheimnis unserer Liebe ist. Doch es gibt keines. Wir leben einfach jeden Tag in die Liebe hinein und freuen uns, dass sie uns geschenkt wurde. Und jeden Tag bin ich dankbar, dass diese Fantasie, diese Kreativität und Sensibilität, die vor so vielen Jahren in mein Leben getreten sind, mein Lebensbild auch heute noch strahlender und bunter machen. So oft hüllt Bernd mich ein in seine Liebe und überrascht mich mit so liebevollen oder originellen Kleinigkeiten. Wir feiern jedes Jahr unseren Hochzeitstag im Kreis unserer Freunde, die schon auf Symi an unserer Seite gestanden haben. Wir gehen zum Griechen, essen, reden, lachen, oder fahren – wie an unserem zehnten Hochzeitstag – wieder nach Griechenland auf unsere Insel und feiern uns und das Leben, das uns so reich beschenkt hat.

Das Leben ist ein Suppentopf

Vom Älterwerden, Jungbleiben und Weitergeben

Die Liebe hat mich durch mein ganzes Leben getragen. Und ich hatte das Glück, zwei dieser Menschen, die mich von meinem ersten Tag an mit Liebe umhüllt haben, sehr, sehr lange in meinem Leben behalten zu dürfen.

Mein Vater starb im Alter von 86 Jahren, meine Mutter wurde sogar 97 Jahre alt. Als mein Vater starb, hatte er nichts mehr mit dem Patriarchen zu tun, den ich in meiner Kindheit und Jugend erlebt hatte. Er spielte stundenlang mit meinen Kindern, führte zum Geburtstag für sie Kasperletheater auf, gab für sie den Clown. Auch war es nicht mehr sein alleiniger Wille, der galt, der alles beherrschte. Stattdessen richtete er sich nach uns, schenkte uns seine Zeit und all sein Interesse. Er wurde altersmilde, wie man so schön sagt.

Auch auf die Wünsche meiner Mutter ging er besonders liebevoll ein. Als es mit dem Bergsteigen und Skifahren nicht mehr ging, stieg er mit ihr aufs Radfahren um, und so drehten die beiden gemeinsam ihre Runden. Immer mit im Gepäck: Pinsel und Farben, denn auch eine andere Leidenschaft hatte mein Vater durch meine Mutter über die Jahre hinweg für sich entdeckt:

das Malen. Während sie die große Menschenbeobachterin und in jeder Technik zu Hause war, liebte er es, Berglandschaften zu malen, und entwickelte sich über die Jahre hinweg zu einem hervorragenden Aquarellisten. Und wenn die beiden zu ihren Radtouren aufbrachen, dann erscholl als Letztes immer die besorgte Nachfrage: »Hast du auch die Malsachen dabei?« Was meine Geschwister wohl gesagt hätten, wenn sie meine Eltern so erlebt hätten? Welche Gespräche Hans wohl jetzt mit unserem Vater geführt hätte, nachdem diese überdimensionale Gestalt mit den Jahren auf normale Größe geschrumpft war?

Das Beispiel meiner Eltern zeigte mir, wie wichtig es ist, sich Leidenschaften, Hobbys, die einen erfüllen, für die zweite Hälfte des Lebens zu suchen, zu bewahren. Die To-do-Liste für die ersten Jahrzehnte ist lang. Schule, Partnersuche, Karriere, vielleicht Hausbau, vielleicht Kinder – doch was kommt mit 50, was kommt danach? Meine Eltern fanden ihre Erfüllung im Malen, im Radfahren, in der Gesellschaft ihrer Freunde. In meinem Freundeskreis ist es vor allem das Reisen, eine Freundin singt mit großer Leidenschaft im Chor, andere lernen Sprachen, gehen noch mal an die Uni. Für mich ist und bleibt die Schauspielerei meine Leidenschaft, und ich bin froh, dass es – anders als für andere Berufe – keine Altersgrenzen für Schauspieler gibt.

Natürlich haben sich meine Rollen mit den Jahren verändert. Niemand besetzt mich mehr als junge Liebhaberin, als frischgebackene Mutter. Aber dadurch, dass ich all die Jahre hindurch darauf geachtet habe, eine möglichst große Bandbreite an Rollen zu spielen, mich nicht auf einen Charakter festzulegen oder gar über viele Jahre und Jahrzehnte hinweg in einer Serie mitzuspielen, gelang mir der Übergang. Nicht zuletzt weil es international seit einigen Jahren immer mehr, immer erfolgreichere Filme mit Darstellerinnen im fortgeschrittenen Alter gibt, fesselnde, berührende Geschichten.

Die Zuneigung des Publikums bleibt indes auch mit meinem unübersehbaren Älterwerden ungebrochen – auch wenn ich inzwischen anders wahrgenommen werde. »Ich war mal so verliebt in Sie«, sagte neulich ein Mann zu mir auf der Straße. »Und heute nicht mehr?«, hakte ich spitzbübisch nach. »Ja, schon. Aber anders – heute mag ich Sie einfach.« Ich musste lächeln.

Und so, wie ich heute die Schauspielerei habe als meine Leidenschaft, die mich ausfüllt, die dafür sorgt, dass ich jeden Morgen voll Kraft und Energie aufstehe, so bewahrte mein Vater neben dem Malen noch eine andere Passion bis ins hohe Alter: die Freude am Auftreten, am Vorführen. Das bewies er zuletzt am 80. Geburtstag meiner Mutter, als er eine rührende Vorführung über ihr Leben und all die Dinge gab, die sie liebte, und die er an ihr liebte. Im Augustinum, der Seniorenresidenz am Ammersee, in die sie schon einige Jahre zuvor gezogen waren, fühlten sich die beiden wohl. Ihre Nachbarn in Riederau, mein Onkel und meine Tante, waren mit ihnen ins Augustinum umgesiedelt. Anfangs wollten sie hier nur überwintern, die Sommer verbrachten sie auf ihrem Grundstück, doch mit der Zeit schliefen sie immer seltener dort, fuhren in ihr Haus nur zum Kaffeetrinken und um im Garten zu arbeiten.

Schon seit einiger Zeit hatte mein Vater Probleme mit dem Herzen, doch er schenkte seiner neuen Schwäche wenig Beachtung: »Das ist nur eine Kleinigkeit«, sagte er gut gelaunt. Schwach wollte mein Vater auch im hohen Alter nicht sein. »Wer wird wohl als Erster von uns beiden den anderen im Rollstuhl schieben?«, scherzten er und meine Mutter immer wieder – über das, was noch in weiter, weiter Ferne für sie beide lag. Bis mein Vater im September 2002, während meine Mutter ihre geliebten Rosen schnitt, nicht mehr mit seiner Schubkarre vom Komposthaufen zurückkehrte. Er fiel einfach um und verließ die Welt. Wenn er sich seinen Tod hätte aussuchen können, dann hätte er ihn wohl so gewählt: Inmitten der Natur war er ohne Leid aus dem Leben geschieden. Ein Tod, wie ihn sich vermutlich jeder, der sich mit diesem Gedanken auseinandersetzt, wünschen würde.

Wir Schauspieler reden oft davon, mitten beim Drehen, auf der Bühne aus dem Leben zu scheiden. Noch einmal das Dasein in vollen Zügen genießen – bis der Vorhang fällt…

Dass meine Eltern schon vor so langer Zeit ins Augustinum gezogen waren, erwies sich als großes Glück. Meine Mutter hatte dort viele Freunde und Bekannte – und schloss auch stets neue Freundschaften mit Menschen, die in die Seniorenresidenz zogen und fast zwanzig Jahre jünger waren als sie. Meine Mutter war eine interessante, inspirierende Person. Sie hatte etwas, was die Menschen anspornte – auch die ganz jungen, meine Kinder –, sich mit dieser alten Frau auszutauschen. Sie spielte in der Theatergruppe, regte einen Modellier- und Malkurs an, an dem sie sich ebenfalls beteiligte. Meine Mutter musste nach dem Tod meines Vaters nicht allein in einem leeren Haus sitzen, sondern hatte Abwechslung und Anregung, die es ihr leichter machten, den schweren Verlust zu tragen.

Ja, dass sich meine Eltern vor vielen Jahren für das Augustinum entschieden hatten, nahm in jener Zeit eine große Last von meinen Schultern. Ich wusste meine Mutter gut aufgehoben. Und doch wäre ich heute nicht bereit, für mich eine ähnliche Entscheidung zu treffen. Ich bin nur wenige Jahre jünger als meine Mutter, als sie beschloss, in die Seniorenresidenz zu ziehen. Sie selbst hatte jahrelang meine Großmutter gepflegt und wollte mir so eine Aufgabe nicht zumuten. Für mich ist aber ein solcher Entschluss zum jetzigen Zeitpunkt unvorstellbar. Natürlich unterhalte ich mich mit gleichaltrigen Freunden über das Alter und darüber, wie sie damit umgehen wollen. Wir machen gemeinsam Pläne, in eine Senioren-WG zu ziehen, versorgt von einer gemeinsamen Haushälterin. Wir werden älter – aber reif genug, um so eine Entscheidung zu treffen, scheinen wir nie zu sein. Und mit Bernd habe ich einen Mann an meiner Seite, der noch mehr in der Gegenwart verwurzelt ist, der der Zukunft noch weniger Aufmerksamkeit schenkt. Wie er mit der Planung einer Geburtstagsfeier oft erst am Vorabend des Festes beginnt, so widmet er auch der Zeit, in der er vielleicht nicht mehr so fit und agil sein wird, keinen Gedanken. Stattdessen genießen wir die Freiheit, alles zu machen, uns nicht einschränken zu müssen.

Natürlich weiß ich, dass wir irgendwann an unsere Grenzen stoßen werden. Aber erst dann werde ich mich damit auseinandersetzen. Noch bin ich dazu nicht bereit. Ich bin nicht bereit, jetzt Abstriche zu machen, um später möglichst weich zu fallen. Ich brauche nicht für alle Eventualitäten einen Plan B. Ich will jetzt alles auskosten, will mich nicht einschränken, für etwas, das in der Zukunft liegt.

Davon, dass ich mich nicht »alt« fühle, einmal ganz abgesehen. Ich frage mich nur: Wann beginnt »das Alter«? Als ich jung war, war aus meiner Sicht mit 50 nicht mehr viel los, mit 60 war man dann richtig alt – und wer 70 wurde, der hatte ein geradezu biblisches Alter erreicht. Heute ignoriere ich die Zahlen einfach als etwas von außen Herangetragenes, das mit mir nicht wirklich etwas zu tun hat. Denn das Level und der Score mögen schon hoch sein – das Spiel aber ist noch lange nicht vorbei.

Und so lebe ich jetzt, wie ich mein ganzes Leben gelebt habe: im Augenblick. Diese Einstellung mag einige Risiken mit sich bringen, und ganz sicher gibt es Schockmomente, wenn ich plötzlich mit einer Situation konfrontiert werde, die ich so nicht vorhergesehen hatte. Aber das ist mir meine Freiheit wert.

Diese Fähigkeit – und auch diese Lust –, dann zu handeln, wenn es mir zufällt, kommt möglicherweise auch von meinem Schauspielberuf. Dort geht es nicht nur darum, im Moment zu handeln, spontan auf das Gegenüber zu reagieren – auch die ganze Lebenssituation ist extrem auf Spontaneität ausgerichtet, auf die Bereitschaft, sich auf eine Situation einzulassen und entsprechend zu handeln. Der Beruf hat mich in Höhen und Tiefen geworfen. Ich kenne alles – es gab Zeiten, in denen ich sehr viel, es gab Zeiten, in denen ich eher weniger gearbeitet habe. Es gab turbulente Zeiten, in denen ich ständig unterwegs war, und welche, in denen ich nicht wusste, ob und wann es weitergeht. Ich lernte, mit diesen Zeiten des Leerlaufs umzugehen, freute mich über die gewonnene Zeit mit meinen Kindern, der Familie, den Freunden.

Und so wie die Schauspielerei mich immer elektrisiert hat, so hält sie mich auch jung. Dieses Abenteuer, immer wieder in neue Rollen zu schlüpfen, neue Leben zu erleben und mit den unterschiedlichsten Menschen, den Kollegen, dem Team und vor allem vielen jungen Menschen zu tun zu haben. Einst war ich immer die Jüngste am Set, heute bin ich oft eine der Ältesten, und das ging so schnell, dass ich den Wandel erst in letzter Zeit realisiert habe. Ich freue mich über das große Talent, dem ich in den jungen Schauspielern begegne, bin begeistert über die Schnelligkeit, die diese an den Tag legen – und profitiere auch davon, indem ich diese Stärke und Kraft in mich einsauge, mit mir nehme.

Mindestens genauso verjüngend wie die Schauspielerei wirkt auf mich die Zeit mit meinen Enkelkindern, mit denen ich meine Leidenschaft fürs Spielen einmal auf ganz andere Art ausleben kann. Für sie in London spiele ich via Facetime Puppentheater mit dem Kasperle und seiner Gretel. Kaum bin ich am Telefon, rufen meine drei Enkel lautstark nach ihrem Freund, dem Teddybär Michi, der ihnen spannende Geschichten erzählt. Wenn wir uns treffen, schlüpfen wir zusammen in die unterschiedlichsten Rollen, dann bin ich die Hexe, die Hänsel und Gretel in ihr Lebkuchenhaus locken will. Ich gehe zum Friseur und lasse mir von ihnen die Locken durchzausen. Oder wir spielen Vater, Mutter, Kind – und ich bin natürlich das Baby.

Doch wenn ich sage: »Diese Dinge halten mich jung« oder »Ich fühle mich nicht alt«, heißt das nicht, dass nicht auch ich mit den Jahren Veränderungen in meinem Leben spüre. Der Körper verlangsamt sich. Ich laufe langsamer, fahre, wenn überhaupt, langsamer Ski. Ich bin vorsichtiger geworden, weniger wagemutig. Und auch die Seele reift mit dem Körper. Ich bin keine

25-Jährige im Körper einer 70-Jährigen. Nein! Mein Blickwinkel ist gewachsen. Ich habe an Erfahrung, an Wissen gewonnen, die es mir leichter machen, Entscheidungen zu treffen. Ich weiß heute viel klarer, ob ich bestimmte Dinge tun oder lassen will. Ich weiß, mit welchen Leuten ich mich umgeben möchte – und mit welchen nicht. Mein Herz ist reifer geworden – und jedes Ja oder Nein führt mich essenzieller zu den Dingen, die ich liebe.

Meine Mutter lebte noch 16 Jahre nach dem Tod meines Vaters im Augustinum. Nicht nur geistig, auch körperlich war sie unglaublich fit. Wenn das Wetter es zuließ, sprang sie schon frühmorgens in den Ammersee, um dort ihre Runden zu drehen – selbst im Oktober, wenn das Wasser nur noch 14 Grad hatte. Im Winter schwamm sie täglich ihre 400 Meter im Schwimmbad des Augustinums.

Die Jahre vergingen. Viele ihrer Freunde starben. Ihr Bruder. Seine Frau. Ihre liebe Freundin Hansi vom Staffelsee, der sie all die Jahre in treuer Freundschaft verbunden gewesen war. Gemeinsam standen wir an ihrem Grab, meine Mutter war inzwischen weit über 90 und sagte: »Am liebsten würde ich mich jetzt zu ihr legen.« Am Abend sprang sie wieder in den Ammersee und freute sich des Lebens.

Die Augen meiner Mutter, mit der sie zeit ihres Lebens alles genauestens beobachtet hatte, erwiesen sich als ihre Achillesferse. Sie bekam Probleme mit der Makula, sah immer schlechter. Auch das Gehen wurde immer beschwerlicher. Anfänglich hatte sich meine Mutter noch mit Skistöcken beholfen. Schließlich musste doch ein Rollator her, und ganz zuletzt trugen ihre Beine sie nicht mehr. »Kannst du nicht einfach den

Stecker ziehen?«, fragte sie mich eines Tages. »Ich möcht so sterben wie der Opa.«

Ein schneller Tod, ohne langes Siechtum – er war ihr nicht vergönnt. Ich sprach mit dem Arzt, der sagte: »Ich glaube, es ist noch nicht an der Zeit, sie hat noch viele Freuden. Wenn sie von ihren Enkelkindern und Urenkeln erzählt. Wenn sie zeigt, was sie fast blind gemalt hat.« Doch sie wurde schwächer, hatte irgendwann weder Hunger noch Durst, und auch die letzten Freuden verloren für sie an Reiz. »Die Lilly heiratet jetzt noch!«, sagte ich zu ihr, um die alte Lebensfreude zu wecken. »Und es kommt doch jetzt der dritte Urenkel.« Aber sie lächelte und sagte: »Ich weiß, dass das Leben weitergeht – und das ist gut. Dass ihr glücklich seid, das ist mir das Wichtigste. In diesem Wissen kann ich gut gehen. Aber ich, ich möchte einfach nur einschlafen. Und du bist bei mir.«

Und so schlief meine Mutter schließlich ein, an jenem Tag im Januar.

Anders als meine Mutter, die immer der Überzeugung war, dass sie der Tod wieder mit ihren Lieben vereinen würde, glaube ich nicht daran, dass es für uns ein Wiedersehen geben wird. Und doch lebt meine Mutter in mir fort und lebt, solange ich lebe; solange die Menschen, die sie mit ihrem Humor, mit ihrer Kreativität berührt hat, sich an sie erinnern, in ihrem Geiste weiter.

Manchmal stelle ich mir das Leben vor wie einen großen Suppentopf, in den man hineingeboren wird. Dieser Suppentopf ist nicht leer, sondern gefüllt mit den unterschiedlichsten Zutaten, die darin schon fleißig brodeln. Knochen, Mark, Fett, Vitamine – Liebe, Hass, Wissen und Nichtwissen – all das, was die Menschheit über die vielen tausend Jahre hinweg angesammelt hat. Ich nehme diese Suppe auf, ich schwimme darin. Mein Wissen, mein Denken und Fühlen nähren sich daraus. Und genauso, wie ich aus diesem Reichtum schöpfe, so ist es auch meine Aufgabe in diesem Leben, in diesen Suppentopf wieder etwas Nahrhaftes hineinzugeben, etwas für die Gesellschaft zu geben. Etwas soll von mir bleiben, das andere schöpfen können.

Meine Mutter hat so viele wundervolle Zutaten in den Suppentopf des Lebens hineingegeben.

Ich möchte es ihr gleichtun.

Epilog
Alles hat seine Zeit

Heute ist ein Tag zum Leben

Zur Beerdigung meiner Mutter kamen über 100 Menschen. Viele Reden wurden gehalten. Ihre Mitbewohner aus dem Augustinum sprachen voll Bewunderung von ihr. Auch ich trat vor die Trauernden und erzählte anhand einer Bildershow von ihrem Leben – doch über meine Geschwister sprach ich nicht. Nur wenige – jene, die uns von früher kannten – wussten, was geschehen war. Und ich fühlte mich noch immer durch das Versprechen gebunden, das ich meiner Mutter vor so vielen Jahren gegeben hatte. Ich sollte, solange sie lebte, mit niemandem darüber sprechen. Und so wollte ich auch bei meiner Rede an der Beerdigung nicht etwas öffnen, was meine Mutter zeit ihres Lebens hatte verschlossen halten wollen.

Dieses Schweigen war mir über die Jahre hinweg nie schwergefallen. Es war einfacher, nicht vergangenheitsorientiert, sondern in der Gegenwart zu leben. Ich verdrängte den Tod meiner Geschwister nicht, doch ich setzte mich auch nicht aktiv damit auseinander. Ich hatte die Tür zur Vergangenheit zugemacht. Während wir jedes Jahr am Geburtstag meines Vaters, auch nach seinem Tod noch, ein Gläschen auf ihn tranken, gedachte ich vor allem im November, an Allerheiligen meiner drei Geschwister – am liebsten allein. Meine Mutter hatte Heilung darin gefunden, mit Menschen Zeit zu verbringen, zu malen, zu lachen – und sie wollte sich diese wiedergewonnene und doch so zerbrechliche Lebensfreude nicht durch die Vergangenheit zerstören lassen. Und ich tat es ihr in gewisser Weise gleich.

Kurz nach dem Tod meiner drei Geschwister war dieser Fokus auf den Augenblick sicherlich richtig und heilsam; als alles über uns hereinbrach, als nur eine konsequente Abkehr vom Schmerz uns half, selbst zu überleben, diese Dunkelheit überhaupt durchzustehen. Eine solch unvorstellbare Wunde kann nicht heilen, wenn man immer wieder daran kratzt.

Aber als ich nun allein am Grab meiner Mutter stand, spürte ich meine Geschwister ganz intensiv. Und ich fragte mich: Ist es jetzt nicht an der Zeit, mich mit ihrem Tod auseinanderzusetzen? Sollte ich sie nicht wieder hervorholen aus der Erinnerung? Sollte ich nicht auch mit meinen Kindern ausführlicher darüber sprechen? Haben sie nicht das Recht, genauer zu verstehen, was mit ihren Onkeln und ihrer Tante geschehen war?

Mir wurde klar, wie viele Dinge ich auch selbst nicht verstand, über wie viele Dinge ich mir selbst nicht im Klaren war. Wie hatte ich das alles überstanden? Was hatten diese Erlebnisse mit mir gemacht? Ich konnte diese Ereignisse nicht einfach wegwischen, aus meiner Seele verbannen. Die Kisten mit den Aufzeichnungen meines Bruders lagerten noch immer bei mir im Keller. Sie waren meine Chance nachzulesen, zu forschen, zu begreifen. Und nun war die Zeit dafür gekommen.

Das Metall war inzwischen verrostet. Ein Schlosser musste sie öffnen. Dann hielt ich Hans' Notizbücher, unzählige Blätter und Gedanken in meinen Händen. Ich las und las und las. Ich versuchte, mich in seine Welt einzugraben, in seine Gedanken, die er Nächte hindurch niedergeschrieben haben musste, und die sich immer wieder um dieselben Fragen drehten. Und mit jeder neuen Erinnerung packte und schüttelte es mich. Ich weinte noch einmal um meine Geschwister, und es tat mir gut. Ich konnte auf all die Geschehnisse blicken wie durch eine Lupe. Der Abstand ließ mich klarer sehen, deutlicher. Und immer war die Zeit zwischen mir und den Verlusten, die ich erlitten hatte, und schützte mich.

Fast drei Jahre sind nun vergangen, seit meine Mutter gestorben ist, genauso lange wühle ich mich schon durch die Unterlagen meines Bruders und durch meine eigene Erinnerung. Und auch wenn das Sterben meiner drei Geschwister, die Gründe und Ursachen dahinter für mich weiter unbegreiflich sind, fühle ich mich doch plötzlich ruhiger und gelassener. Als hätte da immer etwas in einer verborgenen Ecke meines Gehirns gesessen und Aufmerksamkeit verlangt, die ich ihm nie geschenkt habe. Als hätte ein Schleier über jenen Ereignissen gelegen, den wegzuziehen ich so viele Jahre nicht gewagt habe, aus Furcht, dass die alten Wunden dadurch wieder aufbrechen, dass die Erinnerung mich in finstere Tiefen zieht.

Das ist nicht geschehen. Mich mit meiner Vergangenheit, mit der Geschichte meiner Geschwister auseinanderzusetzen, hat mich stattdessen freier gemacht und mir geholfen, neue Zusammenhänge zu erkennen und auch die Auswirkungen auf mein eigenes Leben besser zu begreifen. Ich habe erkannt, welch unglaublich wichtige Rolle der Beruf als Schauspielerin für mich und mein Leben und Überleben gespielt hat. Ich habe erkannt, dass die Lust am Leben, die mich jeden Tag begleitet, ein Geschenk meiner Geschwister an mich ist, deren Tod mir gezeigt hat, wie schnell das Leben vorbei sein kann, die mich dazu gebracht haben, das Leben in mich einzusaugen, so intensiv wie möglich zu leben. Ich lebe für sie mit.

»Sie sind so eine starke Frau. Sie müssen immer nur Glück gehabt haben im Leben«, heißt es immer wieder, aber auch ich hatte und habe meine schwachen, meine dunklen und traurigen Momente. Ich möchte, dass Menschen, denen ähnliche Schicksale widerfahren, wissen: Sie sind nicht allein in ihrem Schmerz. Wir alle erleben schlimme Zeiten. Doch es ist möglich, das Leid zu ertragen, damit zurechtzukommen und irgendwann auch wieder ein erfülltes Leben zu führen. Ich will die Augen und Ohren, das Herz öffnen für die schönen Dinge, die es doch noch immer und weiterhin gibt, egal wie schlimm ich vom Leben getroffen wurde. Ich zähle das Plus, lege darauf meinen Fokus und kann so das Minus mildern. Ich atme die guten Dinge ein wie saubere Luft und die schlechten Sachen, die mich quälen und niederdrücken, aus. Ich lege sie zur Seite, versuche, sie wegzuschließen. Ich trage das Erlebte sowieso in mir. Ich will es nicht immer wieder aufwühlen. Schlimme Erfahrungen werden nicht besser, indem man sie immer wieder aufkocht. Dadurch wird der Mensch, den man liebt, nicht zurückkommen, aber man versetzt sich selbst immer wieder in einen Zustand des Leids, der Hilflosigkeit und der Trauer.

Was nicht heißt, dass ich mich nicht gerne erinnere. Heute denke ich oft zurück an Hans, Karl und Gundi, die schöne Zeit, die wir als Kinder hatten, die gemeinsamen Erlebnisse, in Riederau, in unserem Feenwald. Aber ich habe kein schlechtes Gewissen, wenn ich wieder lache, wenn ich lebe und liebe. Wenn ich einfach nur weiterlebe. Ich denke oft an jene Beerdigung in Kamerun zurück, wo der Tod eben auch eine Feier des Lebens war, bei der die Menschen tanzten und den Schmerz rausschrien. Die Tränen dürfen runterlaufen, der Schmerz darf da sein, aber wir müssen uns nicht vergraben, sondern wir dürfen weitertanzen. Den Schmerz tragen wir weiterhin in uns – egal was wir tun, auch wenn wir kein vergrämtes Gesicht aufsetzen und uns in schwarze Kleider hüllen. Warum Zeit vergeuden? Wir haben nur dieses eine Leben.

Gleichzeitig habe ich beim Erinnern erkannt, dass es kein Rezept gegen psychische Erkrankungen gibt. Ich hoffe, ich kann meinen Kindern und Enkelkindern meine Lebensfreude weitergeben, ich genieße jede Sekunde mit ihnen. Doch es gibt so viele Faktoren, die sich auf die Psyche eines Menschen auswirken – und wir müssen und dürfen uns keine Vorwürfe machen, wenn es einem lieben Menschen schlecht geht, sondern wir sollten einfach unser Bestes tun, um ihm Linderung zu verschaffen – am besten durch professionelle Hilfe. Einem depressiven Menschen werden alle Versuche der Familie und Freunde, ihn aus der Lethargie zu holen, nicht helfen können. Die Stärke des anderen lässt ihn sich nur noch schwächer fühlen. Viel wichtiger ist es, ihn dahin zu führen, dass er die Unterstützung annimmt.

Meine Schwester hätte viel früher professionelle Hilfe gebraucht, um ihre Sucht in den Griff zu bekommen. Das weiß ich heute. Vielleicht wäre sie dann noch am Leben? Es ist keine Schande, sich Hilfe zu holen, wenn man in einer bestimmten Zeit des Lebens einfach nicht weiterweiß. Auch ich habe mir in der Zeit der Trennung von meinem ersten Mann psychologische Hilfe geholt, die mich auf meinem Weg unterstützt hat. Manche Dinge schafft man alleine nicht.

Ich habe dieses Buch vor allem für meine Kinder geschrieben. Wie bei einem Liebesbrief ist es manchmal leichter, die Dinge, die man sagen möchte, zu Papier zu bringen, sie schriftlich zu formulieren. Damals, als meine Töchter gerade geboren waren, wollte ich sie frei von der Vergangenheit lieben, erziehen, aufwachsen lassen. Doch heute möchte ich mein Herz öffnen, ich möchte meinen Töchtern von Hans und Karl und Gundi erzählen und von den Dingen, die damals waren, und was sie mit den Menschen, die sie liebten, gemacht haben. Ich erzähle ihnen diese Geschichte, damit sie mich besser verstehen. Damit sie sich selbst möglicherweise besser verstehen.

Jetzt aber, da ich fast drei Jahre lang gewühlt, geweint, gelacht, mich erinnert habe, ist es an der Zeit, diese Kiste wieder zu verschließen. Ich will mich wieder auf mein Leben jetzt, auf die Rollen, die ich noch spielen werde, auf die wundervollen Tage mit Bernd, auf die Liebe konzentrieren. Denn alles hat seine Zeit. Die Zeit, sich zu erinnern, die Zeit, nach vorne zu blicken. Und ich will diese Zeit nutzen, ich will mich hingeben, will genießen. Ich will wach sein und neugierig bleiben, damit ich erkennen kann, was jeder Augenblick mir Neues bringt.

Denn heute ist der Tag zum Leben.

»Eines Tages wird uns der Tod zu einem anderen Stern bringen.«

VINCENT VAN GOGH

Dank

Den Entschluss zu fassen, dies alles noch mal zu erforschen und zu durchleben und es dann auch für andere zu öffnen, ist mir nicht leichtgefallen. Jetzt, wo ich über diesen hohen Berg gestiegen bin, empfinde ich große Erleichterung, fast Leichtigkeit, Erfüllung.

Ich hätte das alles nie geschafft ohne die liebevolle Hilfe derer, die mir zugehört, geholfen und Mut gemacht haben.

Für die vielen Stunden, die mir Dr. Carina Heer gewidmet hat und für die einfühlsame und sensible Wiedergabe danke ich ihr von ganzem Herzen. Wir haben gelacht und geweint, und sie hat mir geholfen, in den Spiegel zu schauen, meine Gefühle zu ergründen und nach oben zu tragen.

Ich danke Anne Stadler und Isabella Jaross vom Piper Verlag für die besondere Unterstützung bei der Entstehung dieses Buches.

Ich danke meiner Agentur scenario und auch all meinen Kolleginnen und Kollegen, die mich auf meinem Weg als Schauspielerin begleitet und unterstützt haben, und auch all meinen Freunden, ohne die für mich das Leben gar nicht vorstellbar ist. Und ich bitte um Verzeihung, wenn ich einige, auch wichtige, von ihnen nicht genannt habe, danke ihnen aber umso mehr, dass sie bei mir und in mir sind und mein Leben bereichern.

Besonders danke ich meiner Familie, meinen beiden Töchtern Alexandra und Lilian für ihr großes, liebevolles Vertrauen, das sie mir jeden Tag schenken.

Und vor allem umarme ich meinen Mann Bernd Schadewald für all seine Geduld, meine Gefühle zu verstehen, zu ordnen und für die unendliche Liebe, mit der er mir geholfen hat, das alles von der Seele zu schreiben.

Ich blicke mit großer Vorfreude und Neugierde in die Zukunft.

Filme und Serien

1962	Nussknackersuite
	Robinson soll nicht sterben
1963	Onkel Toms Hütte
	Bewährungshelfer Berger
	Kommissar Freytag
	Heidi
1964	Tanz auf dem Eis
	Flucht ohne Ausweg
1967	Der Tod läuft hinterher
	Herr Wolf hat eine Krise
	Der ewige Gatte
	Meine Tochter unser Frl. Doktor
1968	Pepe der Paukerschreck
1969	Jerry Cotton: Todesschüsse am Broadway
	Die tolldreisten Geschichten – nach Honoré de Balzac
1970	Talentprobe
	Hei-Wi-Tip-Top
1972	Kinderheim an der Sasener Chaussee
1973	Familienfest
	Hamburg Transit
1974	Münchner Geschichten
	Bauernbarock
	Beschlossen und verkündet
	Depressionen
	Die Leute von Feichtenreut
	Unter einem Dach
1975	Baby Hamilton
	Partnerin gesucht
	Ein unbegreiflicher Typ

1976	Der Fänger
	Derrick: Todesfahrer
1976–85	SOKO 5113
1977	Mario Adorf-Special
1978	The Ringer
	Die Fluchtlinie
	Das Komplott
	Tatort: Ein Schuss zuviel
	Derrick: Anschlag auf Bruno
1979	Wencke, Udo und der blaue Diamant
	Unter Verschluss
	Fallstudien
	La conquete du ciel (dt. Titel: Grashüpfer)
	Die seltsamen Methoden des Franz Josef Wanninger
1980	Heufieber
	Der falsche Pass für Tibo
	Tippfehler
	Der Betriebsrat
1981	Wie das Leben so spielt
	Der Alte: Die Unbekannte
	Neonstadt
	Ein Fall von Zuneigung
	Gruzifünferl
	Ein zauberhaftes Biest
	Prost Mahlzeit
	Monaco Franze
	Der gutmütige Grantler
1982	Wie hätten Sie's denn gern?
	Polizeiinspektion 1
	Flöhe hüten ist leichter
	Tiefe Wasser
	Leute wie du und ich
1983	Die Wiesingers
	Kneipp-Kur
	So oder so ist das Leben

1984	Glückspilze
	Das Hintertürl zum Paradies
	Der Fahnder: Lauter Freunde
	Meister Eder und sein Pumuckl
	Irgendwie und Sowieso
	Schafkopfrennen
1986	Hans im Glück
	Kir Royal
	Zur Freiheit
1987	Die Männer vom K3: Tödlicher Export
	Nur für Busse
1988	Lebenslänglich – ganz ohne Gnade
1988–89	Forsthaus Falkenau
1989	Der Alte: Der Schuss
	Ein Fall für Zwei: Der Schlüssel
	Der Fahnder: Carolas Vermächtnis
1990	Das Nest
1991	Zwei Halbe sind noch lange kein Ganzes
	Traumschiff: Ägypten
1992	Tatort: Kesseltreiben
	Die Klippen des Todes
	Der Struppi ist weg
1992–97	Der Bergdoktor
1993	Unsere Schule ist die Beste
1994	Hallo Onkel Doc
1995	Die Geliebte
	Lovers
	Wozu denn Eltern
1996	Prinzessin Fantaghiró
1997	Traumschiff: Argentinien
	Das merkwürdige Verhalten geschlechtsreifer Großstädter zur Paarungszeit
	Zum Sterben schön
	Widows
	Aus heiterem Himmel
	Die Aubergers

1998	Mord und Todschlag
	Liebe und weitere Katastrophen
	Kanadische Träume
	Für alle Fälle Stefanie
	Dr. Stefan Frank
	Un prete tra noi
1999	Mann bleibt Mann
	SOS Barracuda
2000	Polizeiruf 110: Gelobtes Land
2001	Hochzeit zu viert
	Traumschiff: Chile
	Polizeiruf 110: Fluch der guten Tat
2002	Rosamunde Pilcher: Wenn nur noch Liebe zählt
	Samba Bavaria
	Polizeiruf 110: Um Kopf und Kragen
	Polizeiruf 110: Silikon Walli
2003	Auch erben will gelernt sein
	Star Hunter Can.
	Polizeiruf 110: Tiefe Wunden
	Polizeiruf 110: Pech und Schwefel
2004	Unter weißen Segeln
	Der Traum meines Lebens
	Polizeiruf 110: Vater Unser
	Polizeiruf 110: Die Maß ist voll
2005	Kurhotel Alpenhof
	Vier Meerjungfrauen
	Polizeiruf 110: Der scharlachrote Engel
	Polizeiruf 110: Die Prüfung
2006	Polizeiruf 110: Er sollte tot
	Polizeiruf 110: Mit anderen Augen
2007	Das Traumhotel: Dubai
	Rosamunde Pilcher: Der Mann meiner Träume
	Polizeiruf 110: Taubers Angst
	Polizeiruf 110: Jenseits

2008 Alles was recht ist
Unser Mann im Süden
Vier Tage Toskana
Polizeiruf 110: Wie ist die Welt so stille
Polizeiruf 110: Rosis Baby
2009 Die göttliche Sophie
Eine Liebe in Venedig
Polizeiruf 110: Endspiel
2010 Inga Lindström:
Zwei Ärzte und die Liebe
Eine Sennerin zum Verlieben
Trau niemals deinem Chef
Uta Danella: Eine Nonne zum Verlieben
2011 Für immer Frühling
Inga Lindström: Frederiks Schuld
2012 Der Bergdoktor: Wiedergeburt
Kommissar Stolberg: Tödliches Netz
Katie Fforde: Leuchtturm mit Aussicht
Tessa Henning: Elli gibt den Löffel ab
2013 Uta Danella: Sturm am Ehehimmel
2014 Unterwegs mit Elsa
2015 Rosamunde Pilcher:
Wahlvesprechen und andere Lügen
Herzensbrecher: Vater von vier Söhnen
Frau Roggenschaubs Reise
Familienfest
2016 Protokolle des Bösen
2017 Der Staatsanwalt: Gegenwind
Katie Fforde: Meine verrückte Familie
Ein Sommer im Allgäu
2018 Katie Fforde: Das Kind der Anderen
Die Bergretter: Sorgerecht
So einfach stirbt man nicht
2019 Reiterhof Wildenstein
2020 SOKO Leipzig: Auftrag für Hajo
Zum Glück zurück

2021 Rosenheim Cops: Mörderische Gesellschaft
Lauterbronn
Kreuzfahrt ins Glück: Kreta
Tatort: Angeklagt
Damaged Goods

Theater

1968 Wahn, oder der Teufel in Boston
1971 Eine Handvoll Brennnesseln
1973 Die Kinder Edouards
1975 Der Mann der sich nicht traut
1977 Genosse Veygond oder: Hinter dem Vorhang
Meine Frau erfährt kein Wort
1981 Der Spiegel
1983 Ein besserer Herr
1992 Honigmond
1999 Gaslicht
2003 Gefallene Engel
2009 Die Bergsteiger
2011 Toutou
Heraklits letzte Tage
Im Enddarm der Stadt
2012 Germania I – Dinkelhofen
2014 Germania II – Paradiso
2015 Rose und Walsh
Germania III – Die Heimkehr
2017 Die Wunderübung
2021 Der Sittich

Preise und Auszeichnungen

2004	Ehrenkommissarin der Bayerischen Polizei
2005	Deutscher Fernsehpreis für: Polizeiruf 110 – Der scharlachrote Engel
2006	Adolf-Grimme-Preis mit Gold für: Polizeiruf 110 – Der scharlachrote Engel
2007	Bayerische Staatsmedaille für soziale Verdienste
2008	AZ Stern für: Polizeiruf 110
2009	Medaille München leuchtet in Gold
2011	Bayerischer Verdienstorden
2017	Deutscher Fernsehpreis für: Familienfest, Bester TV-Film
2018	Bayerischer Poetentaler
2019	Verleihung des Ehrenbürgerrechts der Stadt München
	Bambi Ehrenpreis
2021	Bayerischer Fernsehpreis
	Ehrenpreis des Bayerischen Ministerpräsidenten

Bildnachweis

Barbara Ellen Volkmer: [34], [37], [45], [48], [49], [62]
Christian Martin Weiss: [54]
Gerald Fritzen/Welthungerhilfe: [57]
Illustrierte Film-Bühne; Vereinigte Verlagsgesellschaften Franke & Co. KG: [18]
IMAGO/teutopress: [39]
Janine Guldener: [52]
Jörg Koch für Getty/Crime + Investigation: [43]
Michaela May: [1], [2], [6–8], [11–13], [15–17], [19–26], [32], [44], [46], [47], [50], [51], [53], [55], [56], [59–61]
People Picture: [33], [35], [36]
Peter Bischoff/Freier Fotograf: [28], [30]
Schneider-Press: [31]
Schneider-Press/NU: [38]
Schneider-Press/May: [3], [4], [5], [9], [10], [14]
SOS-Kinderdörfer weltweit/David Wedenig: [58]
Stefan Kastner: [41], [42]
United Archives/KPA: [29]
United Archives/Kontributor: [27]
Wolf Lux/Bild: [40]

Trotz intensiver Bemühungen war es nicht in allen Fällen möglich einen Rechteinhaber zu ermitteln. Sollten Sie der Rechteinhaber sein, bitte melden Sie sich beim Verlag.

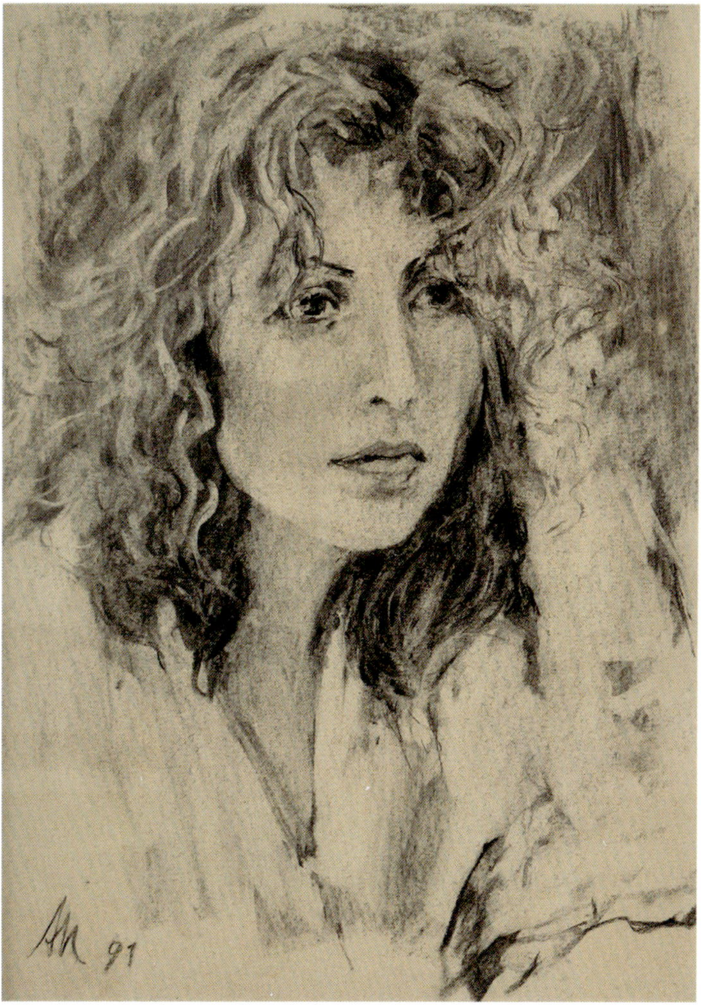

Porträtzeichnung von meiner Mutter zu meinem 39. Geburtstag. [1]

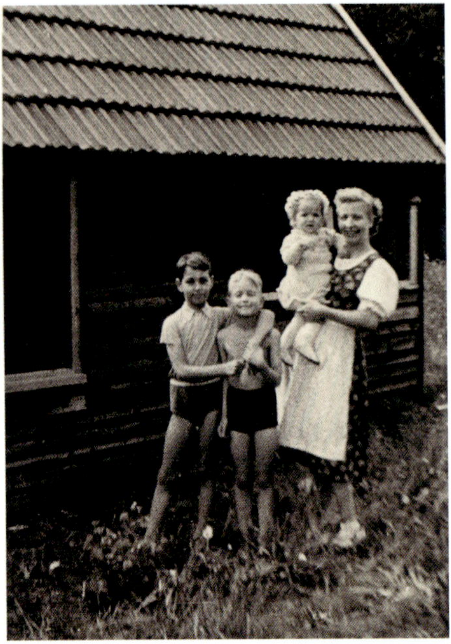

Meine Mutter mit meinen Brüdern Hans *(l.)*, Karl und mir vor dem »Hühnerstall« am Ammersee. [2]

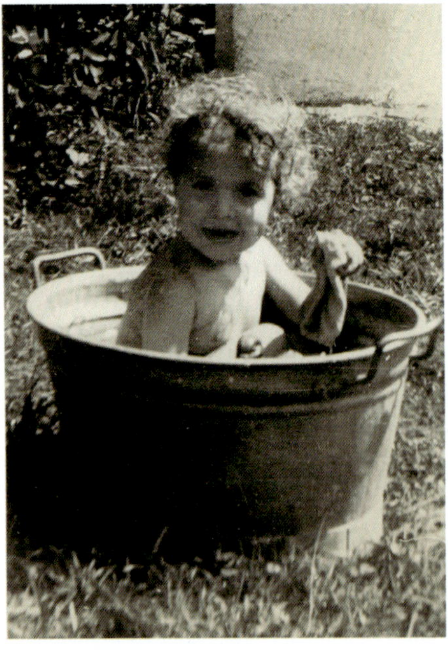

Hauptsache draußen! Badespaß am Ammersee. [3]

Schneehund statt Schneemann. [4]

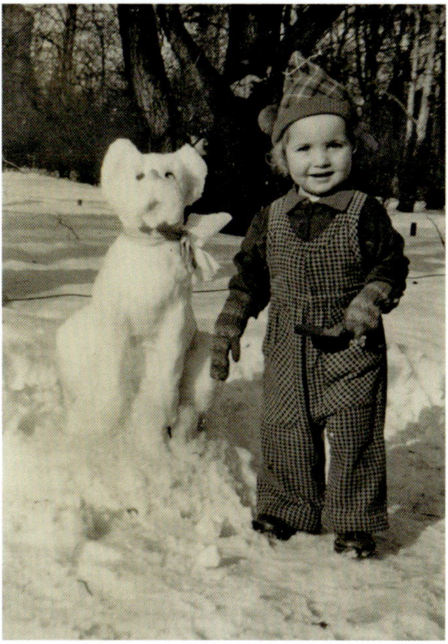

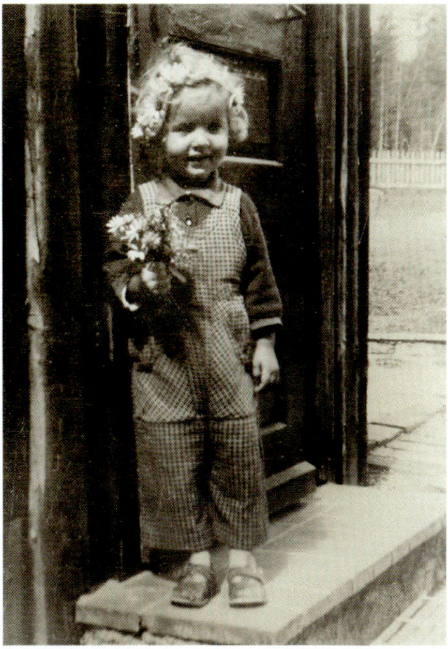

»In Riederau is sche,/ da wollen wir gern rausgeh,/da spieln wir Federball/und pflücken Blumen überall.« [5]

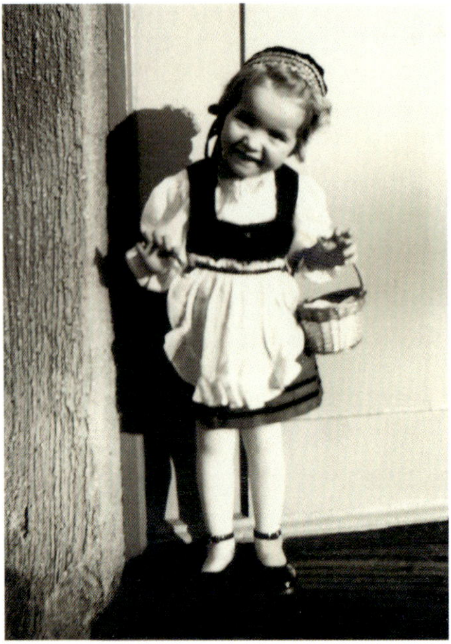

Früh übt sich …
Meine erste Rolle:
Rotkäppchen. [6]

Mein Vater, Karl, ich, meine Mutter und Hans *(v. l.)* im elterlichen Wohnzimmer, 1956. [7]

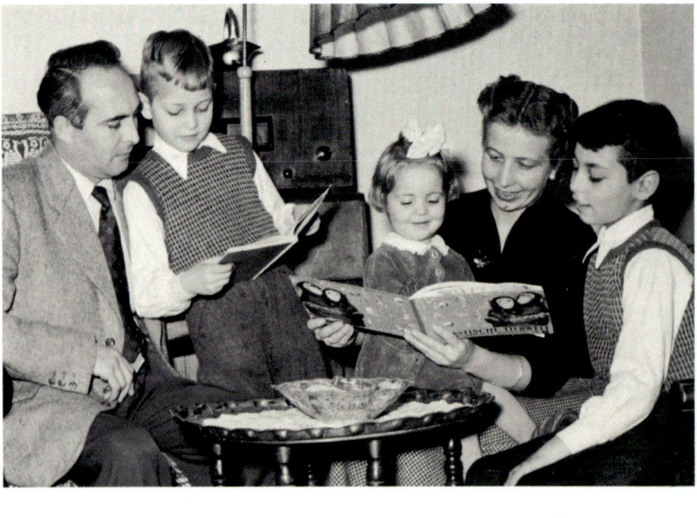

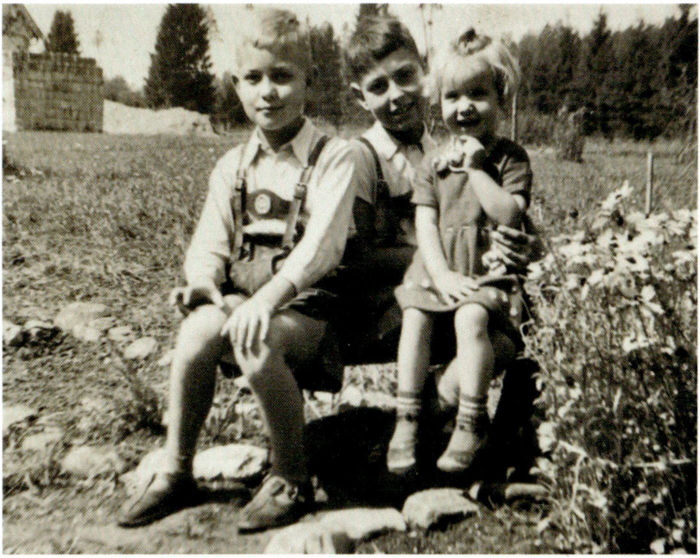

So stolz auf meine großen Brüder. [8]

»Hab dich lieb!« [9]

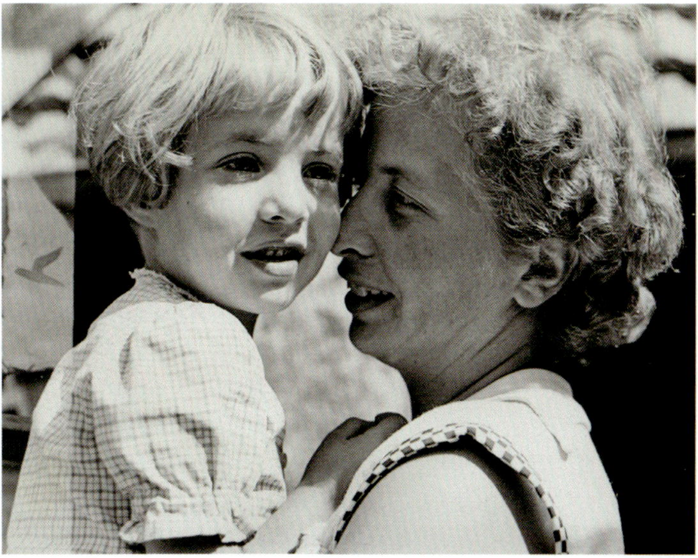

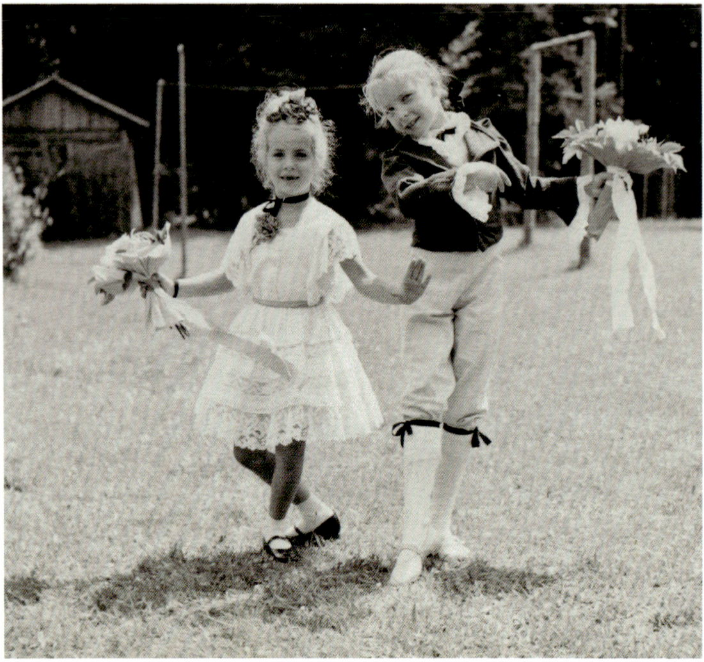

»Bitte hinsetzen. Wir führen was Tolles vor!« Menuett mit meiner jüngeren Cousine Hanne. [10]

Ein Ringelreigen mit Kleidern aus Rhabarberblättern. [11]

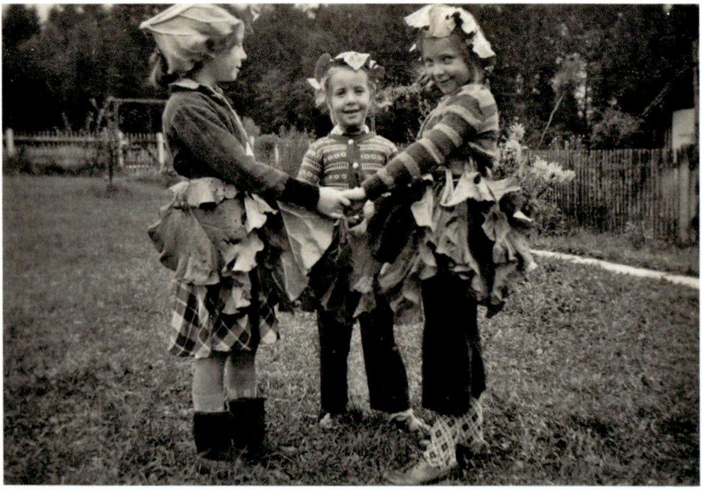

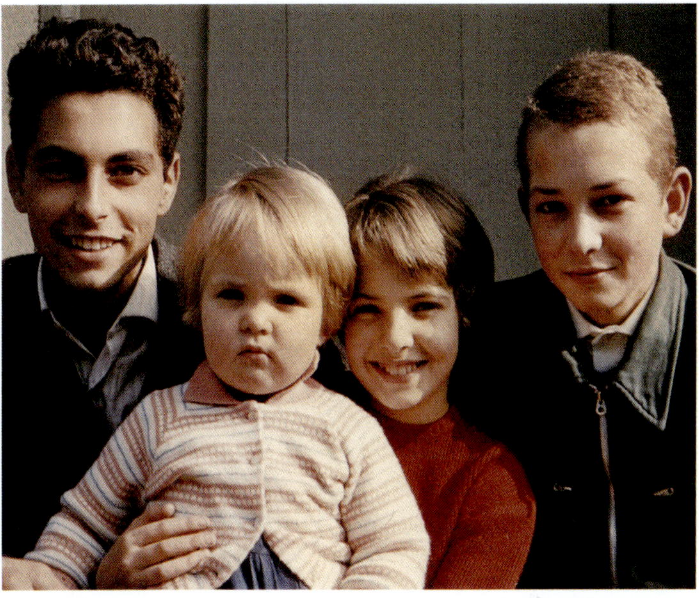

Geschwister unter sich: Hans, die kleine Gundi, ich und Karl *(v. l.)*, 1962. [12]

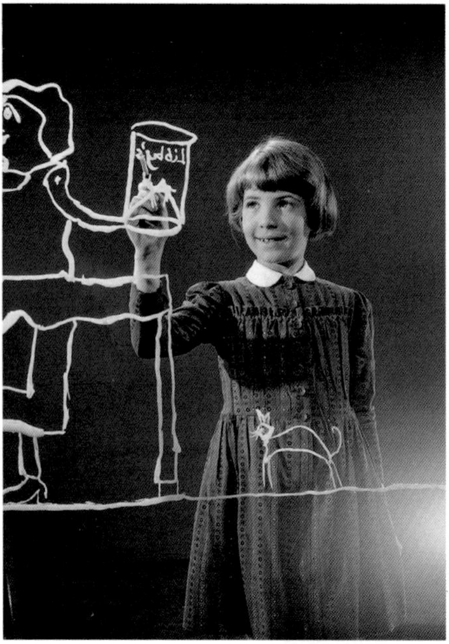

Ich hab die schönste Kuh gemalt. [13]

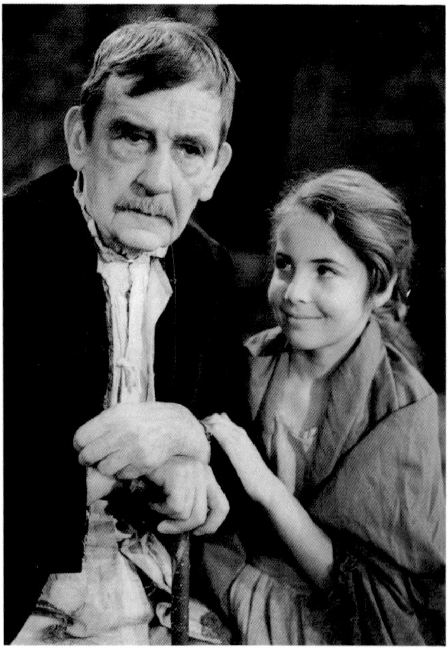

Robinson darf nicht sterben mit Rudolf Forster. [14]

Szenenfoto aus *Onkel Toms Hütte.* [15]

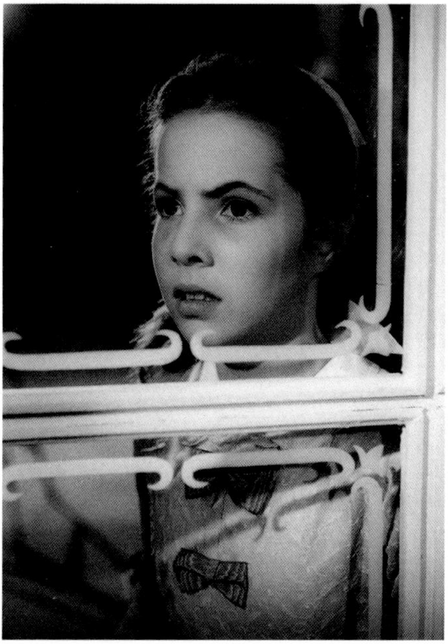

Mit O. W. Fischer und John Kitzmiller als Onkel Tom. [16]

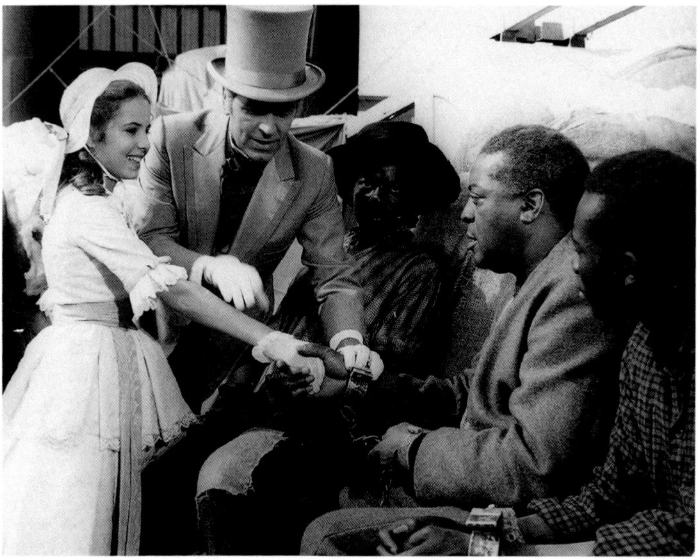

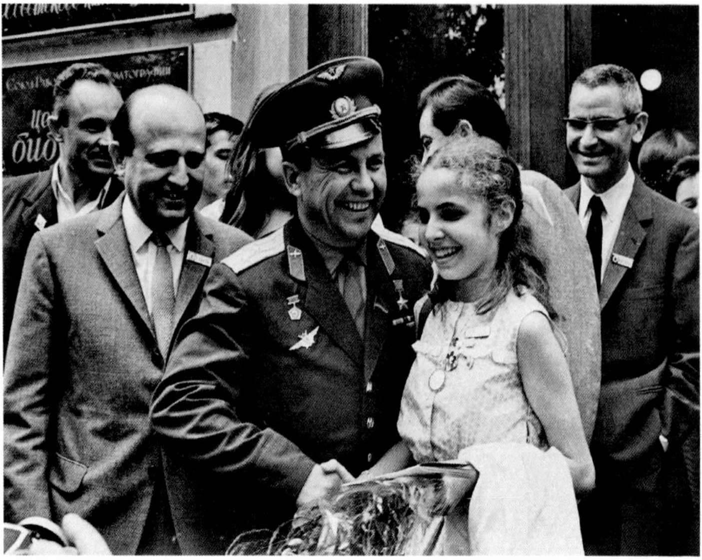

Filmpremiere in Moskau – unter anderem mit einem Kosmonauten der ersten Stunde, Pawel Popowitsch. [17]

Klara kann wieder laufen! Mit Eva Maria Singhammer als Heidi. [18]

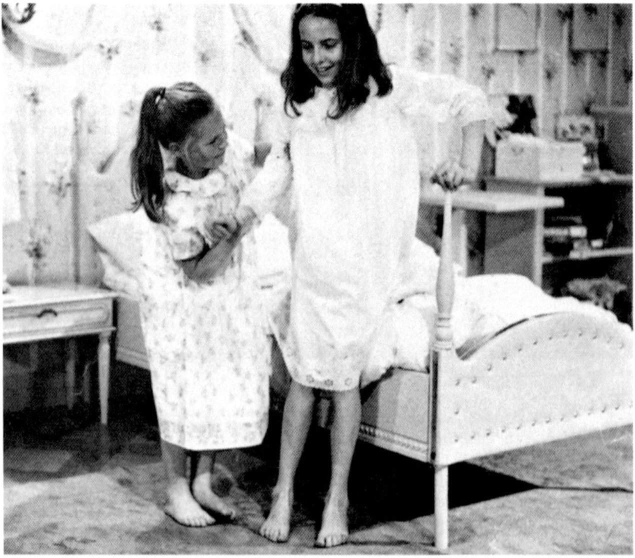

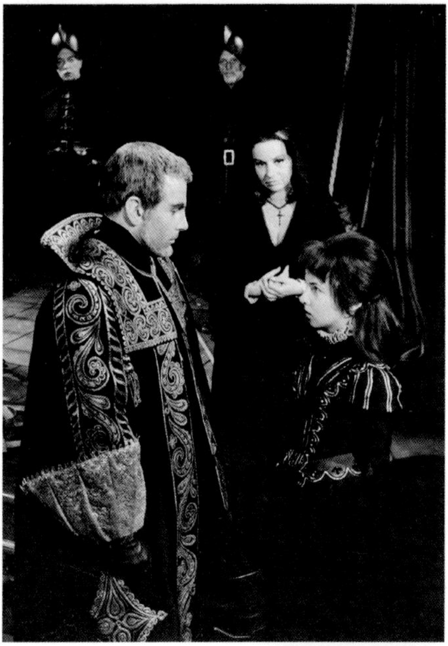

Mit Maximilian Schell und Johanna von Koczian in *Der seidene Schuh.* [19]

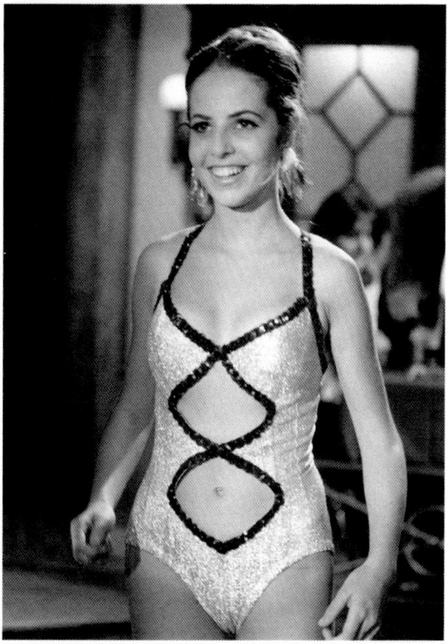

Mein erster Hüftschwung in *Der Tod läuft hinterher.* [20]

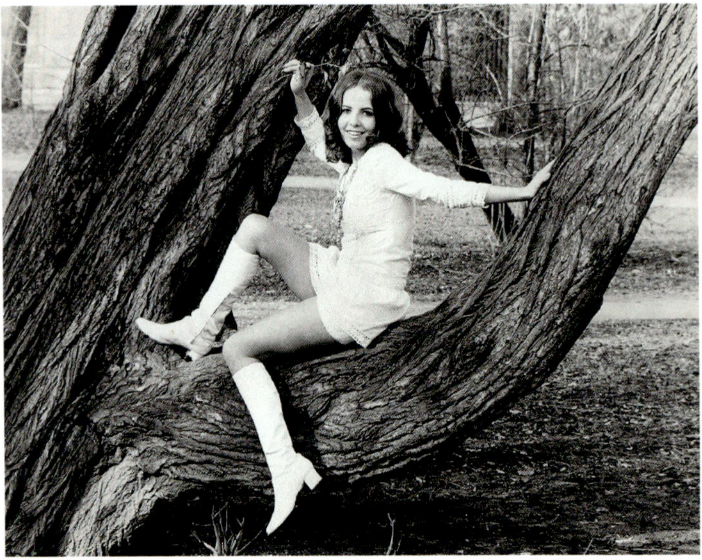

So cool in meinem Spitzenkleid aus der Carnaby Street. [21]

Unser Postbus in der unendlichen Weite der Wüste. [22]

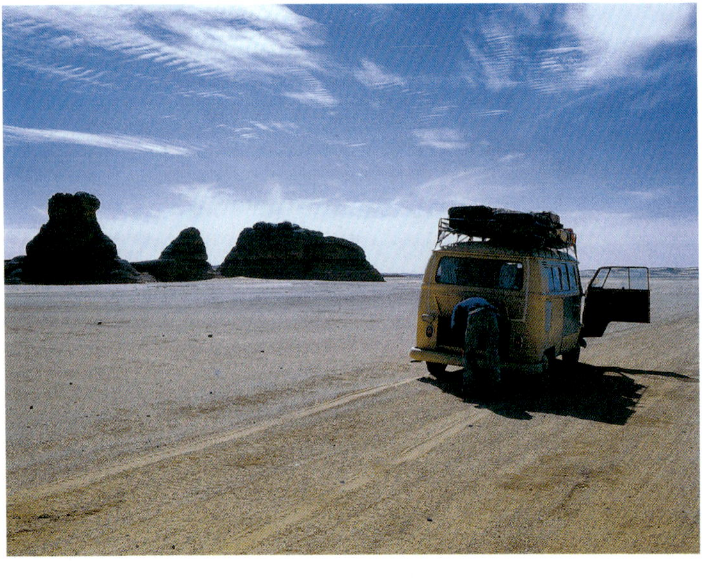

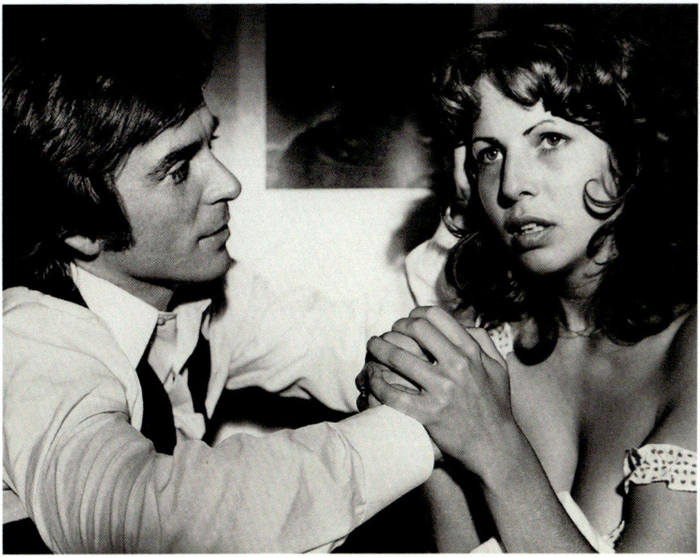

Mit Elmar Wepper in *Die Leute von Feichtenreut.* [23]

»Geh Spatzl, schau wie I schau!« Mit Helmut Fischer in *Monaco Franze.* [24]

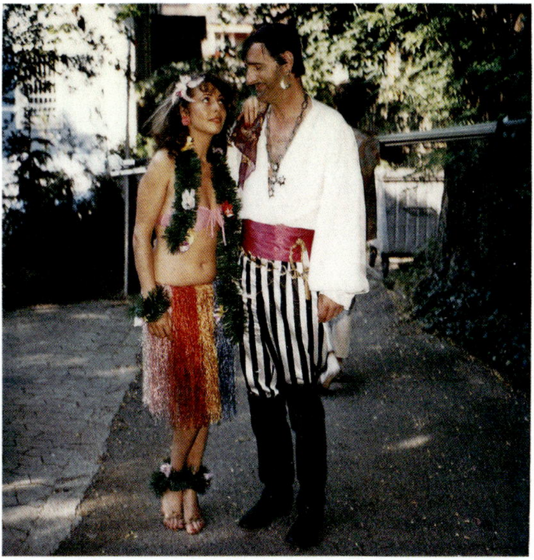

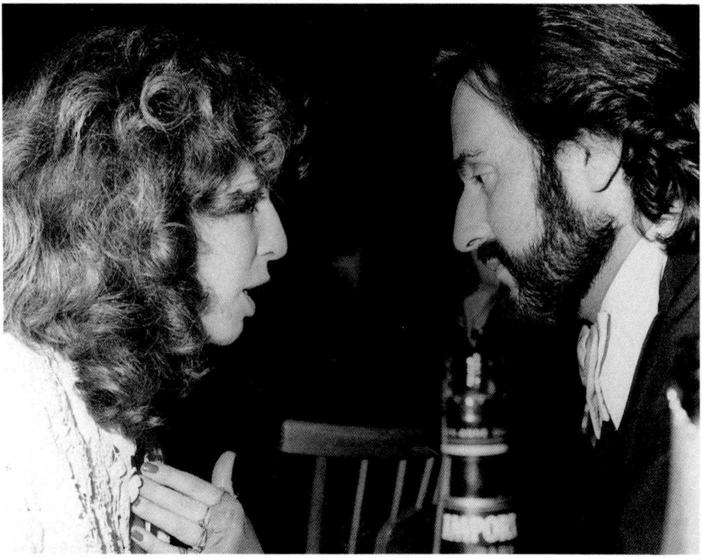

Keine Filmnase? Regiegespräch mit Helmut Dietl. [25]

»Die heult schon richtig!« Münchner Geschichten mit der großen Therese Giehse und Karl-Maria Schley. [26]

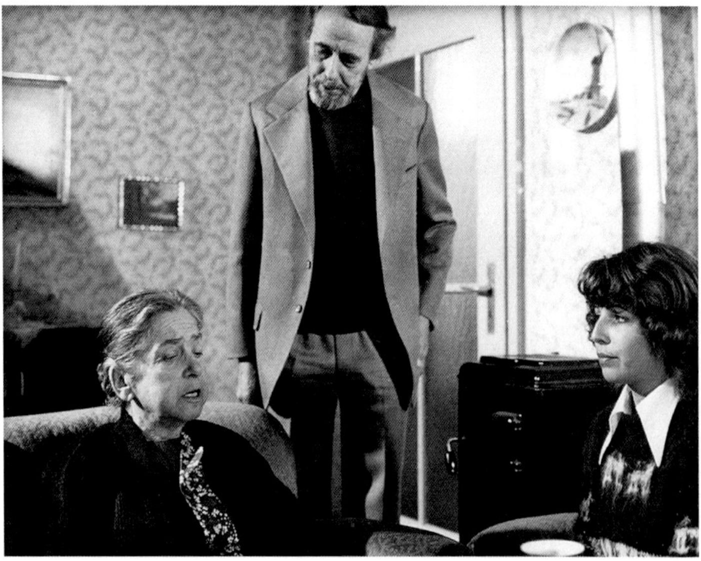

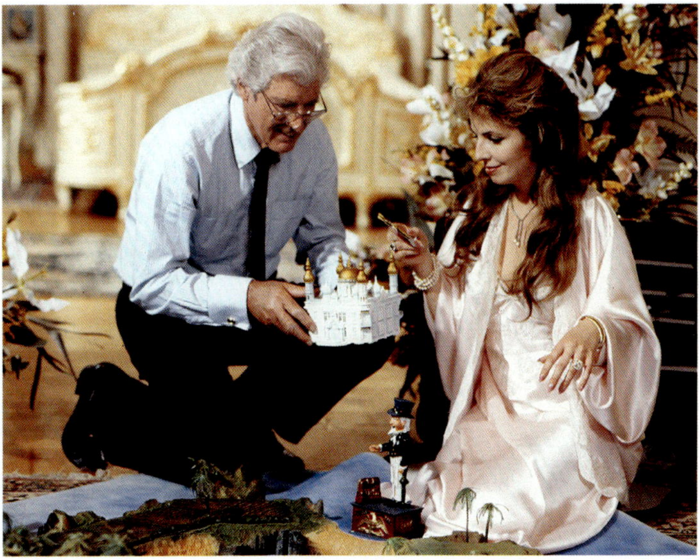

»Mei, der James.« Als Königin von Mandalia mit Paul Hubschmid in *Kir Royal.* [27]

Sir Quickly und seine Freunde aus *Irgendwie und Sowieso*. Ich als Marlene ganz in rot. [28]

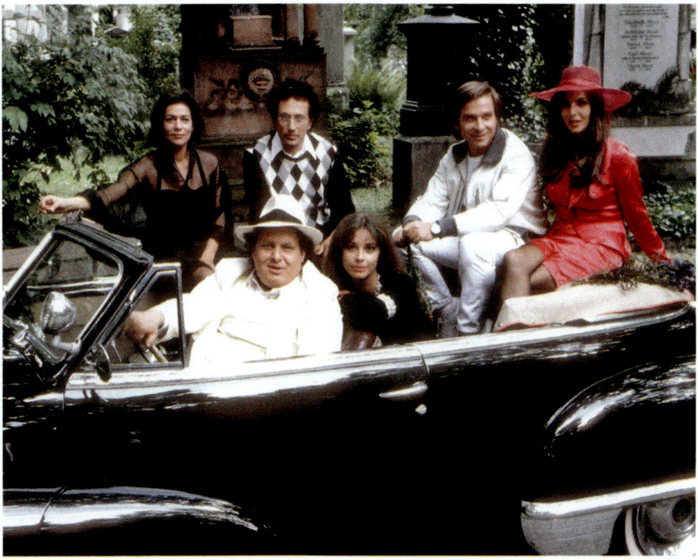

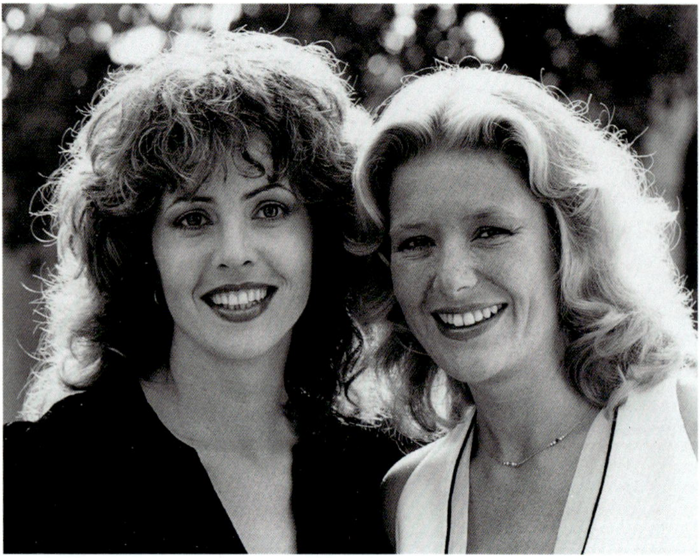

Wie hätten Sie's denn gern? Beginn der Freundschaft mit Jutta Speidel. [29]

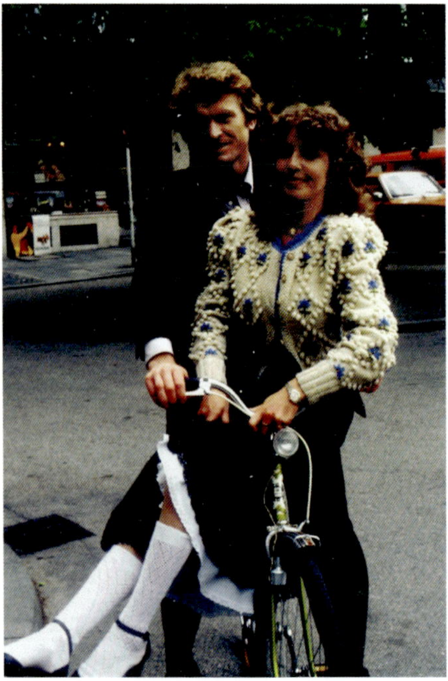

Auch Sepp Maier war mal mein Partner. Szenenfoto aus *Gruzifünferl.* [30]

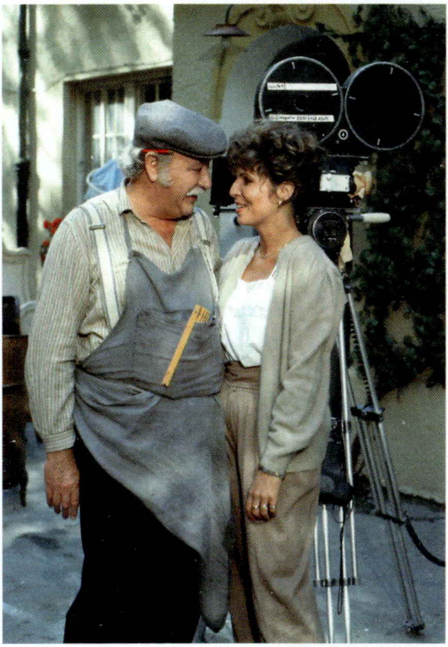

Mit Gustl Bayrhammer bei den Dreharbeiten zu *Meister Eder und sein Pumuckl.* [31]

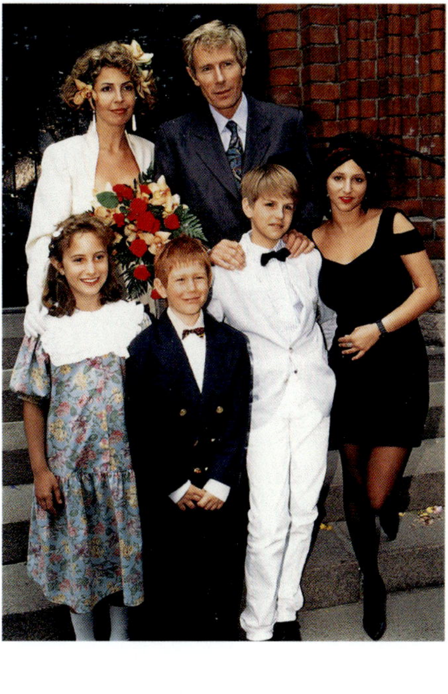

»Ich will nicht, dass die Mama den Horst heiratet!« Mit Horst Janson und meiner Tochter Alexandra *(l.)* in *Zwei Halbe sind noch lange kein Ganzes* beim glücklichen Happy End. [32]

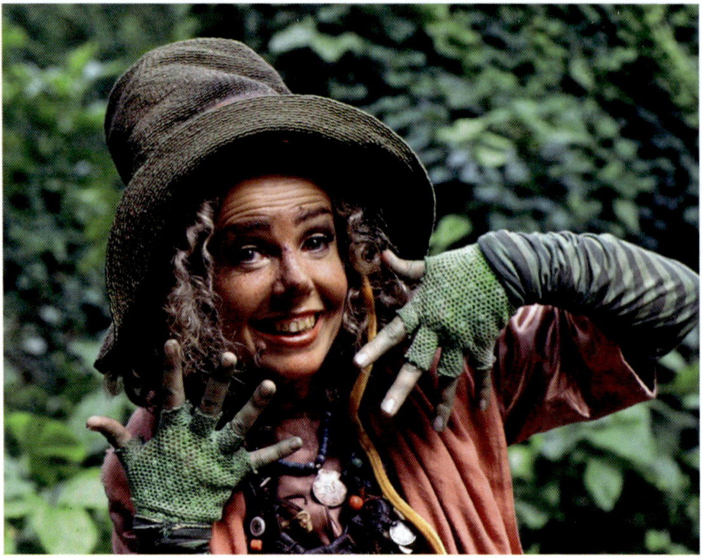

Als Hexe Asteria in der italienischen Märchenfilmreihe *Prinzessin Fantaghirò*. [33]

Familienzusammenführung: *Männer sind was Wunderbares* – das einzige Projekt mit meinen beiden Töchtern Alexandra *(l.)* und Lilian *(r.)*. [34]

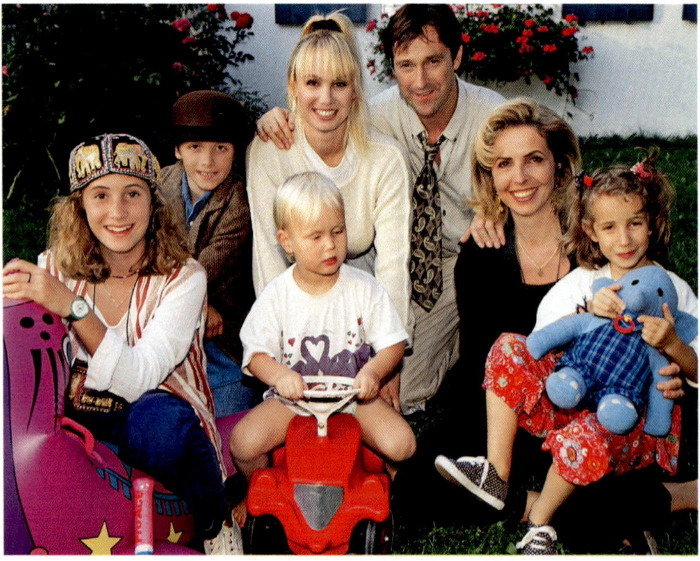

Als Jo Obermaier mit Edgar Selge als Jürgen Tauber in *Polizeiruf 110*. [35]

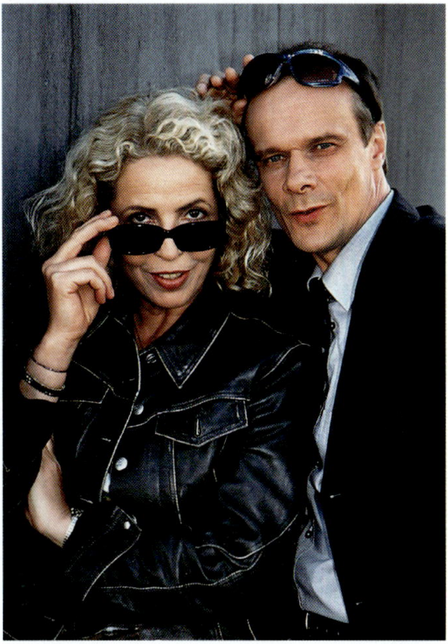

Die Maß ist voll – Folge aus *Polizeiruf 110*. [36]

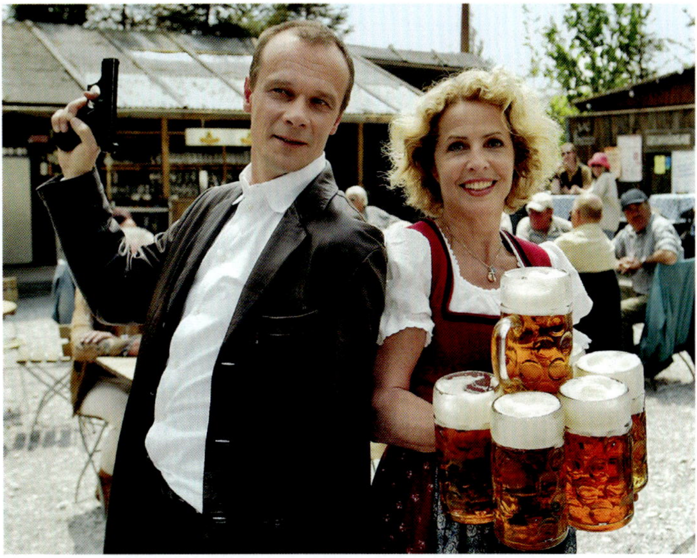

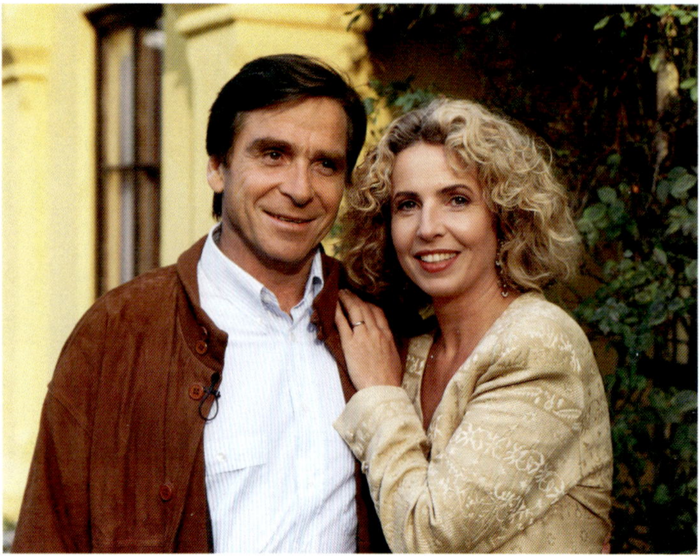

Unsere Schule ist die Beste und viel anderes mit Elmar Wepper. [37]

Mit Harald Krassnitzer in dem Mehrteiler *Kanadische Träume*. [38]

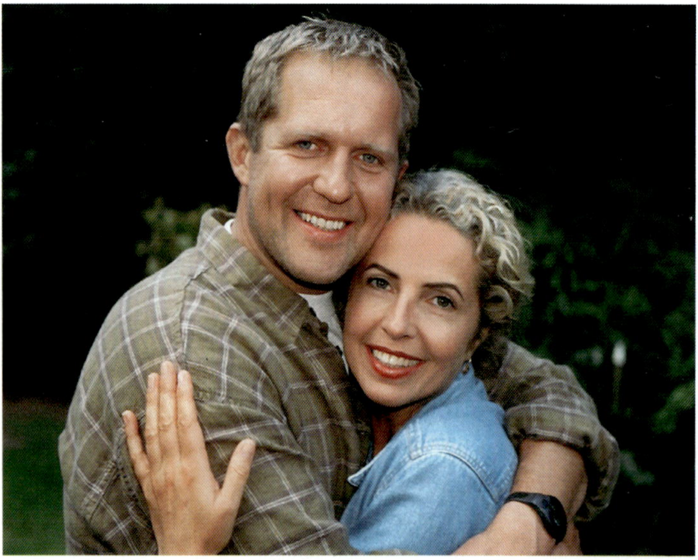

Hans im Glück mit Horst Kummeth [39]

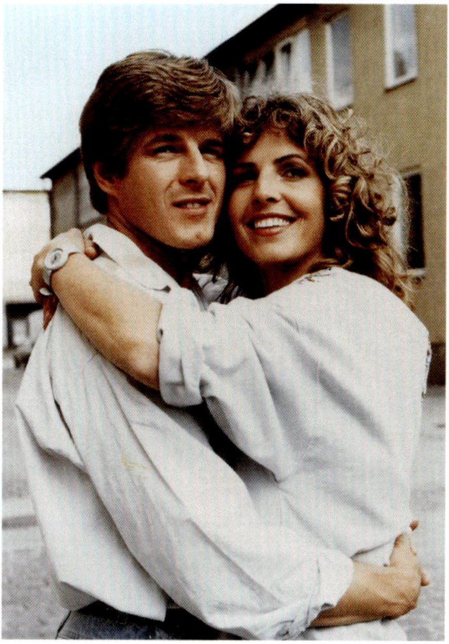

Viel gedreht und noch mehr gelacht mit Hannelore Elsner. [40]

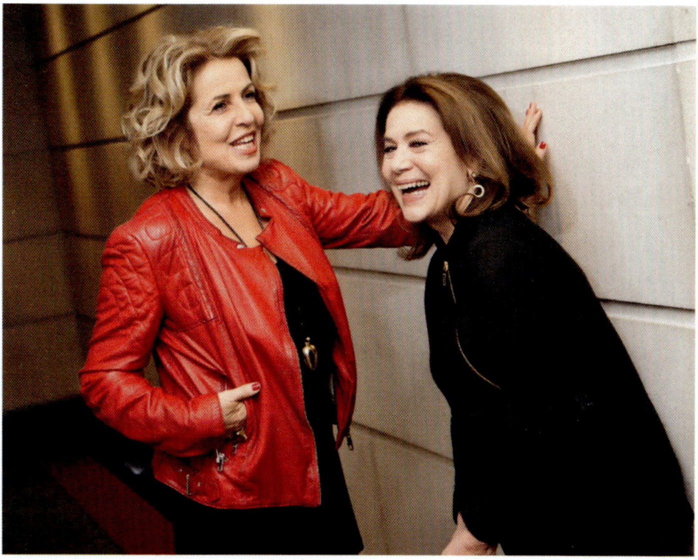

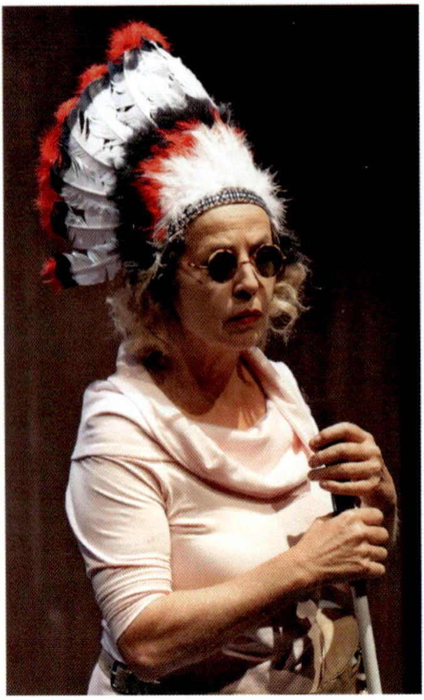

Große Lust auf außergewöhnliche Rollen: Als blinde Nelly, die gerne Indianerprinzessin wäre, … [41]

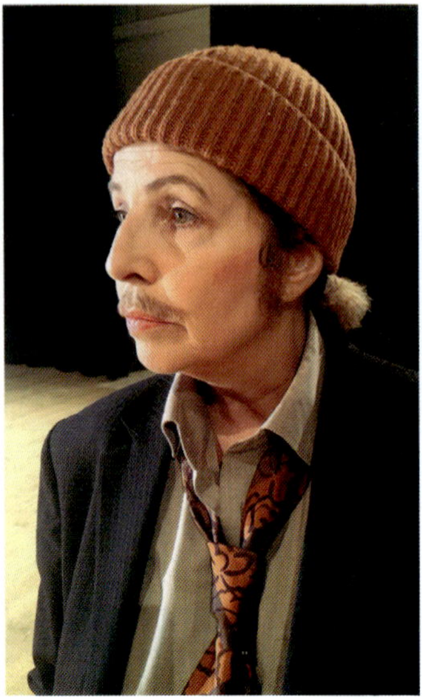

… als kroatischer Sklavenhändler im Theater Schwere Reiter … [42]

… und als skrupellose Krankenschwester in *Protokolle des Bösen.* [43]

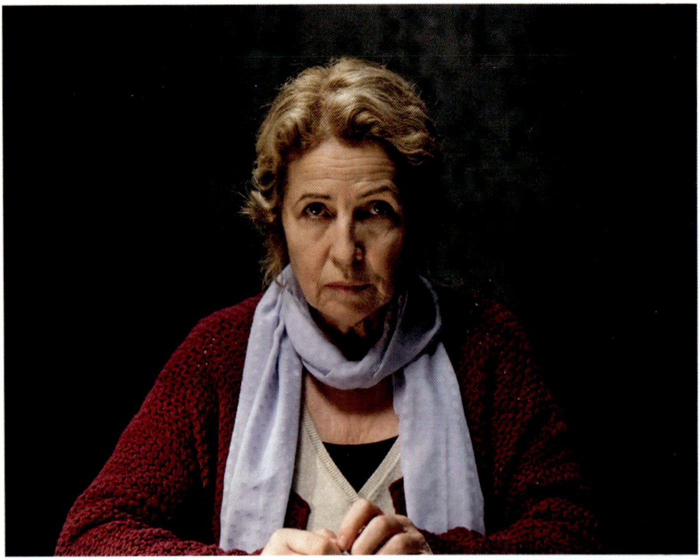

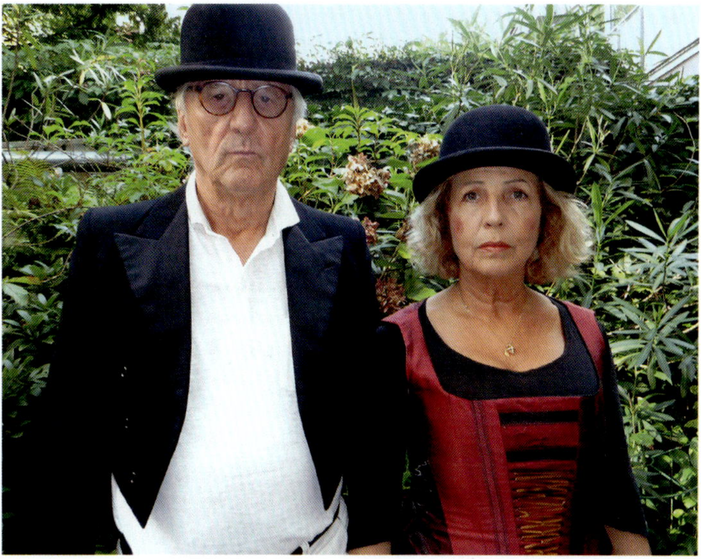

»Die Zukunft war früher auch besser.« Karl-Valentin/Liesl-Karlstadt-Lesung mit Günther Maria Halmer. [44]

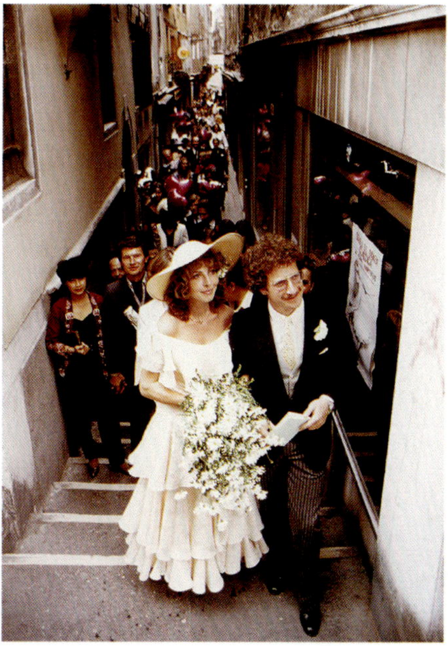

»*Tanti auguri!*« Meine erste Heirat 1980 in Venedig. [45]

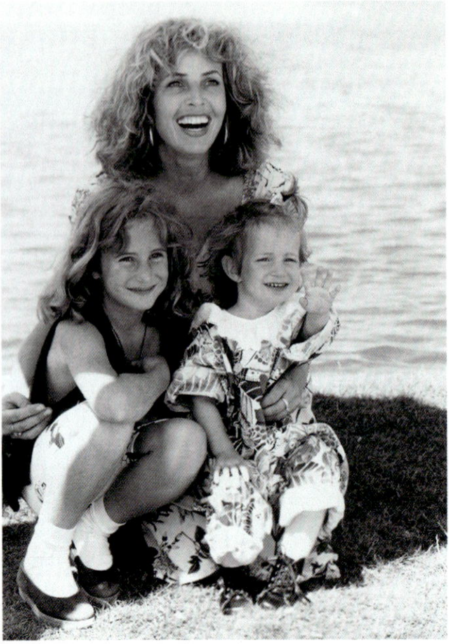

Als die Kinder noch klein waren … [46]

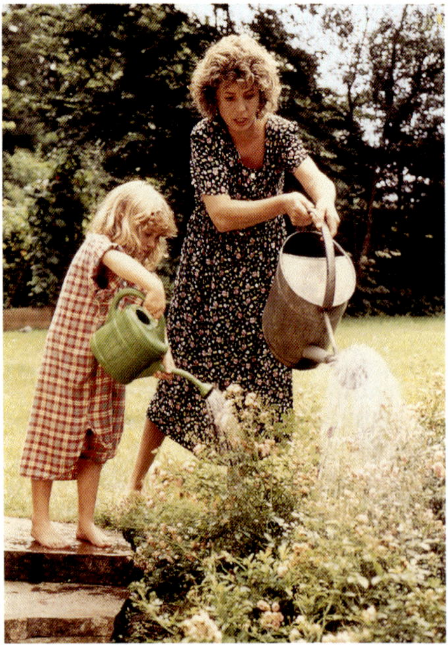

Die Liebe zur Natur weitergeben. Mit Alexandra in Riederau. [47]

Der achtzigste Geburtstag meines Vaters. [48]

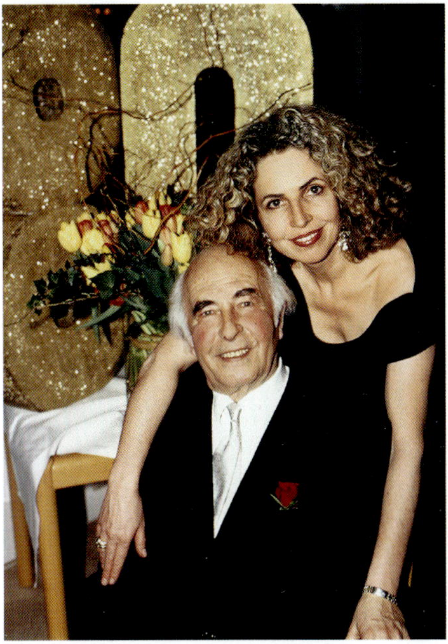

Aus Kindern werden Leute. [49]

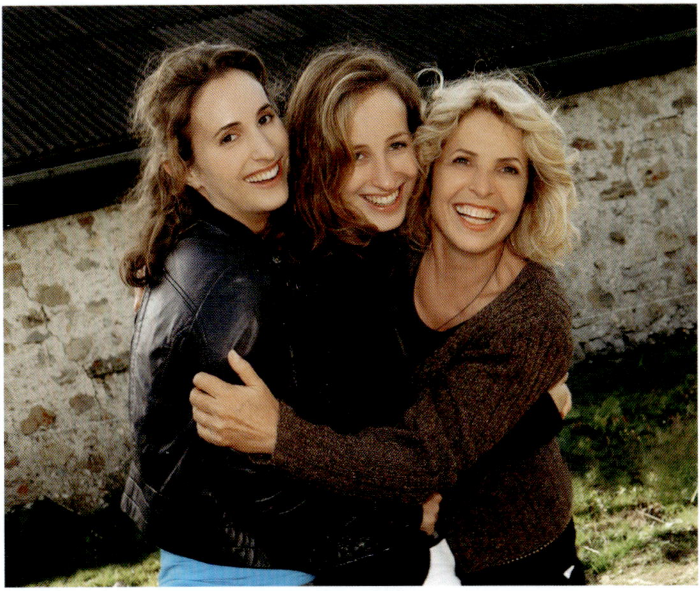

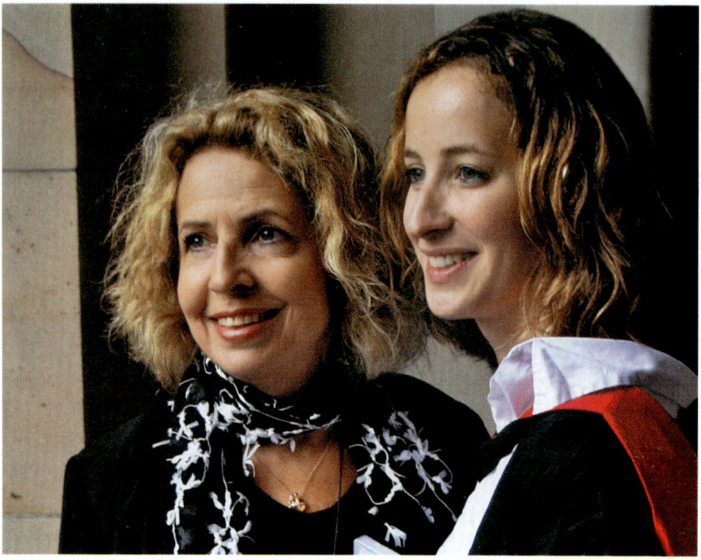

Graduation in St Andrews. Mit Lilian 2011. [50]

Drei Generationen – meine Mutter mit Alexandra *(l.)*, Lilian *(r.)* und mir. [51]

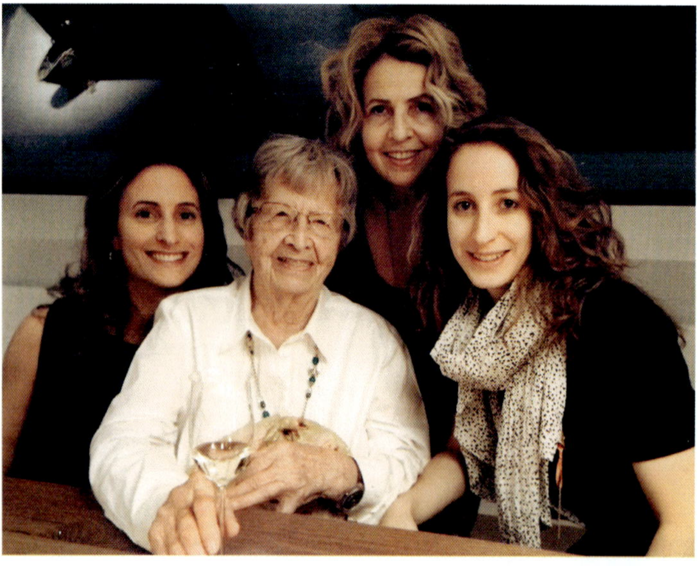

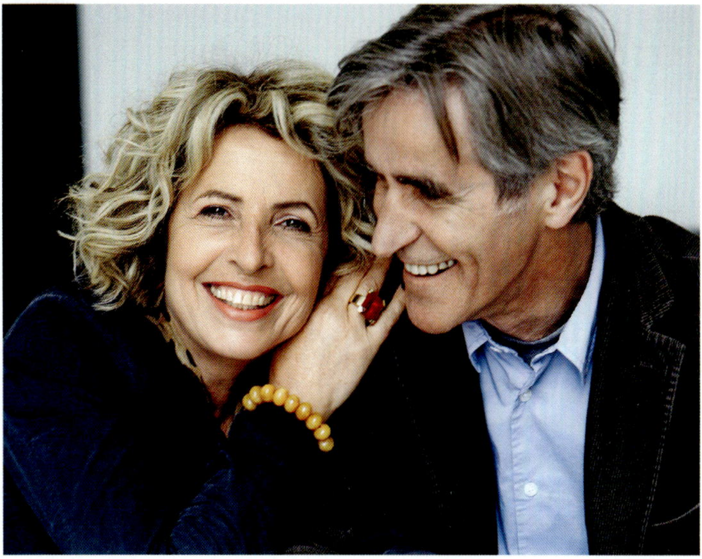

»Irgendwann heirate ich dich.« Bernd – seit nunmehr fast zwanzig Jahren der Mann in meinem Leben. [52]

Die Berge! Meine große Leidenschaft. [53]

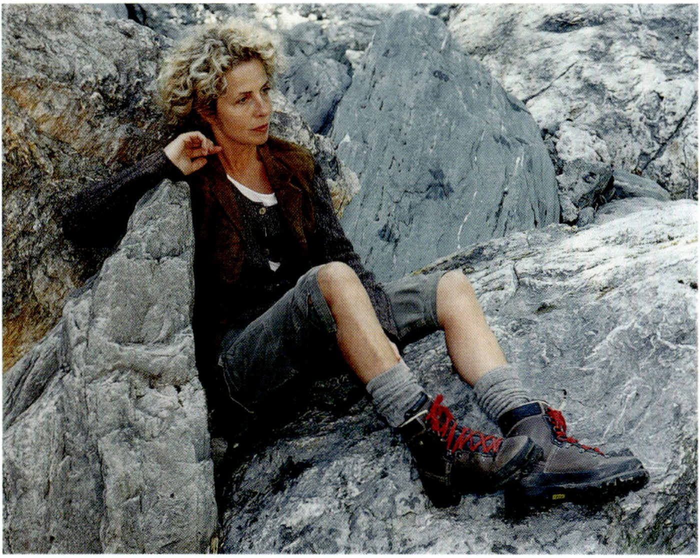

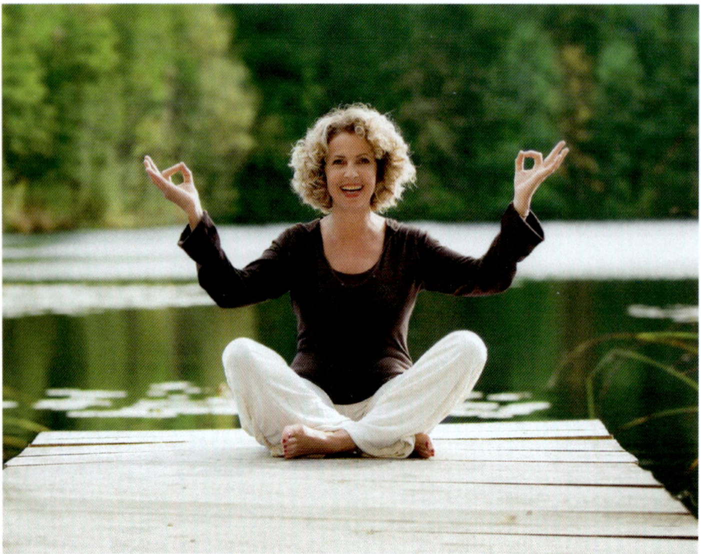

Yoga: Körper und Geist entspannt und beweglich. [54]

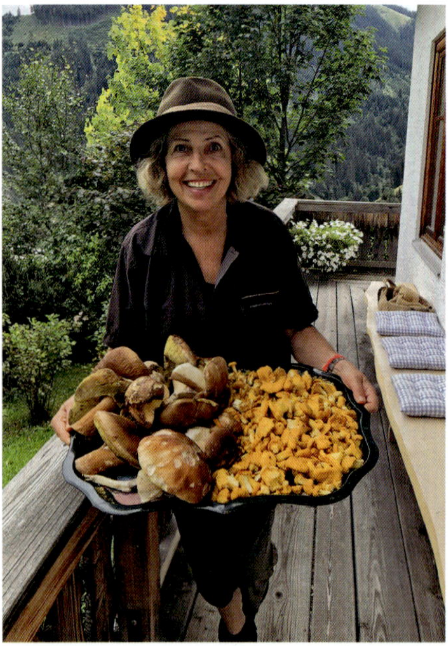

Schwammerlglück! Wie ein Sechser im Lotto. [55]

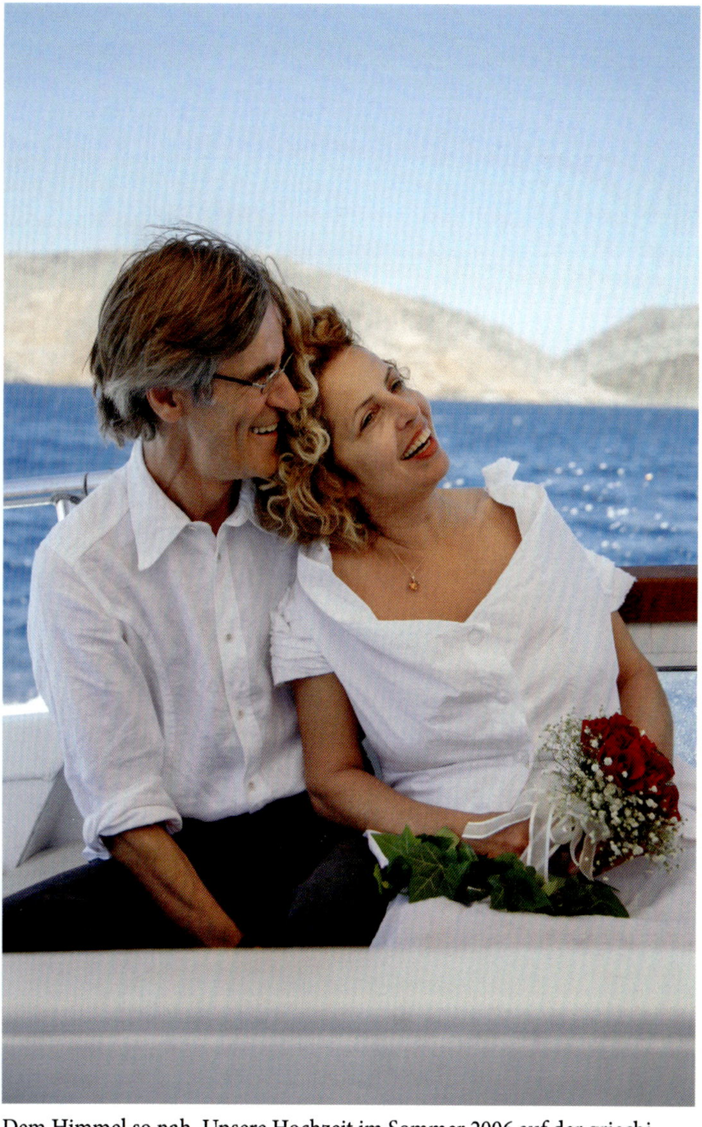

Dem Himmel so nah. Unsere Hochzeit im Sommer 2006 auf der griechischen Insel Symi. [56]

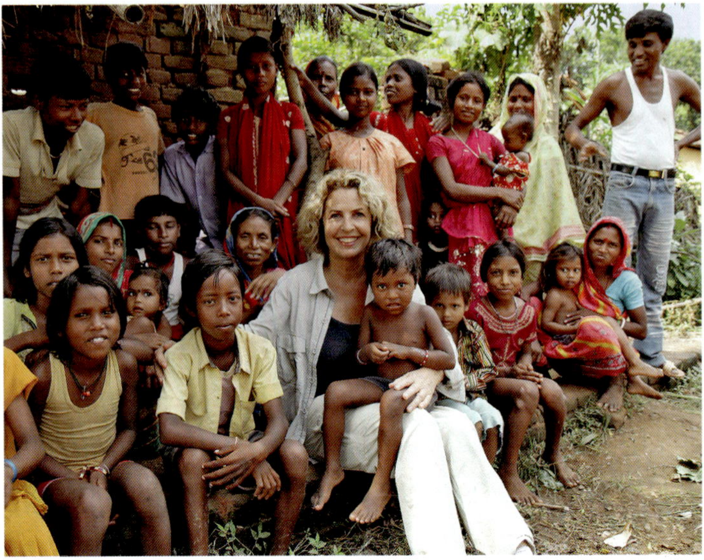

Für die Welthungerhilfe in Indien. [57]

Hans … [59]

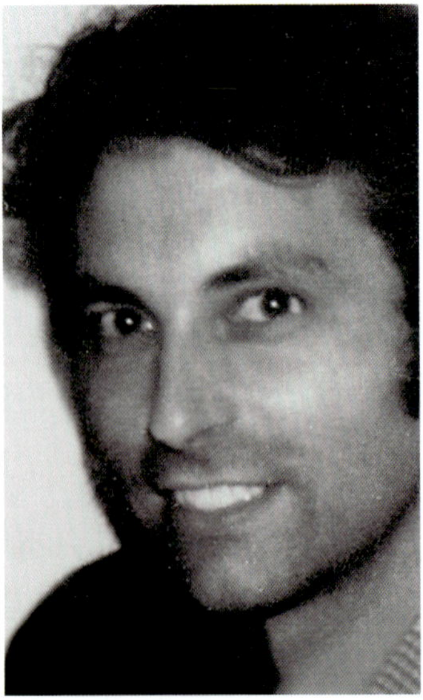

Karl … [60]

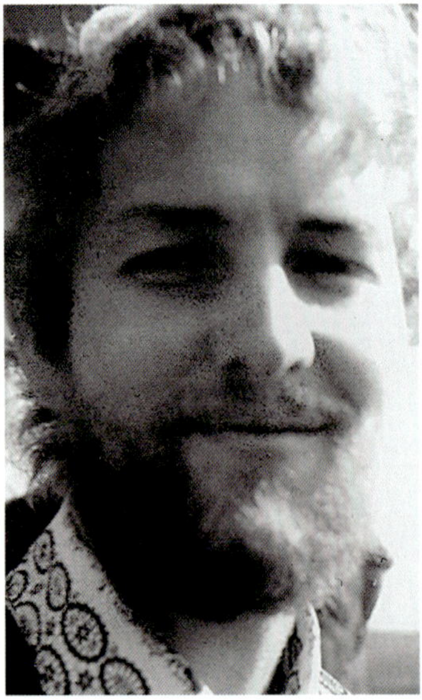

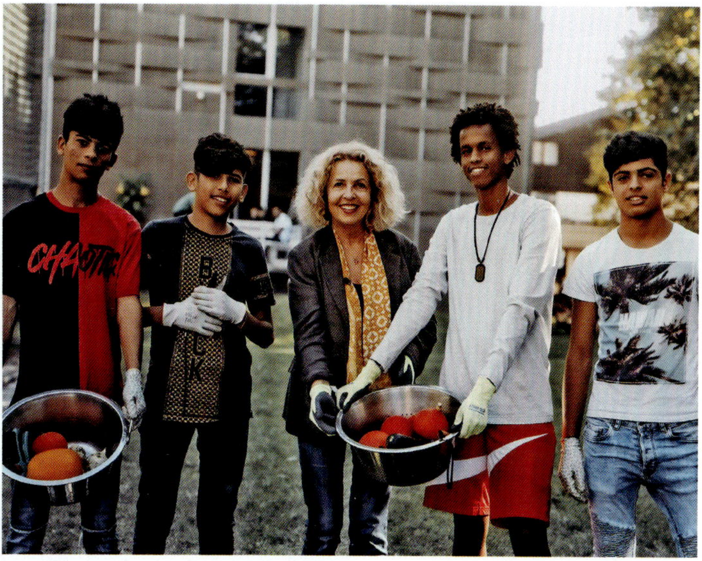

Kürbisernte im S.O.S.-Kinderdorf. [58]

und Gundi [61]

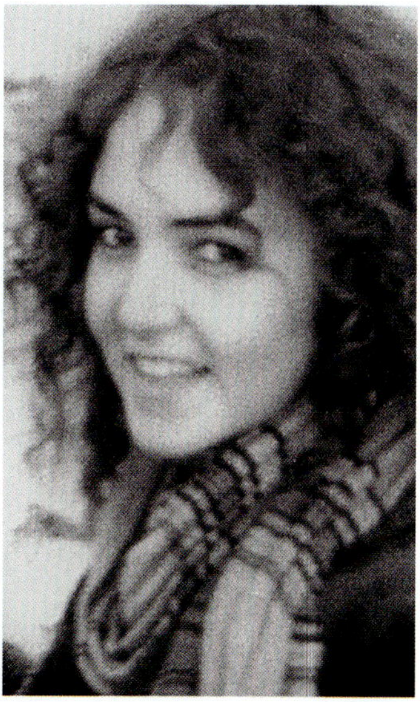

Die Bilder meiner drei Geschwister, die im Schlafzimmer meiner Eltern hingen. Heute trage ich sie immer bei mir.

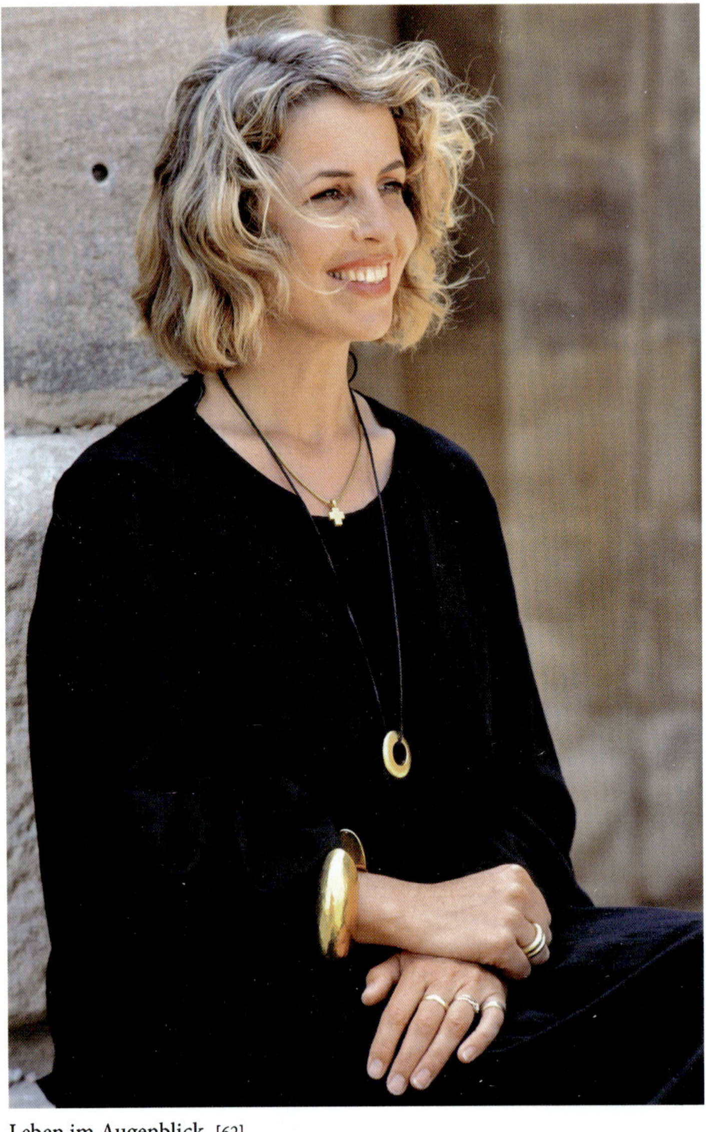

Leben im Augenblick. [62]